U0691530

墨香满楼 —— 编著

影响

中国古代历史的

女性

中国铁道出版社有限公司
CHINA RAILWAY PUBLISHING HOUSE CO., LTD.

图书在版编目(CIP)数据

影响中国古代历史的女性 / 墨香满楼编著. -- 北京：
中国铁道出版社有限公司，2025.7. -- ISBN 978-7-113-
32348-6

Ⅰ．K827＝2

中国国家版本馆 CIP 数据核字第 2025L6Q915 号

书　　名：**影响中国古代历史的女性**
　　　　　YINGXIANG ZHONGGUO GUDAI LISHI DE NÜXING
作　　者：墨香满楼

责任编辑：冯彩茹　　　　　　　　电　　话：(010) 51873005
封面设计：郭瑾萱
责任校对：刘　畅
责任印制：赵星辰

出版发行：中国铁道出版社有限公司（100054，北京市西城区右安门西街 8 号）
网　　址：https://www.tdpress.com
印　　刷：河北宝昌佳彩印刷有限公司
版　　次：2025 年 7 月第 1 版　　2025 年 7 月第 1 次印刷
开　　本：710 mm×1 000 mm　1/16　印张：14.5　字数：202 千
书　　号：ISBN 978-7-113-32348-6
定　　价：88.00 元

前言

总览古今中外的各国史籍,人们会发现,凡是官修正史,所记载的都是些帝王将相的风云往事,而对女性的记载却少之又少。只有野史的作者,才会将笔墨触及女性,但那往往又是小说演义之类的文学形象,而非真实的记载。

对此,有很多人都为女性鸣不平,认为这是对女性的忽视和压迫,是男女不平等的表现。

的确,在历史的长河里,能够掀起惊涛骇浪的大都是男性。他们文能通晓百家,治理天下,登堂入室,做治世能臣;武能金戈铁马,横行天下,雄视四方,操杀伐大权,是他们造就了历史的波澜壮阔,汹涌澎湃。毫无疑问,如果没有男性,历史势必会如一潭死水,令人望而生厌,难以产生任何兴趣。

但这并不能因此就抹杀女性的功劳,忽视女性对历史所作的贡献。

因为女性的力量是阴柔的。她们犹如江面下涌动的一道道暗流,虽不起波澜,却能推波助澜。

人类历史是由男性和女性共同创造的,只记载男性的历史,相当于想把一片叶子的背面割掉。这是不可能做到的,即便强行做到,那么这也是不完整的历史。不幸的是,自人类进入父系社会以来,女性的地位就大大降低。

在这一点上是有史为证的。

世人都知道汉高祖刘邦开创汉朝,奠定了两汉四百年基业;却很少有人知道他背后有个吕后,帮他弹压功臣,震慑朝廷。如果不是吕后做主杀了韩信,那么韩信很可能会在刘邦衰老或者病死以后再起来造反,以他“多多益善”的军事才能,相信当时没人是他的敌手。那么,刘邦辛苦一生打下的江山很可能毁于一旦,成为像秦朝一样的短命王朝。

世人都知道唐太宗李世民开创贞观之治的盛世，但很少有人知道长孙皇后与他少年结发，在最危急的时刻与他同舟共济，在他被太子陷害时主动进宫斡旋，在玄武门之变时亲临现场给他安慰，在他当了皇帝以后劝他耐心听取大臣建议，并奖励敢于直言进谏的魏徵。如果没有长孙皇后，李世民可能早就在各种斗争中丧命，无法登上皇位，也就不会有后来的贞观之治。

这些都是正面的例子，当然也有反面的。

如果没有王政君，王莽就不会篡汉自立，西汉的历史也许会延续下去；如果没有贾南风把持西晋朝政胡作非为，那么惨剧也许就不会发生，也许就不会有长达两百多年的战乱……

像这样的例子，历史上还有很多。这些女人，她们不仅走上历史舞台，而且还为我们上演了一出出悲剧、喜剧、闹剧、丑剧。

她们都曾影响过历史。

本书就以这些女性的经历为线索，深入剖析当时的历史事件，从人性的角度出发，走进当时人物的内心，颠覆落后的历史观。

作　者

目录

I

第一章

执鼎红颜

毒妇是怎样炼成的——吕后

吕公的一次风险投资

吕后，本名吕雉。她既是汉朝开国皇帝刘邦的结发妻子，也是中国历史上第一位执掌朝政的女人。她在刘邦死后，悍然不顾刘邦生前所定下的不准封异姓王的规矩，将自己家的兄弟封王拜将。整个吕氏家族，仰仗着吕后，大享荣华富贵。真可谓"一人得道，鸡犬升天"。

而这一切都来源于多年前她父亲吕公的一次"风险投资"。

吕公本来是在山东居住的，家庭条件算是个"中产"。因为得罪了当地的权贵，为了躲避仇家，吕公举家搬迁，来到了江苏沛县。因为沛县的县令和他是好友，能够保护他。

道家云：福祸相依。虽然吕公为仇家所逼，被迫搬家，但没想到，他这一搬，还搬出件天大的好事来。因为他遇见了一个人，那个人就是刘邦。

那时候的刘邦，还不叫刘邦，叫刘季。他当时还不是皇帝，而是沛县泗水亭一个小小的亭长，也是全县城最有名的泼皮无赖。三十多岁还没成家，整天戴着一个竹皮帽子四处游荡，混吃混喝。吕公到了沛县之后，县里的大小官吏听说他跟县令的关系好，都上门来巴结。吕公就设宴款待他们，刘季听说这里有酒喝、有肉吃，也大摇大摆地来了。

既然是巴结，大家都不是空手来的，多少都拿着礼钱。

安排座位的，是"县政府秘书"萧何。萧何就对这些客人说：礼钱一千以上的，坐堂上；礼钱不够一千的，坐到堂下去。刘季进了院子，听到这个消息后，就大喊一声："贺钱一万！"事实上这个穷鬼根本就没带钱。

他骗了大家。但是当时人们听了却大吃一惊，连吕公本人都亲自出来迎接他。

在此，我们要简单介绍一下那时候的一万钱是个什么概念。

战国时期，诸侯国都有各自的货币，有圆形的、有刀状的，五花八门，流通起来十分不方便。秦始皇统一六国后，下令废除六国的钱币，统一铸造外圆内方的铜钱，就是后人戏称的"孔方兄"。重半两，所以又叫半两钱。

当时刘季他们用的就是这种钱。

当时生产力低下，这一枚钱换算到今天，可以值十元人民币。给吕公送上千钱的，就相当于送了一万元人民币。吃顿饭都能送这么多，实在是变相贿赂。

问题是这些钱还很重，一枚半两，那么一千枚就是五百两。按照古代"半斤八两"的换算制，就是三十多斤重。一人抱着还费劲，还得两个人抬着。

而刘季居然带了一万钱！也就是十万元人民币，足有三百多斤重的铜钱！先不说真假，光是听上去，就够吓人的。

电视剧里经常有这样的画面，某大官过寿，其他官员来给他祝寿，身后都跟着几个下人抬着箱子。箱子里装的就是钱。

因此吕公一听到有人抬了三百斤的铜钱来给他祝寿，赶紧亲自来迎接。

吕公见到刘季之后，大吃一惊。他也不管刘季是否带了钱，就赶紧把刘季请到堂内坐下。萧何说："吕公，刘季这个人是个无赖，就会吹牛说大话，不会办事，您不必如此抬举他。"

吕公根本不理会萧何的话，只管客气地请刘季坐在自己身边喝酒聊天。

因为吕公这个人有一项本领，他会相面。

他经常给人看相，经验很丰富。刚才出去看见刘季的第一眼，直觉就告诉他，这个人相貌很不一般，终非池中之物，是要成大器的。

因此，他才这么热心地对待刘季。

刘季看到自己没带一分钱，却受到吕公如此的优待，还坐在吕公旁边，其他那些官员，带了那么多钱，都没这个待遇，当时就得意忘形起来。他坐在上席，一边喝酒，一边大声辱骂县里的其他官员。

喝酒喝到正酣时，吕公给刘季使了个眼色，刘季看到后，就没有再喝。等大家散场后，刘季就故意慢吞吞地走在后面。由此可见，刘季绝对不是一个只会喝酒的酒鬼，这人心眼也很多，他知道吕公有话要说，就忍着不喝，并且故意等着别人都走以后自己才走。

果然，吕公一把拉住刘季说："老夫我很早就给人看相，从来没见过像你这么高贵的相貌。我希望你珍重自己。我有个女儿，也到了该出嫁的年龄，希望能够送给你，当你的糟糠妻，给你洗衣做饭，传宗接代。"

刘季听了大喜，这真是天上掉下来馅饼了。于是赶紧答应。

吕公回到后堂，他的老婆得知他把女儿嫁给了刘季，就大吵大闹说："你个死老头子，成天说要把女儿嫁给一个富贵人家。沛县县令跟你关系那么好，想要娶咱们的女儿，跟你说了几次，你都不同意。现在却把女儿嫁给刘季。刘季这个人，是这里出名的无赖，女儿跟了她，哪能享一点儿福？"

吕公说："这些事，不是你一个女人能弄懂的。刘季这个人，将来肯定不一般。他要是发达了，咱们所有人都跟着享福。县令哪能跟他比？"

果然，吕雉嫁给了刘季，后来成为皇后。

由此可见，吕公嫁女，其实就是一种战略投资。因为他有非凡的战略眼光，有过硬的市场预测能力，能够看出一个平凡人的不平凡之处，所以最终成为大赢家。他跟别人的不同之处在于，通常人只看绩优股，而他则是选择了潜力股。这就是他成功的根本原因。

现在，我们来看看刘季这支潜力股到底是什么样子的。

刘季，男，三十五岁。

职业：亭长。

副业：流氓。

居住地：农村。

家庭条件:很差,破草房三间。

婚姻状况:未婚,老光棍一条,还带个私生子。

技能:喝酒、吹牛、骂人。

声誉:全县最差。

这样一个全身上下一无是处的人,仅仅是因为相貌不一般,就被吕公定义成潜力股,并毅然决然、不假思索地把自己的宝贝女儿嫁给他。可见吕公的眼光是多么独到,对自己的相面之术有多么自信。

而吕公的女儿吕雉,这一年二十岁。

放到现在,二十岁的姑娘一般都在上大学,离嫁人的时候还早。但在古代,二十岁就是大姑娘了。据史料记载,在西周的时候,按照礼制规定,男子二十岁,"冠而列丈夫",表示已经成年,也就是后来的"弱冠"。女子十五岁"及笄",证明已经成年,可以嫁人。因此在古代,一般女子到了十五岁,家人就会张罗着给她找婆家,把她嫁出去。

后来由于战乱,国家人口损失太多,兵源和劳动力不足,政府就立法,迫使女子过了十五岁就尽早嫁人,生儿育女。越王勾践就曾经规定,男子二十不娶的,女子十七岁还不嫁的,其父母就有罪,要抓起来。

到了秦朝,女子嫁人是按照身高来规定的,女子身高六尺二寸,就是成人。按照这个身高推算,也是十五岁左右。

而吕雉,居然到二十岁还没嫁。

这事也很奇怪。按说以吕公的家庭条件,吕雉应该是很抢手的,绝不至于嫁不出去。沛县县令就多次表示想娶他女儿。因此,唯一可以解释的就是,吕公不想把自己的女儿嫁得那么早,他一直在等待,等一个乘龙快婿。就像吕公的老婆对他说的那样,他一直想把女儿嫁给一个富贵之人。

他也知道,自己的女儿不是一般人,不能随便嫁出去。上天早就给她安排了一个好的归宿,一个非同寻常的男人,只能嫁给这个人。换句话说,一个未来是皇后的人,只能嫁给未来是皇帝的人,这是宿命,别的人都不配。

在看到刘邦的一刹那,吕公知道,这就是他一直要找的那个人。

因此，不久之后，吕雉就带着嫁妆去了刘季家里。这个从小家庭条件优越，受过良好教育的姑娘，从城里搬到了乡下，从她的香闺中搬到了刘季的破草房里，还为刘季生了一双儿女。在刘季家里，她表现出了一位古代妇女全部的美德，孝顺公婆，相夫教子，任劳任怨。刘季不干农活，四处游荡，吕雉就带着儿女们下地干活。家务活也全部是她干，里里外外都是她在操持。

尤其值得一提的是，刘季在和吕雉成亲前，还有个私生子，名叫刘肥。刘肥这名字起得实在是太粗俗，这也集中体现了刘季的文化水平和生活水平之低下。因为刘季没文化，想不出优雅的词，再加上大概是他从来都不管这个私生子，所以这个小孩吃不饱、穿不暖，长得很瘦小，所以刘季就给他取了个"肥"，希望他吃胖一点儿。而吕雉对这个私生子，也丝毫没有虐待的迹象，吃穿跟自己的亲生孩子一样。

这一点实在是难能可贵。单单从这一点上来讲，吕雉就担得起贤良淑德这四个字。

但是，为什么这样一个贤良淑德的妇女、道德模范，后来会变为一个心狠手辣的毒妇呢？

这就要从她后来的生活遭遇说起。

吕后的转变

且说吕雉嫁给刘季之后，就彻底放下大小姐的身段，勤勤恳恳地操持家务。伺候公婆，洗衣做饭，春种秋收，无所不干。但凡有点空闲，还要带孩子，其辛苦自不必说，却从没有说过一句怨言、发过一句牢骚，与不务正业的刘季形成巨大的反差。邻居街坊都夸她是位贤惠的好媳妇。众人都很不理解，吕公怎么会把这么好的一个女儿嫁给这个刘季，生生是把一朵鲜花插在了牛粪上。吕雉自己心里也有些不甘，但是父母之命、媒妁之言，自己也不好说什么。何况嫁鸡随鸡、嫁狗随狗，既来之，则安之，刘家虽穷，也算是个人家，自己再从娘家多拿点东西帮衬一下，安安稳稳过日子就行。

抱着这样的心态，吕雉就在刘季家安分守己地过日子。每天就做好饭菜，站在门口盼望丈夫回来。虽说自己的这个男人每天都回来很晚，还醉醺醺地带着酒气，但是只要能和他共进晚餐，自己心里就会很踏实，自己一天的疲劳就会一扫而光。但是几年后的一天傍晚，她没有等来自己的丈夫，却等来了几个抓她的捕快，手里还拿着铁链子。

"你被捕了，跟我们走一趟！"捕快厉声说道。

这真是闲坐在家，祸从天降。不平凡的人，注定过不了平凡的日子。只不过带给她牢狱之灾的，正是她的丈夫刘季。

那是一个漆黑的夜晚，刘季押送劳工走在去咸阳服役的路上。所谓服役，无非就是到骊山去给秦始皇修建陵墓，没几个有好下场的。于是走到半路，劳工纷纷逃跑，只剩下了几十个人。刘季心想，照这样下去，到咸阳估计就逃光了，去了自己也是个死罪，还不如不去，于是刘季把剩下的那几十个人也放了，大家四散而逃。其中一些人觉得刘季很仁义，就跟在刘季身边当他小弟。然后就发生了著名的斩白蛇事件。刘季逃到芒砀山一带的深山大泽里，沛县的官员抓不到他，就把刘季的老婆吕雉抓去顶罪。

坐在大牢里的吕雉，满肚子都是委屈：自打跟了刘季以来，没过上一天好日子，风里雨里支撑这个家，昔日纤纤玉手如今布满了老茧，到头来，为谁辛苦为谁忙？真不知道当初爹为什么要把自己嫁给刘季这样的男人。跟自己要好的那几个姐妹们，都嫁到县城里的富贵人家，活得有滋有味，为什么就自己的命这么苦？

在牢里，伤心的吕雉生平第一次反思自己的人生，在自怨自艾的同时，不禁对自己的男人产生了怨恨的心理：都怨这个无赖流氓，要不是他，自己怎会落到这步田地？

不久之后，吕雉被萧何想办法救了出来。出狱后的吕雉，回到了刘季身边，跟着刘季的部队转战四方，风餐露宿，颠沛流离，一路上尘土飞扬，有时候还要照顾伤员，帮忙做饭。打胜仗尚可休息一下，打败仗就要拼命逃亡，真是说不尽其中的辛酸苦楚。在这些难挨的日子里，吕雉迅速成熟起来，她磨炼了自己的心智，开阔了眼界，增长了见识。在战火纷飞和刀光剑影里，在与别人的斗智斗勇中，她积累了满腹的文韬武略。她再也不是当年那个只知道服侍刘季的贤妻良母。

公元前 206 年，项羽大封诸侯，刘季被封为汉王，但他的家属并没带在身边，还在沛县。刘季的手下王陵就派军前去沛县把刘太公和吕雉都接过来。结果楚军知道了这个消息，发兵阻挠，汉军就没有接到二人。第二年，汉军趁项羽身陷齐地不能周转，一举攻下了楚国的都城彭城。项羽率骑兵迅速回防，在睢水跟汉军大战，击败了刘季，把刘太公和吕雉都给俘虏了。吕雉再一次做了囚犯。

这次吕雉被抓到敌营里，一待就是两年多，之后才又回到刘季身边。而这期间，吕雉的唯一用途就是在打仗前，被项羽抓到阵前要挟刘季。项羽准备了一个大铁锅，对刘季说要把刘太公放进去煮了。刘季笑嘻嘻地说："当年咱俩结拜过，我爹就是你爹，你只要舍得煮，等熟了记得分我一杯羹。"项羽又以杀掉吕雉来威胁刘季，刘季嬉皮笑脸地说："要杀就杀，悉听尊便。"

相信当时吕雉听到这些话，一定是心寒如冰。她瞬间懂了什么是夫妻之情。在权力面前，在生存面前，一切都不值一提。只有得到了权力，才有资格谈其他。只有胜利，才是王道。在敌营两年多的时间里，为成就刘季的大业，吕雉忍辱负重，受尽了折磨和凌辱，心理和精神上都备受打击，也留下了以后多疑与缺乏安全感的"后遗症"，对于人世间的亲情和其他情感早已不在意，也不相信，形成了心胸狭隘、紧张恐怖、阴狠毒辣的性格特点以及凡事先下手为强的办事风格。因此，当她走出敌营，回到刘季身边时，那时的吕雉，已经不再是两年前的吕雉。

公元前 202 年 2 月 28 日，刘季改名刘邦并称帝，立吕雉为皇后，她生的儿子刘盈为太子。吕雉虽然当了皇后，自己的儿子又做了太子，但是她并不开心，也没有安全感。原因是，刘邦有个宠姬叫戚夫人。这个女人智谋才干不如吕后，但是吹枕边风讨男人欢心很是在行。她能歌善舞，年轻漂亮，在刘邦看来，比吕后这个黄脸婆要好多了，因此戚夫人极受宠爱。戚夫人也生了个儿子，被刘邦取名为如意，封为赵王。如意聪明机灵，刘邦很是喜爱，并多次产生更换太子的想法，因如意像他，太子不像他。同时，戚夫人也整天在他身边哭泣，从天明哭到天黑，让他改立太子。

刘邦的无情让吕后很恐慌,戚夫人的眼泪让她怒火万丈。因为她很清楚,自己人老珠黄,一旦太子被废,改立如意当太子,自己就没了依靠。到时候如意登基,戚夫人母凭子贵,那自己就是案板上的鱼肉,任人宰割。在这件事上,没有仁慈可言,只有先下手为强,只有胜利,只有夺得权力,才能更好地活下去。作为女人,在这个年纪,争风吃醋已经没有多大意义。刘邦到处临幸别的女人,让她心里很不舒服,但是与之相比,更让她揪心的是,她不仅仅是失宠,更有可能会失去生命。在她看来,这是极其不公的,也是绝对不能容忍的。

即便是上天给她安排了这样的宿命,她也要冲破这个枷锁!

她急忙派人找到张良,逼着张良给她出计策。按照张良的计策,吕后成功地保住了太子的位子。不久之后,刘邦驾崩,太子即位,吕后顺理成章成为吕太后。新皇帝生性软弱,权力都被吕太后掌握。有了生杀大权的吕太后,第一个想对付的目标就是当年威胁她生命的戚夫人。吕太后先把戚夫人关起来,再把赵王如意召进宫,用一杯毒酒将他毒死。然后派人砍断戚夫人的手脚,挖去双眼,熏聋耳朵,灌了哑药,扔进猪圈,成为"人彘",还特意让自己的儿子去观赏。

刘盈看了之后大哭,吓得大病一场,一年多才好。他对吕太后说:"这不是人能干出来的事,我作为非人的儿子,也不能治理天下。"此后就不理朝政,一直到死。

的确,作为历史的旁观者,当看到戚夫人的惨状时,凡是个正常人,都会觉得不忍卒读。正所谓"纣之不善,不如是之甚也"。翻看史书,从未见过整人用这么残忍的手段的。就连她自己的儿子,都指责她"不是人",可见毒妇之恶名,放她身上,是名副其实的。

然而,当我们换一个角度去看的时候,纵然我们不能原谅她,但或许我们会理解她。

她二十岁的时候,下嫁给刘邦。为刘邦生儿育女,为家业操劳多年。在风吹日晒中,她从一个水灵灵的大家闺秀变为一个粗糙的农妇。

刘邦放跑了押送的苦工,逃到芒砀山大泽中。她每天都跋山涉水,为刘邦送吃的、喝的。

刘邦造反，她却锒铛入狱，在牢里受苦。

刘邦跟项羽大战，她却作为人质被项羽扣押，还要不时地被押到阵前，在三军面前饱受楚军的凌辱。

刘邦打败仗逃跑的时候，为了减轻重量，让马车跑得更快，他绝情地把吕后所生的一儿一女推下车，并且还推了三次。

当我们回顾这些历史画面的时候，我们会发现，"亡秦兴汉，有刘邦的一半，也有吕后的一半"。虽然吕后不曾冲锋陷阵，或者没有出谋划策，但是，她始终都在尽自己最大的努力，维持刘邦的家庭。在家天下的社会里，维持最高的家庭，就是在维持这个王朝。

然而，她一直在付出，却一直被辜负。

因此，当她看到戚夫人一边撒娇一边求刘邦更换太子的时候，她心底的恨意是无以复加的。她可以不在乎刘邦宠爱别的女人，但她绝不允许太子被换，因为换掉太子，就相当于将她这么多年对刘家所作的贡献一笔抹杀。她从此就会成为一个废人，甚至时刻都要担心自己的性命。她的人生，就是为刘邦做嫁衣裳，为汉朝做牺牲品。可想而知的是，一旦戚夫人得胜，定会踩着她的白骨，坐上太后的宝座。

所以，当她掌权之后，她对戚夫人下了毒手。

同样，女人何苦为难女人，如果戚夫人不是那样步步紧逼，能给吕后留一点余地，也不至于死无葬身之地。世界上没有无缘无故的爱，也没有无缘无故的恨。

当我们一边咒骂她的阴狠毒辣时，一边可设想一下，如果如意当了皇帝，戚夫人做了太后，那吕雉的下场又是如何？戚夫人又会怎样整治吕雉和她的一双儿女？

想必到那时，吕雉的结局未必会比戚夫人好。

年轻时贤惠知礼的吕雉，是她从小所受的家教、她的生长环境培育出来的一朵玫瑰。年老时心狠手辣的吕后，是战场和权力场上开出的一朵罂粟花。狠毒并不是她的天性，是那个时代、那个环境磨炼了她的心性，改变了她当年的模样。

吕后手握大权，临朝称制，成为中国历史上第一位拥有实质皇权的女人。她铲除异己,杀掉政敌,独断朝纲,将自己的本家兄弟提拔为朝廷重臣,封王封侯,出将入相。她在巩固自己的统治之后,以黄老之学为治国思想,采取休养生息的政策,对内安抚百姓,鼓励藏书,恢复典章,发展文化;对外与匈奴交好,打造稳定的社会环境,不动刀兵,为当时汉王朝的经济发展作出了巨大的贡献,也为后来的"文景之治"打下了深厚的基础。在她的治理下,百姓安居乐业,生活水平蒸蒸日上。因此,太史公司马迁将她列入记录皇帝政事的本纪中,是《史记》十二篇本纪里唯一写女人的本纪。在《吕太后本纪》的末尾,司马迁如此评价她:

政不出房户,天下晏然;刑罚罕用,罪人是希;民务稼穑,衣食滋殖。

如此高的历史评价,远胜于后来的历代帝王。

乡村无字碑——武则天

武则天,又名武曌,山西并州文水人。她是中国历史上唯一正统的女皇帝,与在她之前的吕后和在她之后的慈禧所不同的是,其他两位都只是临朝称制,或者是垂帘听政。而武则天则是以六十七岁高龄,废唐自立,改国号为周,为大周皇帝,直到八十二岁病逝。

这样一位强悍的女人,别说是在中国,就是在世界历史上,也是绝无仅有的。

624年,武则天出生于长安的一家名门大宅里,另一说生于利州(今四川广元)。她母亲杨氏是隋朝皇室遂宁公杨达的女儿,父亲是唐朝开国功臣武士彟。武士彟在隋炀帝年间做木材买卖,发了大财,成为一方巨富。李渊当时在太原做官,经常住在武家,两家关系非同一般。后来李渊起兵反隋,武士彟曾多次资助李渊钱粮衣甲,因此在唐朝建立以后,即被赐予高官,并且一路高升,到贞观年间时,已经做到应国公。

进宫

武则天在十四岁的时候,有一天正在府里玩耍,突然宫里派来使者要召她入宫。原来,唐太宗听人说,武则天长相柔美,仪态万千,所以就把她召到宫中,封为才人,赐号"武媚"。后人就说顺了嘴,称她为武媚娘。

关于武媚这个才人,我们通常说,皇上有三宫六院七十二妃,但事实上,除了一些极度好色的君王,大部分皇帝并没有这么多女人。在我国古代,后宫的嫔妃也是按严格等级划分的。才人属于妃子的一种,只有两晋、北魏、南朝、隋、唐和宋这几个朝代才设有才人。品级起伏不定。在唐朝,皇上的女人分别是皇后、四夫人(贵妃、淑妃、德妃、贤妃)、九嫔(昭仪、昭容、昭媛、修仪、修容、修媛、充仪、充容、充媛)、九婕妤、九美人、九才人、二十七宝林、二十七御女、二十七采女。唐开元年间改四夫人为三夫人(惠妃、华妃、丽妃)、六仪、四美人、七才人。因此,武才人的级别相当于朝廷的一个五品官员。

在武则天进宫时,她父亲已经去世两年,母亲杨氏成为寡妇,武则天的几个堂兄经常欺负她们寡妇孤女,曾多次无礼。武则天这一走,杨氏更没了依靠,就哭哭啼啼的,不想让她走。武则天说:"母亲不要伤心,当今天子是圣明之主,去侍奉他,有什么不好的?何必哭哭啼啼作儿女之态?"

武则天进宫后不久,有一次在太宗身边侍奉,跟着太宗到了马厩。当时太宗有一匹马,叫狮子骢,很难驯服,性子暴烈,而且肥壮剽悍。宫中最好的骑手都奈何它不得。武则天对太宗说:"我有办法制服它。只要给我三件武器:一根铁鞭、一根铁棍、一个匕首。先用鞭子抽打它,它若不服,再用铁棍敲它的头,若还不服,就用匕首割它的喉咙。"如此的手段和心计,令人惊恐。连太宗这个从战场上摸爬滚打出来的人,听到一个小姑娘说出这样的话,也感觉可怕。不过,他当时还是表扬了她。要是太宗知道,眼前这个女人就是后来取代了自己李家江山的人,那他一定会把这三件武器先用在她身上。

但是后宫佳丽几千人,武则天单从相貌上来讲,算不上出类拔萃,因此她并没有受到太宗太多的宠爱。她跟太宗也基本上只有这么一件值得说的事。倘若不是跟太子李治扯上关系,她可能就会湮没在数不清的嫔妃花名册里了,那么历史上就不会记下武则天这个名字。

唐太宗在晚年的时候,得了重病。太子李治侍奉汤药,殷勤伺候。武则天看到太宗不久之后就要归天,心里就想着给自己找个出路。于是,一来二去就跟太子勾搭上了。她大展媚术,把李治弄得神魂颠倒,海誓山盟的话说了一大堆。武则天心里也暗暗高兴,就等着唐太宗驾崩,自己受新皇帝的恩宠。但是,一道宫规,把武则天的美梦葬送了。

原来,按照后宫规矩,先皇死后,凡是跟先皇有过关系且又没有子女的嫔妃、才人等,都要出家为尼。武则天也在此列,于是她只好跟着一部分嫔妃出家去了感业寺。

这是祖宗法令,新皇帝虽然不舍,却也无可奈何。

感业寺内,武则天面对青灯古佛,回首往事,悠悠岁月,恍若一梦,二十六岁的武则天,没了男人也没了头发,日夜听着暮鼓晨钟,思念如今已为天子的李治,心中时而也会涌起希望。然而木鱼声声催人老,世界上最无奈的事莫过于等待,随着时间一天天过去,她的希望与信心与日递减,她开始在心里埋怨李治,甚至怀疑自己当初选错了人,押错了注。就在她万念俱灰,决定就此安下心来皈依佛门的时候,喜从天降,唐高宗和后妃一干人等驾临感业寺为唐太宗的忌辰祈福。看到昔日的情人一袭袈裟,留个光头,忠厚的李治想起了以往的缠绵往事,悲从中来,禁不住流下了眼泪。众人都以为皇上是为思念父亲而落泪,但王皇后却十分明白其中的原委。她知道,皇上是为武则天落泪。

王皇后虽身居后位,但李治对她,远没有对萧淑妃好。王皇后对此非常嫉恨,她就想到了一个办法。她知道李治最喜欢的是武则天,就向李治建议把武则天召回宫中。一边讨好了李治,一边又能用武则天来压制萧淑妃,实在是一石二鸟,一举两得。

唐高宗听到王皇后的建议,自然欢喜不尽,他刚脱下孝服,立马就召回武则天。果然,武则天进宫之后,唐高宗对她万般宠爱,此后再也不宠爱萧淑妃。王皇后没有料到居然会发生这种事,虽然制住了萧淑妃,但她依旧不能受宠。只不过宠爱的对象从萧淑妃变成了武则天。

俗话说,敌人的敌人就是朋友。如今形势发生了变化,以前是情敌的两个人就站到了同一战线上。王皇后和萧淑妃先是抱头痛哭了一阵,然后各自深深谴责了自己一番,对于以前做的那些事表示忏悔之后,两人冰释前嫌,开始联起手来一起对付武则天,主要活动就是由王皇后打头,萧淑妃殿后,一旦有机会,就对高宗吹枕旁风。但高宗充耳不闻,反而对武则天宠爱有加。

武则天心狠手辣,工于心计,为了还击王皇后,武则天不惜将自己的亲生女儿杀死,然后嫁祸给王皇后。《资治通鉴》记载,武则天在产下安定公主之后的一个月,王皇后来这里看望新生的小公主,并且逗她玩儿,王皇后走出之后,武则天就把自己的女儿掐死,然后盖上被子。正巧李治也来看望小公主,武则天假装什么事都没发生,跟李治谈笑风生。过了一会儿,李治说要看看孩子,武则天就打开被子,结果发现孩子已经死了。她假装大吃一惊,然后就哭了起来。李治怒问宫女刚才有谁来过。宫女都说王皇后来过。于是,李治就认定是王皇后妒忌武则天,而将孩子杀死。武则天趁机说了许多王皇后的坏话,王皇后百口莫辩。从此,李治就有了废后的打算。

后来,宫中有谣言说王皇后与其母柳氏在后宫行巫术,高宗得知后非常生气,就把柳氏驱逐出宫,同时还想把武则天的地位再次提高,封为妃子,但遭到前朝重臣的反对。这些元老们在朝廷里的势力很大,极大地限制了李治的权力,当然也挡住了武则天前进的道路。为了重振皇权,李治就想借废王立武这件事,打击这些元老大臣。于是他就跟武则天结成了联盟,并在不久后,将武则天册封为皇后。

不得不说,武则天的政治手腕很厉害。他们夫妻俩合在一起,很快就将朝中权臣弄得七零八散,贬官的贬官,流放的流放。此后,皇权就被高度集中起来,自魏晋以来的贵族势力遭到最严重的打击,导致贵族们再也不能左右朝政。

不久之后,李治风疾发作,眼睛看不见东西,经常头眩目晕,不能再处理政事,因此就让武则天处理朝政,两人同坐在龙椅上,时称"二圣"。后来李治由于久病不愈,就命太子监国,但朝政大权,仍在武则天手里。武则天向李治提了很多建议,基本上都是惠民的好政策,李治无不应允。在这一段时间里,武则天批阅奏章,研究政事,进一步锻炼了自己的执政能力。

称帝

李治驾崩后，朝政大权尽在武则天之手。虽立有太子，但稍不如意，就被她废掉了。武则天一步步地登上了权力的顶峰。690年，武则天临朝称帝，改国号为周，改名为曌，意思就是自己像日月一样，凌空而挂，光耀天地。这个字，是武则天的独创。她之前，没有这个字。

武则天登基时已经六十七岁了。武则天实在是非同凡响，她虽然夺了大唐的江山，但并没有破坏它。反而在她的治理下，国力日益增长。

她打击权贵，完善科举制度，将有用之才从底层社会提拔出来，任用他们治理国家。当时号称"君子满朝"，著名的贤臣狄仁杰就是这时被她选拔出来的。著名"初唐四杰"之一的骆宾王，从小我们就读他的《鹅》这首诗。他是个大才子，当徐敬业起兵讨伐武则天时，他就为义军写了篇《为徐敬业讨武曌檄》，言辞华美，铿锵有力，连武则天本人看了都赞叹不已。当时武则天看了这份檄书，就说："这么好的人才没有为朝廷所用，是宰相的过错。"可见对于人才，她非常爱惜。不管是敌是友，不拘一格。

她重视农业，减轻人民的徭役，因此她在位期间，农业和手工业都有了长足的发展。不过她在执政的初期，任用了大量的酷吏来巩固统治。来俊臣、周兴就是这一时期最臭名昭著的两个酷吏。他们大兴典狱，广置耳目，监视人们的一举一动。凡是有人说了朝廷什么话，他们就把这人抓来，用各种酷刑折磨他。这些严厉的举措在一定程度上震慑了当时的皇室子弟和一般民众，起到了稳固武则天统治的效果，但也导致百姓人心惶惶。为了抚慰人心，在用完这两个酷吏之后，武则天毫不犹豫就把他们杀了。她先借来俊臣之手杀了周兴，然后又杀死了来俊臣。

来俊臣杀周兴那一段，还引申出"请君入瓮"这个成语。

据说有一天,来俊臣和周兴退了朝。二人一起吃了饭。吃饭的时候来俊臣说:"周兄,现在的犯人都不老实,不肯说实话,怎么办? 你有什么好办法?"

周兴说:"这事简单! 你弄个大瓮,四周堆上炭,把瓮烧热,把囚犯扔到里面去,有什么话他不说?"

来俊臣说:"好主意,周兄真是高明。"然后就命人抬来大瓮,在旁边烧起来。烧了一会儿,瓮烧红了。来俊臣站起来说:"我这里有密信说周兄的罪状,圣上让我来查办,老兄,请入瓮吧。"

周兴一听,慌忙跪下磕头,把自己的罪状都认了。

周兴死后的第二年,武则天也找了个理由,把来俊臣杀了。同时把所有的罪恶都推到这两个人身上。

在军事上,武则天在位时期,基本上保持了唐朝开国时期的版图。由于她杀了一大批能征善战的前朝武将,边疆无可战之将,所以吐蕃、契丹等不断作乱,因此在军事上,边疆地区整体呈现动乱的势态。

晚年的武则天,因为有了政绩,也开始骄奢淫逸。她找来两个美貌的少年张易之、张昌宗兄弟当男宠,这两个人凭借她的宠幸,插手朝政,气焰熏天。连武承嗣和武三思都给这两个宠臣执鞭牵马。二张陷害忠良,欺压群臣,连皇室子孙都不敢得罪他们。据《资治通鉴》记载,有一次,武则天的孙女永泰公主跟自己的丈夫和皇兄一起议论二张兄弟,武则天知道后,就迫令他们自尽。

神龙元年(705年),武则天病重,宰相张柬之联合禁军大将冲进皇宫,杀了二张,逼迫武则天退位,武则天时代正式宣告结束。同年 12 月,武则天在上阳宫病逝,享年八十二岁。遗诏去帝号,称"则天大圣皇后",与唐高宗合葬乾陵。陵前立碑,上面不着一字,称"无字碑"。让一生功过任由后人评说。

辽国的"铁娘子"——萧太后

萧太后,名绰,小字燕燕,契丹人。本姓拔里氏,其先人被耶律阿保机赐姓为萧。她的出身非常显赫。父亲萧思温是辽北院枢密使兼任北府宰相,并且是四朝元老,历任辽太宗、辽世宗、辽穆宗、辽景宗四朝,身居要职,权倾朝野。母亲燕国公主是辽太宗的长女。萧氏和辽国皇室世代皆有联姻。萧绰从小就在这样的家庭里长大。在少女时代,萧绰就显示出自己与众不同的一面。比起其他几个姐妹,萧绰做事更加仔细认真。有一次,萧绰和姐妹们一起打扫卫生,其他几个人只是象征性地打扫一下就了事,而她却一直干到最后,四处查看还有哪些地方没打扫干净。她的父亲萧思温在旁边看到了,内心禁不住赞许道:"此女将来必成大器。"

969 年 2 月,辽穆宗前往黑山打猎,萧思温陪同。辽穆宗性情暴虐,经常殴打近侍。结果在一个黑夜,不堪虐待的近侍们趁辽穆宗醉酒熟睡,将其在大帐内刺杀。发生这种变故,国家很容易因为继承人问题而引起动荡。萧思温立马封锁消息,把自己的亲密好友——辽世宗的次子耶律贤推上了皇位,是为辽景宗。辽景宗即位后,自然不会亏待萧思温这个拥立功臣,晋封他为北院枢密使、北府宰相、尚书令、魏王,并且让他的女儿入宫侍奉。

萧思温就把自己认为那个能成大器的女儿萧绰送入皇宫。进宫三个月后,萧绰被册封为贵妃,又过了两个月,被册封为皇后。

970 年 5 月,也就是辽景宗即位的第二年,景宗前往闾山打猎,萧思温随行。结果萧思温被南院枢密使高勋派人刺死。高勋是辽景宗的另一位宠臣,他是一个汉人,早年就投靠了辽国,也参与了谋杀辽穆宗的行动。他和萧思温本来属于同一政治联盟,级别地位也相当,但是政变成功后,因为争权夺势,很快就分化为帝后两党。由于辽景宗不愿看到萧思温的势力过大,所以这一次刺杀行动,很有可能是辽景宗默许的。

父亲的死,让年仅十七岁的萧皇后措手不及。但是少年老成的萧皇后并没有就此消沉,而是化悲痛为力量,借用另外一位权臣韩匡嗣之手,把仇人高勋除去,并且逐步架空了体弱多病的辽景宗,掌握了朝政大权。

随着时间的推移,辽景宗不再处理国事,辽国的一切政务都由萧绰处理。辽景宗顶多是听听报告,说一声"知道了"。有什么重大事务,萧皇后就把各族的大臣召集在一起,综合各方意见再行裁决。在萧皇后的带领下,辽国的政治军事日益强盛,国力越发强大。

萧皇后的能力得到了群臣的认可。大臣们对她越来越信服,凡事都找她商量,不找皇帝。她的影响力显然已经超过了辽景宗。于是辽景宗就传谕史馆学士,以后凡是记录皇后的话,统统用"朕",把妻子的级别提升到和自己一样。

临朝称制

982 年,三十五岁的辽景宗在出去打猎时死在了焦山行宫,临死前下遗诏,让自己的儿子梁王耶律隆绪即位,军国大事都交给萧皇后处理。

面对年仅十二岁的儿子耶律隆绪,二十九岁的萧皇后脑子里想到的第一个问题就是势力强大的宗室亲王们。以前虽说皇上不管事,但是他在位时,亲王们谁都不敢有什么想法。现在他驾崩了,小皇帝年幼,自己又是一个妇道人家,虽然有点影响力,但是怎敌那些手握重兵的亲王们?万一这些人造起反来,形势大变,绝对不是自己能够掌控的。想到这里,她把权臣耶律斜轸和韩德让等先帝器重的重臣召来,流着眼泪道:"先帝已经驾崩,抛下我们孤儿寡母,旁边有势力强大的亲王们,边疆也时有敌人侵扰,该怎么办啊?"韩德让和其他重臣连忙安慰她,并且跪下发誓道:"只要皇太后信任我等,我等定当尽心竭力为太后排忧解难。太后无须忧虑。"萧太后这才安下心来。为防止突生变故,她安排耶律休哥在南京(即今天的北京及天津、河北部分地区)留守,统领南面军事,巩固边防,以防不测。同时让娶了萧绰侄女的耶律斜轸为北院枢密使,严密监视和控制贵族势力。并且采用韩德让的建议,规定贵族亲王回去后,不得私下交往,不得串门喝酒。为的是防止亲王聚在一起谋反。

一系列措施执行之后,局势很快就稳定了。

耶律隆绪即位后,尊萧绰为"承天皇太后"。萧绰遂以太后的身份临朝称制,总揽朝政大权。萧绰的宠臣韩德让,据说是萧绰的老情人,两人小时候就有婚约。萧绰被父亲送入宫中之后,韩德让另娶。辽景宗去世后,萧绰私下对韩德让说:"我曾经许配给你,希望能续前缘。当今国主,也就是你的儿子。"韩德让自然喜不自胜。萧绰就命令他统领禁军,负责保卫京师的安全。相传萧绰派人秘密毒杀其妻。耶律隆绪也把韩德让当成自己的父亲来看待。韩德让出入皇宫,与萧绰出则同车,入则同帐,形同夫妻,即便是接见外国使臣的时候也毫不避讳。

萧太后的风流韵事传到了边境,北宋雄州的知州贺令图及其岳父岳州刺史贺怀浦听说后,便联合文思使薛继昭等人向宋太宗上书:"如今契丹国主病逝,新主年幼,国事尽裁于萧太后之手。萧太后与韩德让苟合,行不轨之事,伤风败俗,必然引起辽国军民的怨恨。谁会听从一个伤风败俗的女人的指挥呢?辽国内部上下不齐心,肯定会生出大乱,我们应当趁机北伐,收回燕云十六州。"宋太宗闻言大喜,在 986 年兵分三路,对辽国发动"雍熙北伐"战争。

起初,宋军也取得了一些胜利。但是辽国并不像宋朝大臣们所想的那样上下不齐心,群龙无首,而是很快就反应过来,并且做出了有效的应对。萧绰接到边报,迅速给耶律休哥下达命令,让他率军抵御东路宋军曹彬一路,又派耶律斜轸去抵御西路军杨业,最后亲自带着耶律隆绪赶到南京,与耶律休哥协同作战。萧绰甚至亲自披挂上阵,并制订作战计划,一面率兵在正面与曹彬作战,一面让耶律休哥偷偷跑到曹彬后面发动突袭,两面夹击,曹彬大败。

打败东路宋军之后,萧绰又带领人马去对付西路宋军,宋军全线崩溃。宋太宗下令全军撤退,结果大将杨业得不到后方支援,在撤退的时候被辽军包围,杨业之子战死,杨业本人被活捉后绝食而死。

萧绰下令把杨业的人头砍了下来,装在一个小匣子里,传到边关,让辽国士兵都看看。辽国军队士气大涨,宋军大受打击。所占领的一

影响中国古代历史的女性

点土地也无力再守，全部被辽国重新夺回。

杨业父子的英勇事迹和悲惨遭遇传到北宋，人们伤感不已，艺人们看到人们喜欢听杨家父子的故事，对其事迹进行了艺术加工，把他们的英勇事迹搬上戏台，演绎成杨家将的故事。之后，杨家将的故事成了中国文艺史上的经典剧目，家喻户晓，妇孺皆知。

改革

北宋出师不利，再也没有能力进行北伐。而辽国由于常年战争，民生凋敝，百废待兴，所以也致力于发展。两国和平相处了几年。

在韩德让的辅佐下，萧绰对辽国进行了一番大刀阔斧的改革。她改国号"大辽"为"大契丹"，表达了她要振兴祖业的决心。随后，她开始在经济、文化、法律等方面进行改革。

在经济方面，萧太后用心最多。契丹人本来就是游牧民族，不会种地。在占领黄河以北的大片中原土地之后，在汉人的熏陶下，契丹人学会了种地，不再逐水草而居。固定的土地收入比放牧要来得多，为了维护政权，萧太后开始鼓励生产。她下令减免税赋，保护农田，甚至亲自到田间地头"观稼"，看老百姓种地。统和七年二月，她迁徙三百户居民到澶州、顺州、蓟州垦荒种地，发给他们耕牛和谷种。统和七年六月，她又诏令燕乐、密云二县荒地给老百姓耕种，并且免去他们十年的赋税。统和十四年，南京道重新制定税法，萧太后看了之后，觉得税法定得过重，就下令减少。第二年，招募农民去滦州开荒耕种，免其十年赋税。

在萧太后执政的二十七年里，她减免赋税、赈济灾民的诏令多达三十道。她劝课农桑，休养生息，兴修水利，极大地推动了辽国的农牧业发展，改善了黄河以北的老百姓的生活水平。

在文化方面，萧太后年少时深受汉族文化影响。她看到了汉族文化制度的优越性，因此在执政之后，大力推行儒家文化，开科取士，选拔底层人才。从统和六年开始，到统和二十七年，辽国一共放贡举十七次，为有才能的人提供了入朝做官的机会，招募了大量的人才。

萧太后选取人才，以才、德、学为标准，打破种族限制，任用郭袭、马得臣、王继忠和刘景等大批汉人。同时还改革吏治，严惩贪官，推行廉政。辽国的官场风气为之一振。

　　在法律方面，她废除酷刑，更定十几条律法，重视人权。规定奴婢犯罪后，主人不得擅杀，而是要送到官府审问。按照辽国旧制，契丹人和汉人斗殴致死的，重判汉人，轻饶契丹人。萧太后当政时，一视同仁，同罪同科，不搞特殊化。在她的治理下，辽国许多地区的监狱都空空如也，社会安定，治安良好。

　　辽圣宗统和二十二年深秋，萧绰看到国力鼎盛，便出兵伐宋。她亲率二十万精兵，一路势如破竹，两个月就攻到了北宋的澶州，离北宋都城汴梁仅一河之隔。北宋朝野震惊，百官无策，几欲迁都，主战派代表宰相寇准拦住想要逃跑的宋真宗，坚决请他御驾亲征。结果当宋真宗的车驾出现在前线时，宋军感动不已，山呼万岁，喊声震天，士气大涨，顿时聚集起十几万人与辽军相抗。萧绰本打算趁宋军一盘散沙的时候大举进攻，结果计划落空。更要命的是，辽国名将萧挞凛在查看阵地的时候，被宋军的强弩射中身亡，辽军还未开战，先损主将，士气大落。萧绰考虑到再强行开战对己不利，加上韩德让的劝告，于是就决定议和。辽宋约为兄弟之国，达成澶渊之盟，互不侵犯。辽圣宗称宋真宗为兄长，宋真宗则称萧太后为叔母。宋朝每年向辽纳三十万岁币，两国互市，进行贸易往来。

　　澶渊之盟为宋、辽两国带来了长达百余年的和平，由于北宋经济繁荣发达，有先进的生产力和生产技术，所以每年的三十万岁币都可以从贸易中赚回来。如果打仗的话，庞大的军费开支则是天文数字。因此澶渊之盟对当时的两国来说无疑是最好的选择，而且更利于北宋的发展。

　　看到萧太后为辽国赢得了每年三十万岁币的收入，辽圣宗便再次为母亲加进尊号。统和元年，萧太后的尊号是"承天皇太后"。统和二十四年，辽圣宗进其母尊号为"睿德神略应运启化承天皇太后"，再到后来，则尊封为"睿德神略应运启化法道仁洪圣武开统承天皇太后"。

　　统和二十七年十一月，萧绰为辽圣宗耶律隆绪举行了契丹传统的"柴册礼"，正式归政，将皇权交还给儿子，结束了她长达四十多年的执政生涯，打算到南京安度晚年。不料在南行的路上染病，一病不起，于当年十二月病逝于行宫内，享年五十七岁。

第二章

辅政红颜

丑女无敌——钟无盐

钟无盐，又名钟无艳、钟离春，也就是民间传说的丑娘娘。这个女人奇丑无比，可以说是有史以来史书上记载最丑的女人。据刘向的《烈女传》记载，她"臼头深目，长壮大节，昂鼻结喉，肥项少发，折腰出胸，皮肤如漆"，意思是她的额头前突，双眼下凹，像个类人猿的头型，而且骨架还很大，像男人一样健壮，鼻子朝天，脖子很肥粗，有喉结，鸡胸，头发稀疏，皮肤黑得像漆。

但是，这个丑女人居然凭着几句话，就打败了无数个"蛾眉蟆首"的美貌女子，做了齐宣王的王后娘娘。

这是怎么一回事？

原来，当时正是战国时期，钟无盐所在的地方是今天的山东东平，属于当时齐国的领土，齐国本来是姜子牙的封地。武王伐纣，灭掉商朝之后，因为姜子牙功劳最大，就把齐国封给了他。由于姜子牙姓吕，叫吕尚，所以他的封地就叫吕齐。姜子牙到了封地之后，因地制宜，遵循当地的风俗习惯，大力发展经济。由于山东半岛临近黄海、渤海，所以盛产鱼、盐，百姓们纷纷来这里做生意，安居乐业，齐国一跃而起成为经济大国。

周武王死后，周成王即位，周公旦摄政。周公旦就是我们常说的周公。在周公摄政的时候，周成王的两个叔叔、周公的弟弟管叔、蔡叔作乱，周公就命令姜子牙"东至海，西至河，南至穆陵，北至无棣，五侯九伯，实得征之"。于是齐国获得征伐其他诸侯的权力。所以后来，齐国成为一个政治大国。

春秋时,齐桓公重用管仲,使齐国成为当时第一强国。齐国以"尊王攘夷"为口号,四处讨伐蛮夷,成为春秋五霸之首。

可惜的是,齐桓公死后,人亡政息,齐国大乱。国内卿大夫互相兼并,其中陈氏势力最大。公元前386年,陈氏田成子的四世孙田和把齐国国主齐康公放逐到海上,自立为国君。然后他贿赂周天子,周天子就把他封为诸侯。这就是庄子所说的"窃国者侯"。此后,齐国不再姓吕,而是姓田。

所以,钟无盐所在的齐国,是田齐。齐宣王就姓田,叫田辟疆。

话说这位田辟疆,当了国主,却一点儿都没有开辟疆土的雄心,整天只知道饮酒作乐,看歌舞表演。他最爱听人吹竽,东郭先生滥竽充数的故事,就是发生在他当朝的时候。国君整天不操心政务,政治当然腐败。这就如同一块农田,老农长年累月不来打理,不锄草,庄稼当然长不好,田地自然要荒芜。

于是,钟无盐急了。

这一年,钟无盐已经四十岁。因为她的模样,自然也没人来娶她。她就独自一人跑到齐宣王的宫殿前,要求拜见齐宣王。当时,群雄逐鹿,强者为王,适者生存。为了不顾一切地壮大自己,每位国君都实行了高度的民主制,允许每个人都参与到国家大事中,只要有好的建议,国君就会采纳。平民百姓都可以见到国王。

钟无盐见到齐宣王之后,就连喊了几声:"危险啊、危险啊。"

齐宣王一听,就没好气。

齐宣王大声问道:"哪里有危险啊?我怎么没看到?"

钟无盐伸出四个粗黑的手指说:"大王,有四险。现在的齐国,西面是强大的秦国,南面是强大的楚国,被这两个强大的敌人包围着,一旦他们打过来,齐国就会灭亡,这是第一险;大王您大兴土木,百姓不堪重负,叫苦连天,怨声载道,时间久了就会造反,这是第二险;贤能的人都跑到山里归隐,爱拍马屁的小人都凑到了您的身边,这是第三险;您成天沉湎于酒色,夜以继日地寻欢作乐,内不理朝政,外不和诸侯交好,这是第四险。"

齐宣王听完之后惊呆了，他赶紧从王座上站起来，走下台阶，握着钟无盐的大手说："你真是我的一面镜子！要不是你今天来点醒我，我还活在梦中！你这样贤能，应该来做我的王后！"

　　于是，齐宣王当即就宣布封钟无盐为皇后，并且采纳了她的建议，励精图治，齐国很快就强大了起来。钟无盐也作为一位贤后在后世广为传颂。

影响三代帝王的女人——窦太后

窦太后,汉朝有名的贤后,她是汉文帝刘恒的皇后,汉景帝刘启的母亲,汉武帝刘彻的祖母。她爱好黄老之术,讲究无为而治,清净而不扰民,她的这个主张帮助丈夫和儿子缔造了中国历史上著名的盛世"文景之治",使汉朝一跃而成为当时历史上最强大的王朝之一。因此,窦太后对中国历史的走向有着不可忽视的影响。

吕太后的侍女

窦太后出身贫贱,《史记》和《汉书》上没有明确记载她的名字,西晋的皇甫谧称她为"猗房",后来又被讹传为"漪房",因此后世都称她为窦漪房。窦氏生于秦末汉初,母亲死得早,她的父亲为了躲避战乱,避居于观津,以钓鱼为生,不幸在一次钓鱼时掉入河中淹死,只剩下窦氏和她哥哥窦长君、弟弟窦少君三个人相依为命。

父亲死后,家里没了顶梁柱,断了生活来源,窦氏就担负起照顾家里的重任。女孩子一般都懂事得早,为了让哥哥弟弟吃上饱饭,十三岁的窦氏卖身为奴,给一个财主打工。虽然每天干很重的活,累得筋疲力尽,但是回家后看到哥哥弟弟大口吃饭的样子,窦氏心里满满的都是幸福。

刘邦晚年的时候,极为好色,广招天下美女充实后宫。结果有一次窦氏在井边打水的时候,被下乡的选美官选中,不由分说便带她回宫。当时的许多美貌女子都不愿意进宫。因为一入宫门深似海,谁都不知道进了宫之后命运会如何。宫里那么多美女,自己什么时候才能被皇上宠幸?有的姑娘进宫的时候是十五六岁的妙龄少女,出来的时候却已白发苍苍。大部分女人一辈子都没有被皇上临幸过,大好青春都在寂寞中度过,也不能与家人团聚享受天伦之乐。纵然有幸怀了龙种,生了皇子,还要卷入后宫的斗争之中。总之,进宫女子十有八九都不得善终。因此,许多百姓都不愿意把自己的女儿送入宫中。就算被选美官看上,宁愿砸锅卖铁贿赂选美官,也要把女儿留在身边。

但是窦氏已经没了父母,根本没钱贿赂选美官,因此只好跟着选美官进宫了。她哥哥劝她逃走,但是她不走,她愿意进宫去,把每月的月钱寄回家。在临走前,她最后一次给两兄弟做了饭,给弟弟梳了头,然后洒泪而别。

按照规定,新进宫的宫女都要验身,本来这是由专职人员去做的。但善妒的吕后不想再看到有新人被刘邦宠幸,因此亲自给宫女验身,借着这个名义,把最漂亮的一批宫女都直接留在自己的宫里,而把选剩下的交给刘邦。于是,天生丽质的窦氏,连刘邦的面都没见到,就成为吕后的侍女。

当然,这对于窦漪房来说,也不见得是坏事。因为她本来就不是为了求得圣宠而来,她只是为了挣点钱,好供自己的哥哥弟弟吃饱穿暖。

由于之前在地主家干过粗活,窦漪房比一般的侍女都要踏实、细心。她听说吕后是个厉害的女人,因此她伺候吕后的时候,细致周到,小心翼翼,让吕后感到很舒服。吕后就经常赏赐给她一些财物。跟吕后相处久了,窦漪房发现,其实吕后也不是什么大恶人,她有时候还会做一些善事,比如释放思乡心切的宫女回家,让她们跟家人团聚。吕后还常常教导窦漪房,做女人要本分,只做自己该做的事,不要有非分之想,是宫女,就做宫女,别想着做妃子。

吕后的话,无疑是警告那些长相漂亮的宫女,不要异想天开,与她争宠。当然,窦漪房本身也没有这个想法。她只想安安稳稳地在宫里过下去,拿自己所应该得到的那份俸禄。

就这样,窦漪房波澜不惊地在汉宫里生活了几年,直到刘邦去世。刘邦去世之后,吕后掌权,为了能更好地控制朝政,吕后以最快的速度把刘邦的儿子们都赶回他们的封地。当时刘邦有八个儿子,除了惠帝刘盈之外，其余的王爷，吕后赏给他们每人五名侍女，窦漪房就在其中。窦漪房听说有个叫刘如意的王爷，被封为赵王，自己的家乡就在他的封国之内。于是就私下里找到管事的太监，请求把自己的名籍列入去往赵国的名单之中，这样她可以离家乡近一些，可以抽时间回去看望自己的哥哥弟弟。结果管事太监忘记此事，把窦漪房安排到了去往代国的队伍里。名单上奏之后，皇帝下诏应允。窦漪房得知自己将要前往代国，离家甚远，就哭泣着埋怨管事太监，不想去代国，并且还找到吕后说情。她本以为吕后会看在这几年伺候她的份上，给她调整一下。不料吕后听了她的哭诉之后大怒道，跟着赵王没有什么好下场！然后命人强行把她送上了去往代国的车队里。

多年后，她做了代王的姬妾，当她听说赵王被吕后毒死的消息时，她才知道吕后为何不让她跟着赵王。因为赵王死了，她的姬妾还能活命吗？

但是，当时的窦漪房还不知道这些。在去往代国的路上，她哭哭啼啼，伤心不已。在其他四个宫女涂脂抹粉打扮的时候，她却思念着千里之外的哥哥弟弟。她感觉，自己这辈子可能再也见不到他们了。

然而，命运总是喜欢捉弄人。它在把一个人推向绝望的时候，给人希望；让人在最深的谷底时，也能沐浴到阳光。

代王的宠爱

代王刘恒，是刘邦八个儿子中很不起眼的一个。他的母亲薄姬是刘邦一个并不受宠的姬妾。而正是由于不得宠，薄氏才没有落得像戚夫人那样的下场，刘恒才得以保全。刘恒为人宽厚仁慈，小心谨慎，不事张扬。因此，吕后在打击刘氏子孙的时候，并没有把他列为打击对象。

刘恒在到了自己的封国之后，把吕后赏赐给他的几个侍女叫到跟前。那几个打扮得花枝招展的宫女激动不已，都期待着代王能宠幸自己。而一心想要回家的窦漪房，却素面朝天，强打精神站在代王面前，心里想的都是自己的兄弟。

谁知刘恒看到那几个宫女时不为所动，却一下子相中了朴实无华的窦漪房。因为他也是一个喜欢素净的人。

去了代国的窦漪房，虽然失去了和兄弟团聚的机会，却得到了代王的宠爱。这不能不说是因祸得福。

随后，窦漪房成为代王的王妃，而其他四个宫女，则成了窦漪房的侍女。当然，窦漪房并没有因为自己地位的提升而改变自己的为人准则，她对待那些宫女，还像以前一样有礼貌，而不是把她们当下人呼来喝去。

代王对于窦王妃的宠爱达到了无以复加的地步。他忘却了宫里的其他妃子，甚至忘却了给他生下四个孩子的王后。他每天晚上都宿在窦漪房那里。而窦漪房一点儿也不恃宠而骄，反而更加谦卑、温和、谨慎、朴实。她的性格和为人赢得了所有人的称赞，连被她夺去宠爱的王后都对她印象很好。刘恒的母亲薄太后，也多次夸赞她的品行。

没过几年，一向身体虚弱且又过早地生下四个孩子的王后患麻风病去世了。刘恒对这位王后没有什么感情，象征性地举行了葬礼之后就要立窦漪房为王后。但遭到了窦漪房的婉言拒绝。她对刘恒说："现在王后刚刚逝去，你就立我为后，肯定会招来很多流言蜚语。不如再等等吧。"

刘恒把这话告诉了自己的母亲薄太后，薄太后高兴地说："她这么顾大局，识大体，真是当王后的不二人选！"

于是，刘恒更坚定了立窦漪房为王后的决心。而窦漪房也很争气，她的肚子也给她积攒了足够的政治资本。先后生下两儿一女，长子刘启，次子刘武，长女刘嫖。

不久之后，窦漪房顺利地当上了王后。两人更加恩爱。

就在窦漪房打算和刘恒平淡地度过此生的时候，一位从长安来的使者告诉刘恒，不要再做你的平凡王爷了，跟我进宫当皇上去。

刘恒听着有点蒙："你说什么？要我做皇帝？长安发生了什么事？"

原来，长安发动了一场政变。周勃和陈平在吕太后刚去世的时候，就果断地杀死了几个姓吕的异姓王，灭掉了吕氏外戚。为了彻底清除吕氏势力，大臣们把吕后所立的小皇帝、惠帝刘盈的儿子刘弘也杀死了,同时还杀了他的几个兄弟。如此一来,皇位空缺。周勃和陈平就谋划着从刘邦的几个儿子中间再立一个。为了防止重蹈覆辙,避免新的外戚专权,他们选择立新皇帝的标准是,皇帝的母亲和老婆必须是平民出身,出身越穷越好。结果盘算下来,只有代王最符合要求。而且他平日名声很好,所以就派人通知代王进宫即位。

代王起初不信,薄太后和窦王后也不信。大家都觉得这是个圈套,劝代王不要去。刘恒的属臣们也各持己见,有赞成的,有反对的。代王拿不定主意,就决定占卜以决吉凶。结果占了一个"大横"。卦辞的解释是,大横所裂的纹路很正当,不久就要当天王,将父亲的伟业发扬光大,就像启延续禹的帝业一样。于是刘恒决定前往长安。

但为了避免中计,他先派自己的舅舅薄昭去长安探查虚实,薄昭回报说是真事,这才向长安进发。在离长安城五十里的时候,又派属臣宋昌进城查看,最后才小心翼翼地进了长安城,在陈平等人的辅助下登上了皇位,成为汉朝盛世"文景之治"的开创者——汉文帝。

在一切都办妥之后,刘恒派人回代国迎接自己的全家老小。不料在半路上,他与先前王后所生的四个儿子全部夭折。乐极生悲,福祸相依,这噩耗一下子把刘恒击倒在地。他伤心欲绝,说他不想做皇帝了,如果不做皇帝,儿子就不会死,这都是当皇帝惹的祸。大臣们好不容易劝住了,让他立太子,他却说要把皇位传给自己的兄弟们。这把拥立他的大臣们都吓了一跳——为了拥立你,我们把你的兄弟都得罪完,你将来把皇位传给他们,我们岂不是都遭殃了?

于是周勃、陈平等一干大臣联合起来去找薄太后,请求薄太后去劝说刘恒改变想法,救大家性命。刘恒是个孝子,对母亲的话无有不从,在薄太后苦口婆心的劝说下,终于打消了放弃帝位的念头。

为了让刘恒立自己的儿子为太子,而不是传位于兄弟,大臣们又催促他赶紧立刘启为太子。刘启本来不是嫡子,没有资格成为继承人。但因为那四个嫡子全部夭折,他是庶长子,所以就只好让他来做太子了。

从王妃到皇后

刘启做了太子，他的母亲窦王后，自然就被册封为皇后了。再度入宫，身份大变。十几年前她刚入宫的时候，还只是皇后的侍女，而十几年以后，她自己成为皇后。命运对窦漪房的宠爱让她受宠若惊。她忽然又想到自己的两个兄弟，她很想找到他们，让他们也过上好日子。但此时薄太后正忙着尊崇薄家的祖先，窦皇后不敢提出这样的要求。

她决定再等上一段时间。反正她这一生，什么好事都是等出来的。

谁知，她的一个善意之举，无意中帮了她大忙。在被册封为皇后的那天，她向皇帝提议，宴请天下所有孤寡老人，赐给所有穷人布帛、米面、肉食。对八十岁以上的老人和九岁以下的孤儿，每人赏赐一石米、二十斤肉、五斗酒、两匹帛、三斤棉絮。

刘恒对她的建议大加赞赏，并且很快以皇后的名义下令实施。于是，天下百姓无不称赞窦皇后的美德，人们纷纷奔走相告。在口口相传的过程中，一个姓窦的年轻人听到了这位窦皇后的身世。他就是窦皇后的弟弟——窦少君。

当年，窦漪房进宫之时，留下窦长君和窦少君兄弟两个。有一天，哥哥窦长君正在外面劳作，把五岁的弟弟一个人放在家里，结果弟弟被人贩子拐走，先后拐卖多次，最终卖到了河南阳宜一户财主家里，当了奴仆。有一次，主人派窦少君到山上烧炭，夜里风雨大作，山上暴发了泥石流，一百多名工人全部丧生，只有窦少君一人逃过此劫。死者的家属纷纷去找财主赔偿，财主没有那么多钱赔，就逃到了长安。窦少君也跟着来到了长安。

俗话说，大难不死，必有后福。到长安后，劫后余生的窦少君想到的第一件事就是去算一卦。结果算命先生说他很快就会封侯。他自然不相信。但是当他听说皇宫里的皇后姓窦的时候，他忽然想到，或许当今皇后就是他的姐姐，封侯的事，难道是从这里来的。

于是他就给皇后写了一封信，信里写了许多自己小时候的事，皇后看到之后，便把他召进宫，问他一些旧事，窦少君的回答都正确。窦少君还说起姐姐当天进宫的时候，曾讨来潘汁给他洗头，并且做了最后一

影响中国古代历史的女性

顿饭给他吃,而后才安心离开。窦皇后听了,拉着兄弟放声痛哭。汉文帝也感动不已,立即赏赐窦少君很多财物田宅,后来窦皇后又找到了窦长君,把他们全部迁到了长安,做了富家翁。

窦氏兄弟的突然出现让大臣周勃和灌婴吃了一惊,他们最害怕外戚专权,再来一次窦氏专权,于是就联合起来对汉文帝进谏,说窦氏兄弟没有什么文化修养,常年在社会底层劳动,现在猛然靠着皇后得了富贵,肯定会恃宠而骄,惹下乱子。应该选择品德高尚、行为端正的人与之相处,来教化他们、熏陶他们,使他们成为正人君子。文帝采纳了周勃等人的建议。

后来窦皇后因病双目失明,汉文帝对她的宠爱逐渐衰退,开始宠爱慎夫人,甚至让慎夫人跟皇后同席而坐。有一次汉文帝游上林苑,窦皇后和慎夫人随从。入席时,侍从按照惯例把窦皇后和慎夫人安排在一个席位,但是大臣袁盎却把慎夫人的席位往后挪了一下,慎夫人看到之后很生气,就拒不入席,汉文帝也气得拂袖而走。袁盎追过去对文帝说:"皇后和慎夫人尊卑有序,应该区分开来,您宠爱慎夫人,可以多赐给她一些财物,但是在礼法上,应该按照规矩来。"汉文帝这才消了气。

从皇后到太后

汉文帝驾崩后,景帝即位,尊窦皇后为太后。于是窦太后便封自己的弟弟窦少君为章武侯,由于窦长君已经去世,就封了他的儿子窦彭祖为南皮侯。窦少君的命运果然被当年那个算命先生言中了。

窦太后一共生了两儿一女,大儿子刘启,就是汉景帝。小儿子刘武,被封为梁王。她特别宠爱这个小儿子,赏赐给梁王无数的财物珍宝,梁王恃宠而骄,大兴土木,封地达四十多个县,出行的仪仗队比天子还豪华,金银财宝数不胜数。景帝对这个弟弟也非常喜爱,有一次喝醉了酒,甚至放言说,将来死后,将皇位传给弟弟。窦太后和梁王听了都很高兴。但是窦太后的侄子窦婴立马反对说:"高祖曾经立下规矩,帝位只能传给长子、长孙,怎么可以传给兄弟呢?"窦太后听了之后大为不悦,从此嫌恶窦婴。窦婴本来也嫌官小,就称病辞官了。"七国之乱"爆发后,景帝看朝中的窦氏子弟没有能带兵的,就把窦婴召回来,任他为大将军。窦婴不辱使命，平定了"七国之乱"，被景帝封为魏其侯。于是，窦太后又多次向景帝提出，要任命窦婴为丞相。景帝说："太后难道认为我吝啬而不肯让魏其侯做丞相吗？不是的。魏其侯这个人，做事草率，骄傲自大，难以承担丞相这个重任。"最终也没有任命他。

景帝七年十月，梁王刘武再次入京朝见景帝。因为窦太后宠爱梁王，景帝便批准梁王留在京城。窦太后还对景帝说："我听说殷商的制度是亲其兄弟的，周朝的制度是尊奉祖先，这两者的道理一样。百年之后，我把梁王托付给你。"言下之意就是想让景帝传位给梁王。袁盎听说之后，便上书反对。梁王就派人把袁盎刺杀了。景帝查出真相后，怨恨梁王。梁王连忙入朝请罪。但是兄弟两人关系再也不能回到以前了。景帝因此也不再允许梁王滞留京城。梁王回到封地之后，忧惧而死。窦太后便大哭道："帝果杀吾子！"连饭都吃得少了。景帝看到母亲伤心，就把梁国分为五份，分给梁王的五个儿子，并让梁王的五个女儿都食汤沐邑。窦太后这才高兴起来。

窦太后喜欢黄老之言，她要求景帝和大臣们都学习黄老之术，并以此治国。黄老之术的无为而治是文景盛世的治国精髓，但是当时的儒生却不以为然。一位叫辕固生的儒生，是研究《诗经》的。有一次，窦太后把他叫过来，问他《老子》这本书如何，辕固生说那不过是很平常的言论罢了。窦太后很生气，让辕固生去兽圈里杀野猪。景帝知道辕固生并无过错，他一介书生，手无缚鸡之力，肯定斗不过野猪，于是就赐给他一把利器。辕固生进到兽圈里，一下子就把野猪给刺死了。窦太后便没有再追究。但是因为窦太后的原因，终景帝一朝，儒生都没有一人能够得到重用。

景帝驾崩后，景帝之子刘彻即位，是为汉武帝。武帝尊窦太后为太皇太后。

刘彻是个有雄心壮志的人，他好大喜功，不喜欢无为而治的清净生活，他开始推行新政。但遭到太皇太后的反对，因此在太皇太后在世的时候，汉武帝始终没能放开手脚。直到窦氏去世，汉武帝才"罢黜百家，独尊儒术"，然后发展军事，打击匈奴。但是由于他的好战，文景之治几十年的积累,都被他挥霍一空。而且由于常年对外战争,国内经济凋敝,为了支撑军费开支,他又出台了一系列政策,搜刮民财,致使国家元气大伤,一蹶不振。

汉武帝建元六年,窦太皇太后去世,与汉文帝合葬霸陵,结束了她极为幸运且不凡的一生。

不重生男重生女——卫子夫

卫子夫,汉武帝的皇后。出身寒微。不知道她的父亲是什么名字、做什么工作,只知道她的母亲卫媪曾经当过平阳侯曹时的女仆,所以在卫子夫年少时,就被送到平阳侯家里学习歌舞,成了平阳侯府的一名歌女。

卫子夫本来有一个哥哥叫卫长君,但她的哥哥英年早逝。又有两个姐姐,大姐卫君孺,二姐卫少儿。二姐有个很了不得的儿子,叫霍去病。

卫子夫的父亲死得早,她的母亲改嫁,又给她生了几个弟弟,即卫青、卫步、卫广。

之所以要把她的亲属关系说得这么清楚,是因为这些人虽然此时都很平凡,但在将来的历史舞台上,他们都要出演几出戏。尤其是卫青和霍去病,演的还是重头戏,是不可或缺的角色。

汉武帝建元二年(公元前139年),汉武帝去灞上祭祀先祖,在回宫时顺路去了平阳侯府,因为他的大姐平阳公主就嫁给了平阳侯。他要去看望他的大姐。

虽然汉武帝在当太子的时候就已经娶了好几位妃子,但是一直没有一个儿子。平阳公主这个做姐姐的就有点着急,看到汉武帝来了,就把自己家的女孩子挑了十几个好看的,进献给汉武帝。但是汉武帝看了之后,都不满意。于是平阳公主只好让她们全部退下,摆上宴席。当宴席刚开始的时候,平阳侯府的歌女们就上来献唱,卫子夫就在其中。汉武帝端着酒杯,随意望去,一下子就看中了卫子夫。

于是,汉武帝起身去更衣,让卫子夫前去侍奉。在尚衣轩里,汉武帝临幸了卫子夫。

汉武帝赏赐给平阳公主千两黄金。平阳公主就把卫子夫送给了汉武帝。临行的时候,平阳公主抚摸着卫子夫的后背说:"去吧,好好伺候皇上,将来要是发达了,不要忘了我的推荐之功。"

卫子夫就这样进了皇宫。

但是,进了皇宫并不代表可以一步登天,被皇上临幸也并不代表就能一劳永逸。必须是生了皇子才算数。可惜的是,皇上虽然临幸了卫子夫,但她并没有怀孕。

皇上的女人很多。帝王无长情,可能在回宫的路上,汉武帝就忘了自己曾经临幸过一个歌女。何况后宫里美女如云,卫子夫在里面一下子就被湮没了。卫子夫一介歌女,没钱没势,也不可能贿赂管事的太监。所以,进宫一年多,卫子夫连皇上的面都没见过。

这一年多,她心灰意冷,不再做之前所想的荣华富贵、万千宠爱的美梦。她知道,这样下去,不仅不会有富贵,说不定还会老死宫中,大好青春可能就这样被荒废掉了。人生在世,何必如此。要是还像以前那样,在平阳侯府里做个歌女,至少还有府里一些男仆爱慕的眼光、热烈的追求,至少还有进出平阳侯府的自由。

但在这里,一切都被剥夺了。

卫子夫的内心开始变得绝望起来。

有一天,汉武帝突发善心,下令把宫中年老的宫女都释放出去,卫子夫趁着这个机会,见到了皇上,她哭求皇上把她放出宫去。汉武帝看见卫子夫哭得梨花带雨,分外清纯,且又楚楚可怜,于是就把她留下,又一次临幸了她。

这一次,天可怜见,卫子夫总算怀孕了。有了孩子,身份立刻大有不同。汉武帝对她宠爱有加,把她封为夫人。她先后给汉武帝生下一男三女。后来陈皇后被废,卫子夫就被封为皇后,卫子夫的娘家人也因为她而开始受到重用。好在卫氏外戚并不像其他外戚那样,完全凭裙带关系,而是凭借自身能力,最终获得了显赫的地位。卫子夫的弟弟卫青和她的外甥霍去病，率军深入大漠，抱着马革裹尸的决心和勇气，七次出征，远击匈奴，在祁连山设郡，封狼居胥，从此匈奴远遁，漠南无王庭。通过这几次的浴血奋战，不仅瓦解了匈奴的势力，解决了汉朝的边患，而且也给卫氏立下了赫赫威名。因为这些战功，卫氏一门五人被封侯，当然，这跟卫子夫的皇后身份也是分不开的。

卫氏一门的富贵震惊天下，于是有人编了一首《卫皇后歌》，歌词很简洁：生男无喜，生女无怒，独不见卫子夫霸天下？

意思就是说，生了男孩，你不要高兴，生了女孩，也不要生气（古代是重男轻女的）。难道您没看见卫子夫以一介女流称霸天下吗？

的确，以卫氏的尊崇，直到八百年之后的杨贵妃一家，才达到这种程度。

卫子夫贵为皇后，她的儿子刘据为太子，她家有五人被封侯。可谓是盛极一时。但是，道家云，物极必反。任何事物发展到极致时，就会衰落、会走下坡路，卫子夫也不例外。随着年纪变大，卫子夫的容颜也渐渐老去。好在，卫子夫懂得月满则亏的道理，她宠辱不惊，去留无意。汉武帝宠爱了新的美人，她也不争风吃醋。凭借着这种良好的心态，在霍去病、卫青相继去世之后，卫子夫还能得到汉武帝的尊重和喜爱。

但是，终究是大不如前。毕竟她容颜已老，对一个帝王来说，已没有多少吸引力。昔日，吸引这位皇帝的，不正是青春容颜吗？

你因为它而得到的，终将要因为它而失去。

巫蛊之乱

如果说单纯的年老色衰并未撼动卫子夫地位的话，那么，下面这件事，就撼动了她的地位。并且，还直接把她逼入死地，使她不得不以上吊自尽的形式表明自己的清白。

这就是汉武帝晚年著名的"巫蛊之乱"。

说起来，这场巫蛊之乱，还是起源于卫氏内部。

经过几十年的发展，卫氏家族的规模越加庞大，权倾朝野。这么大的一个外戚集团里，难免会出现几个恃宠而骄的人物，公孙敬声就是其中一个。公孙敬声是宰相公孙贺和卫子夫的姐姐卫君孺所生的儿子，他自己虽身居九卿太仆之职,却目无法纪,胆大包天,仗着姨妈是皇后,父亲是宰相,竟然擅自挪用北军饷银一千九百万钱。所谓的北军,就是指在北方边境线上跟匈奴作战的军队,这些饷银,就是前方将士的口粮,他把饷银挪走,就相当于让将士们空着肚子跟敌人打仗,这就等于是直接要了他们的命。因此,军队的饷银,无论在任何时候,都是万万动不得的。但是公孙敬声却是个纨绔子弟,从小绫罗缠身,衣来伸手、饭来张口,私欲甚重,哪里会顾及别人的死活。

结果事情很快败露。汉武帝得知后大怒。也难怪,汉武帝穷其一生要打的就是匈奴,他能名垂后世也是靠着打匈奴的功绩,因此,任何时候,与匈奴的战事都是朝廷决策中的重中之重。汉武帝立即下令,把公孙敬声抓起来,关在牢里。

那时,汉朝有个大盗,叫朱安世。这个人数次以武犯禁,朝廷却奈何他不得。汉武帝一直想抓住他,在全国范围内下了通缉令,但是这个人却一直逍遥法外。于是丞相公孙贺就上书请求抓捕朱安世,以赎自己儿子公孙敬声的罪过。汉武帝答应了。

公孙贺动用所有力量,铺天盖地去抓朱安世,最终将其成功擒获。但是没想到的是,这不是上一个悲剧的结束,而是下一个悲剧的开始。朱安世在牢里,估计是受人指使,竟诬告公孙敬声与阳石公主私通并且说公孙贺用巫蛊之术诅咒天子。汉武帝知道后,龙颜大怒,下令彻查公孙贺所犯的罪行。

这里要说一下什么是巫蛊之术。

所谓巫蛊之术,是古代先民的一种巫术和蛊术,包括诅咒、射偶人和毒蛊等。在原始社会已经很流行,那时候的人们认为用巫蛊可以使敌对部落或者仇人受伤而死。还有的人认为可以借助神秘力量把敌人给诅咒死。事实上,巫是诅咒,是一种原始信仰,而蛊就是利用毒虫的毒素去害人。

秦汉时期,朝廷严禁使用巫蛊,一旦发现,都是死罪,统治者都很忌惮百姓使用。因此,朱安世才用这个罪名去诬陷公孙贺父子。

几个月之后,公孙父子死在牢中。诸邑公主、阳石公主以巫蛊之罪处死,卫青之子卫伉及卫长公主之子曹宗也被牵连在内。这下子,遭罪的全是皇亲国戚。当时,汉武帝有个宠臣叫江充,他和太子有矛盾,生怕汉武帝死了之后,太子即位后拿他开刀,于是就赶紧趁此机会,把小事闹大,大事闹炸。他对汉武帝说,汉武帝生病正是因为有人对他下蛊。于是汉武帝就命令江充为使者,查办巫蛊之案。

江充有了权力之后,便开始兴风作浪。他的最终目的就是搞倒太子,但在此之前,要有个过渡,于是,他指挥手下的巫师,在长安城里四处掘地寻找木偶,每次挖到就把附近的居民抓起来,用炮烙逼他们认罪。百姓们在不得已之下相互诬告,整个长安城被冤死的多达几万人。

当然,这些木偶都是他们自己预先埋下的。江充要的就是这种恐怖的气氛。满城流言蜚语,只会对自己更有利。只有形势大乱,一团迷雾,人们在分不清真假的时候,他才可以成功地陷害太子。

由于汉武帝的病情一直不见好转,年老昏聩的他更加相信巫蛊之事。江充就趁机对汉武帝说,因为宫中也有巫蛊之气,所以天子的病才不会好。于是他又下令在宫中搜寻木偶。他们先从那些不受宠幸的后妃下手,之后又搜到了皇后卫子夫宫中。最终,在这一年的七月,江充最终将铁锹挖到了太子的东宫,并且"不出所料"地得到了木偶。

太子得到这个消息之后,想要到汉武帝的甘泉行宫当面辩白,但是遭到了江充的限制。情急之下,太子就采用少傅石德的计策,先把江充抓了,再去向汉武帝辩白。但是在抓捕过程中,没有抓到江充,反而让协助江充办案的御史章赣逃脱,章赣直接跑到甘泉行宫向汉武帝告状,说太子造反。太子骑虎难下,就派人报告了卫皇后,然后动用了长乐宫的护卫队,并且以"武帝已死,奸臣作乱"的名义征兵,与江充的人马在长安城中激战,最终杀死了江充,并在上林苑烧死了巫师。

太子起兵后,远在甘泉行宫的汉武帝认为太子一定是受到陷害才被迫起兵,就派使者前去长安探查。使者到了长安却不敢进城,回去欺骗汉武帝说太子已反,并且要杀死自己。汉武帝听了大怒,派左丞相刘屈氂发兵讨逆,还下令京城三辅附近郡县之兵,及二千石以下官吏皆归刘屈氂统领。

刘屈氂的军队到了长安城下,太子刘据看自己人马不足,就打开长安监狱放出囚徒以充军,并派使者持符节去调动长安附近长水和宣曲两地的胡人骑兵,命令他们整顿人马前来会师。然而不幸的是,汉武帝派遣的使者侍郎莽通正巧赶到,告知长水校尉太子的符节是假的,并带走了长水的部队。同时,护北军使者任安虽然接到了太子的发兵符节,却按兵不动,作壁上观。导致太子所率兵卒与丞相的兵卒实力差距越来越大。于是双方混战五日后,太子最终兵败。得丞相司直田仁之助于覆盎门逃出长安,隐匿湖县。

　　不久之后,太子被人发现了踪迹,遂自尽身亡。

　　太子死后,汉武帝派人去收卫皇后玺绶。卫皇后知道儿子已死,家族也基本凋零,又无法证明自己没有参与巫蛊之乱,且年事已大,此时被废,好生绝望,遂自尽。死后被盛以小棺,薄葬在城南。

　　至此,母仪天下三十八年的卫子夫与世长辞。

汉朝末代皇后——曹节

曹节,生于195年,卒于260年。她是曹操的第二个女儿,汉献帝刘协的第二任皇后,也是汉朝最后一位皇后。

建安十八年,十八岁的曹节和姐姐曹宪、妹妹曹华三人一同被父亲曹操嫁给汉献帝刘协为夫人。这是一场动机不纯的政治联姻,曹操此举很明显是为了更好地掌控汉室。但是让他没想到的是,他的宝贝女儿曹节,却给世人上演了一出感人至深的戏码。

被误解的曹操

曹操在中国可谓是妇孺皆知,家喻户晓。可惜的是,由于《三国演义》作者罗贯中的不当宣传,这位东汉末年的大英雄、魏国政权的创始人,被生生地描绘成一位心狠手辣、为达目的不择手段的"枭雄"。尤其是那句"宁可我负天下人,不可天下人负我",让无数人对曹操咬牙切齿,觉得这就是一个私欲极重的野心家。因此,曹操虽然很出名,但出的是恶名,而非美名。戏台上的曹操,永远是一个白脸奸臣。

然而,拨开历史的重重迷雾,我们会发现,这是对曹操天大的误解。

曹操出生于东汉末年的一个官宦世家。他的父亲曹嵩是大宦官曹腾的养子。曹嵩曾官至太尉,因此曹操也是一个官二代。只不过由于他的"爷爷"是个宦官,所以算不上名门望族。曹操年轻的时候放荡不羁,不学无术,但是狡诈多智,应变能力极强。据说他的父亲让曹操的叔叔监督他学习,由于曹操贪玩,他的叔叔就经常去其父亲那里告他的状。有一次,曹操远远地看见他的叔叔来了,就赶紧躺倒在地,口吐白沫,假装中风,他的叔叔慌忙去告诉他的父亲。结果等曹嵩来了之后,发现曹操没事。就问曹操是怎么回事。曹操就趁机说是叔叔骗他的。于是,此后曹嵩就不再相信弟弟告儿子的状了。

由此可见曹操的奸诈天性。

曹操的浪荡公子本性,在当时受到众人的一致批评。大家都觉得他将来是成不了什么气候的。但是有几个别具慧眼的人,却看出曹操将来能成大事。梁国的桥玄对曹操说:"天下将乱,非命世之才不能济也,能安之者,其在君乎?"南阳何颙对人说:"汉室将亡,安天下者,必此人也!"南阳的许劭以知人著称,他曾对曹操说:"君清平之奸贼,乱世之英雄。"到了《三国演义》,就化为众人皆知的"子治世之能臣,乱世之奸雄也"。

能在治世做能臣,在乱世做奸雄,说明曹操有着极强的应变能力。无论大的环境怎么变化,是好是坏,他都能迅速适应,并且干出一番事业。这样的人,终究会在历史上占有一席之地。

此时的东汉王朝,已经行至穷途末路。自汉高祖开创基业以来,汉王朝这驾马车,已经走了快四百年。像后来的每一个王朝一样,"汉朝马车"在开始走时又稳又快,因为车夫都是驾车高手,旁边跟的都是壮汉,就算不小心陷进一个泥坑里,也立马能推上来。所以,这驾马车驶过了刘邦时代,越过了文景盛世,几十年内和平无事。但到了汉武帝时,由于武帝这个马车夫心高气盛,喜欢赛车,路都没修好,就拍马狂奔,虽然速度很快,但是差点把马车给跑散架。所幸的是有一班好的文武大臣在旁边扶着,才算有惊无险。此后的马车夫,就不再像祖先那样有技巧了,旁边的大臣也很少是推车的,反倒往沟里拽。没办法,这就是世袭制的通病,祖先再英明,也挡不住后世出个不肖子孙,江山几乎被糟蹋殆尽。

汉末的桓、灵二帝,就是有名的昏君。此时朝廷也是小人当道,贤才都退居山野。朝政一塌糊涂。174 年,二十岁的曹操被举为孝廉,入洛阳城为郎。所谓的举孝廉,是当时朝廷招纳人才的一种制度,最初是由汉武帝设立的。孝廉是指孝子廉吏,一般只有通晓经籍的儒生或者州郡的小吏才有资格被推举。这是一项功名,举了孝廉之后,就可以做官。朝廷对此严格控制,每二十万人中每年举孝廉一人。因此,这项巨大的政治资源就被官僚体系牢牢地控制在手中,每年推举孝廉,都是相互推举对方的儿子。比如某人是尚书,他的朋友是御史,今年尚书就把御史的儿子推举为孝廉,明年御史就推举尚书的儿子为孝廉。官员勾结一起,平民百姓家的子弟几乎没有入朝为官的机会。这种局面,直到隋唐科举制的出现,才被完全打破。

曹操被举孝廉之后,做的第一个官是洛阳北部尉,管理治安的。当时洛阳是皇城,住的都是皇亲国戚,达官显贵。这些人平常嚣张惯了,违法乱纪是家常便饭。曹操一到任上,就严肃法纪,造五色棒,悬在衙门口,凡有犯禁者,就用大棒将其打死。汉灵帝身边的大红人宦官蹇硕的叔父蹇图违规夜行,曹操毫不留情,将其抓住棒杀,这一下子就震慑了当时的王公大臣们,洛阳的风气顿时大为好转。但是曹操也因此得罪了宦官集团的当朝权贵。

那时正是宦官最嚣张的时期,以张让为首的十个宦官,将汉灵帝团团围住,朝政控制在他们手中,政令皆由宦官出,被时人称为"十常侍"。大将军窦武、太尉陈蕃计划诛杀"十常侍",不料事情败露,反被"十常侍"害死。曹操屡次上书,都被宦官截下。正在曹操感叹无可作为的时候,"黄巾起义"爆发了,他被派去镇压黄巾军。于是曹操开始施展出他那过人的军事天赋,大破黄巾军,斩首万余,随后升为济南相。在任期间,政绩突出,又被升任为东郡太守。但是曹操不想迎合权贵,辞官回乡,春夏读书,秋冬射猎,开始过隐居生活。

汉灵帝驾崩后,太子刘辩登基,是为少帝。刘辩的舅舅何进想趁此机会一举剪除阉党,但害怕自己独木难支,未经何太后同意,诏令时任并州牧的董卓进京,结果这一下是赶走了狼,却引来了虎。董卓进京之后,将汉少帝废掉,毒死少帝母子俩,改立陈留王为帝。然后挟持皇帝,霸占皇宫,奸宿宫女,无恶不作。大臣中凡是与他作对的,通通被他杀死。他拉拢曹操,曹操不愿与他合作,还想刺杀他,后来刺杀不成,就逃出洛阳,回到家乡,"散家财,合义兵",公开号召天下英雄讨伐董卓,成为讨伐董卓的第一人。

单凭这一点，就不能说曹操是篡汉自居的奸臣。

由讨伐董卓开始，汉末真正进入了乱世。群盗蜂起，杀人如麻。人人自命为英雄，都打着替天行道、匡扶社稷的旗号。中原大地，被分割成许许多多的势力范围。荆州有刘表，巴蜀有张鲁、刘璋，江东有孙坚，河北有袁绍，辽东有公孙瓒，西北有马腾、韩遂……所谓汉失其鼎，天下逐鹿，高才捷足者先得。曹操挟天子以令诸侯，追亡逐北，将这些所谓的英雄一一击败，最终统一了北方，稳定了局势，给当时的百姓一种相对安宁的生活。虽然曹操功劳很大，势力很大，但他自始至终都没有称帝的野心。他曾经不无得意地说："如果没有我，天下不知有多少人称帝！"结合当时的实际情况来看，这句话绝非虚言。

孙权曾经给曹操写信，劝他称帝。曹操大笑道："是儿欲使吾居炉火上耶？"他知道这是孙权的阴谋，想让天下人的口水都吐到他身上。他也知道称帝并没有多少实际意义，他的志向在于匡扶天下。因此，他活着的时候，虽然南征北战，戎马一生，但始终奉汉室为正朔。虽然以当时的情况，就算他称帝，也毫不为过。因为汉朝的皇帝已经无能到那种地步，民不聊生，即便是造反也是理所当然的事。汉高祖刘邦不也是造反起家的吗？可以说，如果没有曹操，汉朝早就灭亡了。但曹操始终没有称帝。因此，说他是汉朝的奸臣，是不合情理的。

但这不代表他的儿子不想称帝。

抛玺责兄

建安二十五年，曹操去世。世子曹丕继承了他的魏王爵位。曹丕可没有曹操那份觉悟，他刚当上魏王，立马就逼着汉献帝把皇位"禅让"给他。他一面派人在许昌修建"禅让台"，一面威逼汉献帝下诏禅让，同时还写好奏折，假意推辞，让汉献帝三番五次地"求"他当皇帝，他才勉为其难地答应。

一切都准备好后，就等着登台禅让了。但是曹节却迟迟不肯交出玉玺。曹丕派使者去催了几次，曹节都把使者给骂走了。当时曹节已经是汉献帝的皇后。之前的皇后叫伏寿，因为得罪曹操而被废掉，改立曹节为皇后。曹操的意图很明显，他不打算当皇帝，但他要成为皇帝最亲近的人。自己的女儿是皇后，那自家也算有了半个天下。

但是，令曹丕没想到的是，自己这个妹子"胳膊肘往外拐"，根本不向着娘家人，竟然对自己的称帝大业使绊子。

曹丕又派了一批使者到皇宫里，催促曹节把玉玺交出来。

曹节知道自己的兄长是志在必得，而自己的丈夫也丝毫没有反抗的能力，如今留着这个玉玺也毫无用处。还是交出来算了，彼此都留点余地。

于是曹节就捧出玉玺。使者正要接住，曹节"啪"的一下把玉玺扔在地上，大骂曹丕："老天不会保佑你们的，你们都不得好死！"使者不敢说话，慌忙捡起玉玺就跑了。

最终曹丕称帝，封汉献帝为山阳公，河内郡山阳县的一万户为食邑。改山阳县为山阳国，国内奉汉朝正朔，祭祀皆用天子礼仪，给曹丕上书不用称臣。但是曹丕把妹妹曹节给扣了下来，不许她与汉献帝相聚。曹节屡次以死威胁，曹丕不得不放其回到汉献帝的身边。随后曹节也改了称号，称山阳公夫人。

由于常年战争，山阳县田地荒芜，一片狼藉。百姓流离失所，无衣无食，十分悲惨。曹节就鼓励山阳公刘协脱下官服，穿上平民的衣服，利用自己以前在皇宫里学到的医术，深入民间，为老百姓看病。刘协听从妻子的建议，真的在山阳县里悬壶济世，做了一名乡村医生。夫妇俩经常到云台山上采药，免费救治病人，被老百姓誉为"龙凤医家"。若逢灾年，曹节夫妇就减免赋税，和百姓共渡难关。曹节夫妇的所作所为得到了山阳县百姓的交口称赞。

224年，曹节送孙子刘康去上学，发现山阳学堂的房子都快倒了，便立马捐钱修葺。然后和刘协商量了一下，决定办私塾，搞义务教育，让山阳县所有家庭贫寒的子弟都能上得起学。办私塾最要紧的是请有学问的先生，夫妇俩听说温县的卜尚办私塾很出名，人也很有学问，就前去延请。卜尚住在卜杨门村，他的祖先卜商是孔子四大弟子之一，也是一个大学问家、大教育家。据说曹节夫妇到了卜杨门村，找到卜尚家的时候，正好碰上卜尚的儿媳妇生孩子，全家人站在那里束手无策。正好刘协医术精湛,懂得接生,就指挥曹节给产妇调整胎位,教产妇聚气,最后顺利地生下一名男婴。卜尚一家人感激涕零,赶紧把曹节夫妇请到上座,设宴招待他们。听说他们来是为了请卜尚去教书,卜尚满口答应。几天后,卜尚就到了山阳精舍,开始兴办私塾,教书育人。

卜尚的第一个学生就是曹节的孙子刘康。曹节让刘康向卜尚行跪拜之礼,正式拜师。卜尚看到曹节夫妇如此尊师重道,就请曹节担任学监。学校里有几个调皮的学生,经常在玩闹中擦伤身体,曹节没少给他们包扎。山阳精舍一直存在直到西晋永嘉三年山阳国被灭。曹节夫妇的后人,无论男子女子,都在山阳精舍受教。

据说曹节私下里曾经跟刘协讨论过自己的亲人,觉得兄长曹丕太过无情,而父亲曹操则宽厚得多。当年刘协曾经多次想要除掉曹操,虽然曹操最终杀掉了伏皇后,但是到死也没有伤害刘协,更没有取而代之,而且还把自己的女儿嫁给他。曹操让汉朝在那个乱世又存在了二十多年,刘协也因为他而保住了性命。如果没有曹操,汉朝早就被几个野心家灭掉了,刘协也不知流落何方,说不定早已命丧黄泉。因此,为了感念曹操的恩情,曹节让自己的子女称外公为"魏公"或者"魏爷"。由于曹节夫妇在山阳县行医办学,受到了当地百姓的真心拥戴。因此,百姓也纷纷仿效曹节,称自己的外公为"魏公"或者"魏爷"。

234 年,汉献帝刘协驾崩。260 年,六十五岁的曹节病逝,谥号献穆皇后。魏国以汉朝皇后的礼仪将其下葬,与汉献帝合葬于禅陵。

三度临朝听政的女人——褚蒜子

　　褚蒜子是东晋时期晋康帝司马岳的皇后,出身名门望族。晋朝是我国历史上名士最多的朝代之一,广为人知的阮籍、嵇康等"竹林七贤"就生活在那个年代,并且形成了"魏晋风度",一直被后人推崇。但同时晋朝也是门阀制度最为严格的一个朝代,所谓"上品无寒门,下品无士族",那个年代最讲究出身。一个青年,只要是出身上层社会,不管有没有真才实学,就都是清流,就是"上品",可以入朝为官。而若是出身底层社会,不管才情多高,能力多强,也只能归于"下品",被别人瞧不起,很难有施展抱负的舞台。而所谓的上品,就是几个有名的大家族,王羲之所在的王家和谢安所在的谢家是两个势力最大的望族。史书上说"王马共天下",意思就是姓王的和姓司马的共同拥有整个天下,可见王家势力之大。唐诗里又有"旧时王谢堂前燕,飞入寻常百姓家",这里的谢,就是指谢家。其他还有桓温的桓家,等等。整个社会被几个大家族牢牢控制着,阶层固化程度非常严重。

　　褚蒜子是河南南阳人,褚家世代都有高官在朝,自东汉以来,一直就是当地的名门望族,虽然比不上王家和谢家,但也属于"上品"了。褚蒜子的祖父褚洽曾任武昌太守,父亲褚裒曾任豫章太守,官至卫将军,徐、兖二州刺史,都是当时的朝廷重臣。出生在这样的家庭里,褚蒜子从小就接受了良好的教育,为人冰雪聪明,知书达理。晋成帝听说之后,就下旨赐婚,将她许配给自己的弟弟琅琊王司马岳。于是年纪轻轻的褚蒜子就成了琅琊王的王妃。

　　东晋皇室非常注重拉拢大臣,特别是那些名门望族。因"八王之乱"后五胡乱华,权贵南迁,晋朝只剩东南半壁江山。从长安狼狈地迁到建康,离开了自己先辈打拼的基地,晋朝的政权摇摇欲坠,只能指望这一帮大臣支撑了。因此,褚蒜子的婚姻,颇有政治联姻的味道。但在古代,婚姻大事,由不得自己做主,都是父母之命,媒妁之言,嫁谁不嫁谁,联姻不联姻,本来就没有什么可抱怨的。更何况还是皇上赐婚,嫁的也是王爷,褚蒜子欢天喜地地嫁到了琅琊王府。

没想到,更大的喜事还在后面。她刚当上王妃不久,晋成帝就得了重病,卧床不起。二十二岁的晋成帝,仅有两个三四岁的孩子:司马丕和司马奕。幼子不足以担当大任,成帝的舅舅庾冰就建议成帝把帝位传给年富力强的琅琊王。于是成帝下遗诏,传位于琅琊王,司马岳就成了晋康帝。342年,晋康帝册封褚蒜子为皇后,并且封褚蒜子的母亲谢氏为寻阳乡君。褚家开始因为褚蒜子的尊贵而更加兴旺。

这一年,褚蒜子才十九岁。

父亲褚裒

女儿做了皇后,自己做了国丈,也连带着升了官,按说是天大的好事。但是褚裒却高兴不起来。他深知,凡事有利必有弊,女儿能给家族带来荣耀,也会带来灾难,把褚家卷入朝廷的派系斗争中去。因此,他小心翼翼,如履薄冰。早在担任豫章太守的时候,他就非常清廉,连家里厨房做饭所用的木柴都是派仆人上山去砍来的。女儿做了皇后之后,女婿皇帝要赐给他侍中、尚书等官职,他一概拒绝,并且想方设法远离京城,开始以建威将军、江州刺史镇守半州,做地方官。后来在女儿的坚持下,统领徐州、兖州、青州、扬州等地的军事,并且兼任徐州、兖州两州刺史,官至卫将军,出镇京口。

褚裒的做派跟他的性格有很大的关系。他年少时即以少年老成、成熟稳重知名,做官后更是处处小心,任何时候都不露声色,从不随意评价别人的优劣高低,也不对时局发表看法。但事实上,他心里对什么都很清楚,只是不说出来罢了。名臣谢安很推崇他,说"裒虽不言,而四时之气亦备矣"。当时的大名士桓彝也曾经说他"季野有皮里春秋"。季野是褚裒的字。褚裒因此成为"皮里春秋"的代表人物。

褚衰的这种态度,跟当时的政治环境有着莫大的关系。因为当时的许多高士都喜欢臧否人物,一不小心说错了话,就会卷入政治斗争,从而祸及自身,连累整个家族。所以他才会选择明哲保身。

褚蒜子深得晋康帝的宠爱,康帝处理朝政时,经常让她参与,褚蒜子往往能一针见血地指出问题所在,并提出合理的解决办法,让大臣们非常敬服。建元二年九月,刚刚当了两年皇帝的晋康帝也一病不起,临终前宣布把皇位传给自己的儿子司马聃。司马聃即位后,二十一岁的褚蒜子就成了皇太后。

面对如此局面,朝廷大臣们便联合上书,恳求褚太后垂帘听政。褚蒜子便答应下来。但她的回复极为委婉客气,她说:"皇帝年幼,我一个妇道人家,不过是出来撑撑场面。还要依赖各位公卿大臣尽心辅佐。这样也符合先帝的心愿,也成全了大家匡世济民的壮志。"此言一出,大臣们纷纷安下心来。

晋穆帝永和元年正月,二十二岁的褚蒜子在太极殿设立白纱帷帐,抱着两岁多的儿子开始处理政事。大臣何充为了巴结褚太后,就上表要求褚太后的父亲褚衰进宫总揽朝政,并且还要给他加君主之礼,让群臣都朝拜他。褚衰听说之后,大惊失色,坚决拒绝入京,要求只做地方官。当然,褚衰也关心女儿所处的境地,知道她很艰难,就推荐会稽王司马昱入朝辅政。司马昱时年二十五岁,年富力强,他的进京,对心怀不轨的大臣产生了威慑作用,也平衡了朝廷的局势。自此,东晋的军政形势出现了新的局面,沿着长江天险,上游有桓温,中游京都是司马昱坐镇,下游是殷浩,褚衰坐镇江北。几大势力相互制衡,彼此牵制,谁都无法一家独大,从而实现了稳定。

永和五年,褚衰去世。二十七岁的褚蒜子没了依靠,只得独力应付朝中的权臣。好在她有治国经验,也有驾驭之术,所以在她的治理下,东晋的朝政有条不紊,局势风平浪静。

357年,褚蒜子的儿子晋穆帝司马聃十五岁,到了可以亲政的年龄。褚蒜子就为他举行了成人礼,然后主动归政,退居崇德宫,不再过问政事。然而,东晋的皇帝好像没有一个长寿的,司马聃亲政两年后就因病去世,年仅十七岁。褚蒜子只好立自己的侄子司马丕为皇帝。司马丕是晋成帝的儿子,当年晋成帝把皇位传给了弟弟,现在弟弟的儿子又把皇位传给了晋成帝的儿子,算是完璧归赵了。但是司马丕即位后,不理朝政,一心炼丹修道,结果由于长时间服用"仙丹",也很快"飞升"了,死的时候年仅二十五岁,谥号为晋哀帝。褚蒜子无奈,又立司马丕的弟弟司马奕为帝。自己依旧退居崇德宫,不直接参与朝政大事。

司马奕字延龄,史称"海西公",是司马丕的同胞弟弟,晋成帝的亲生儿子。他即位时,朝政主要由司马昱和桓温辅助。司马昱胸无城府,能力不足,因此桓温渐成尾大不掉之势。

图谋不轨的桓温

桓温是东晋杰出的军事家,是桓氏的代表人物,他是晋明帝的女婿,跟东晋皇室有姻亲关系。永和年间,桓温趁着西蜀成汉政权内部混乱,带兵进攻西蜀,灭掉了成汉国,并把成汉的皇帝李势俘虏至建康。桓温因为平蜀之功,升为征西大将军,开府仪同三司,封临贺郡公。桓温的名声大振让朝廷忌惮不已,为了遏制他的势力,司马昱就把殷浩提拔起来,跟桓温抗衡。

永和五年,后赵皇帝石虎病死,北方局势大乱,桓温便再次向朝廷上表,想趁机北伐,但是朝廷怕他功劳太大,没有给他回复。不过晋朝皇室不会浪费这个收复失地的大好时机,第二年,朝廷任命殷浩为中军将军、都督五州军事,渡江北伐。一方面是为了收复失地,一方面是想让殷浩尽快壮大起来,多一些与桓温抗衡的资本。桓温得知后大怒,但是他知道殷浩的军事水平不如他,因此也不多做计较。永和七年,桓温已掌握八个州的军政大权,几乎可以成为一个独立的王国,所有的税收和军政大事都由自己掌握。于是在永和七年十二月,桓温再次上表请求出兵,朝廷仍旧迟迟不予回复,桓温便悍然不顾朝廷诏令,自行率领三军渡江东击后赵。桓温此举一出,朝野震动,殷浩也打算辞官,避其锋芒。在司马昱的劝说下,桓温才停止进军,带兵返回荆州。

谁知殷浩不争气,北伐两年,屡战屡败,军需物资被敌人夺去无数,朝野上下皆尽埋怨。于是桓温抓住这个机会,罗列殷浩的罪状,上表弹劲，朝廷无奈之下，只得将殷浩贬为庶人。从此，桓温开始独揽朝政大权。

桓温自负有过人之能，素怀不臣之心，他有一句名言：人生在世，如果不能流芳百世，也定要遗臭万年！因此他想通过北伐建立功勋，继而篡位。但是之后三次北伐，都大败而归，威望大减，名声和实力都不如从前，无力直接篡位。正在烦闷之时，他的谋士郗超对他说："明公身居要职，如果不能像商伊尹和汉霍光那样有废立之举，就不足以震服天下，岂能再谋大事？"桓温一听觉得很有道理，就决定把皇帝废掉，靠这个来震慑朝野。

主意已定，桓温先使人散布流言，说当朝皇帝司马奕没有生育能力，不当为天子。谣言四起之后，桓温带兵入朝，以这条谣言为理由，给朝廷上表，提议废掉司马奕，改立丞相司马昱为皇帝。

这样大逆不道的提议，让拿到奏章的大臣们胆战心惊。谁也不敢对此有任何看法，于是奏章就被送入深宫中的褚蒜子手上。在等待批复的时间里，久经沙场的桓温站在宫外，紧张得浑身冒汗，惊魂不定。他知道，自己能够在沙场上杀进杀出，也可以诽谤污蔑当朝皇帝，但是绝对不能和这个妇人作对。一旦褚太后发起威来，以她的影响力，绝对会一呼百应，给自己带来灭顶之灾。直到褚蒜子同意更换皇帝的诏书送出门的时候，桓温悬着的心才算放下来。

褚太后同意了。于是司马奕被废，司马昱上台，是为晋简文帝。

司马昱是晋明帝司马睿的儿子，此时已年过半百。他知道自己在桓温手里就是一个傀儡，所以整天担惊受怕。桓温为了监视他的举动，就把自己的心腹谋士郗超派到宫中。有一次，司马昱小心翼翼地对郗超说："人生苦短，不会再出现之前皇帝被废的事情了吧？"郗超曾经做过司马昱的部下，也算念旧情，因此就回答道："大司马桓温将军，对内安抚臣民，对外开疆拓土，正忙着呢，我用我全家上百口性命担保，绝对不会再发生那样的事。"司马昱这才安心一点儿，但是当了八个月皇帝后他就因惊吓而死。

司马昱死的时候，桓温正在外地。按照他的既定计划，先让司马昱当几年皇帝,然后逼着他下诏禅让皇位,没想到这家伙提前死了。简文帝临死前连发诏书让桓温进京,桓温推辞不去。司马昱于是立下遗诏,任命自己的儿子司马曜为继承人,让桓温辅政。桓温本以为司马昱会把皇位禅让给自己,结果大失所望,愤愤不平。但由于年过花甲,起兵造反也有心无力,于是就向朝廷上奏,要求加九锡。谢安得知桓温病重,就以锡文写得不好为由故意拖延,然后桓温就病死了。

桓温病死之后,他的弟弟桓冲掌握兵权。由于桓冲一直跟着哥哥桓温,深谙军务,所以大臣们都很担心他会生事。大家想了想,再次联合上表,请求褚太后临朝听政。

为了江山的稳定,褚蒜子第三次临朝听政。这也是她最后一次临朝听政了。国中大事,凡是发布诏书,一律以"皇太后诏令"颁布发行。三年后,桓冲遵守了他对桓温的承诺,将爵位传给了守孝期满的桓温之子桓玄。由于桓玄年方七岁,不会对朝廷构成威胁,因此褚蒜子和谢安等人总算是松了一口气。

374 年,褚蒜子为孝武帝举行了婚礼,两年后又举行了冠礼。在皇帝成人之后,褚蒜子发布了她最后一道皇太后诏令,然后退居内宫显阳殿,安享晚年。

384 年,东晋军队在谢安的领导下,击败了前来进犯的前秦军队,打了一个漂亮的大胜仗。这就是著名的"淝水之战",历史上罕见的以少胜多的战役。捷报传来,举国欢腾。正在大家设宴庆祝的时候,褚蒜子却在她的寝宫里溘然长逝,享年六十一岁。

谍中谍——貂蝉

貂蝉,中国古代四大美女之一,是"沉鱼落雁闭月羞花"中的闭月人。传说她曾经在午夜拜月,月宫里的嫦娥仙子看到她,都自愧不如,慌忙隐匿到云彩里,因此被后人称颂为闭月美女。但令人唏嘘的是,人们至今都没弄清这位绝世美人的来历。因为她只是一个存在于小说戏剧中的美女,正史对她没有任何记载。现在人们只能从众说纷纭的民间传闻里推测她的身世。

一种说法是,貂蝉本姓霍,是山西忻州人,跟关羽是同乡。她自幼聪明灵巧,因此被选入汉宫,做了管理头饰、冠冕的女官,貂蝉是官名。还有好事者根据这个编出关羽和貂蝉之间一段凄美的爱情故事。

另一种说法是,貂蝉本名任红昌,是山西的一个村姑,但也无法考证。因此这极有可能是后人编造的。

关于历史名人的出生地引起争议的事情屡见不鲜,因为人们都想让她成为本地人,以光耀故里。只有一种说法是不牵扯出生地的,因此也可能是最接近真相的:貂蝉是吕布部将秦宜禄前妻杜氏,名曰杜秀娘。

然而,无论是哪种流传的版本,貂蝉之所以能被后世记录下来,原因在于她跟吕布有关系。而且凭着这层关系,做了一件惊天动地的大事情——刺杀董卓。

貂蝉的形象先后出现在《三国志平话》和《三国演义》里。在《三国演义》的第八、九、十三章回里,罗贯中对貂蝉进行了一番细致的刻画描写,而大量的笔墨都是围绕一个主题而展开的,就是用美人计刺杀董卓。

大军阀董卓

董卓原本是西凉一个军阀,负责镇守边关。他为人凶悍,勇猛有谋,连当地野蛮的羌族人都十分畏惧他,因此也成为东汉西北边关的风云人物,对朝廷来说至关重要。汉末"十常侍"作乱,大将军何进想要除掉"十常侍",怕自己力量不够,就把董卓调进京城,结果却引狼入室。董卓为人十分奸诈,他刚到洛阳的时候,部下兵力还不到三千,当时洛阳经过一场大乱,人心惶惶,董卓知道要给洛阳造成一种强烈的军事威胁,所以每隔四五天就让部下半夜偷偷溜出城去,第二天再浩浩荡荡地进城,让洛阳的贵族和老百姓都以为他有源源不断的军队进城,进而对他产生依赖感。大家都认为他的军事实力十分强大,所以谁都不敢乱来。

之后,董卓逐渐收编了其他军队,扩充兵力。但他知道,光有这些是不够的,要想控制中央政府,就得掌握洛阳卫戍军队的兵权。于是他派自己的义子吕布杀掉了执金吾,接收了洛阳的防卫部队。有了这么强大的军事力量做后盾,董卓便开始为所欲为起来。

他先废掉汉少帝,另立陈留王刘协为汉献帝,然后逐步控制了朝政大权。

他看何太后碍事,不利于他在朝堂上树立威信,就毒死了何太后。

改立汉献帝之后,他封自己为太尉,掌管全国军事。然后又自封为国相,居三公之首,一人之下,万人之上,且实权远远超过皇上。

他封他的母亲为池阳君,封他的孙女为渭阳君,甚至他的姬妾怀里抱着的婴儿都被他封为侯爵。

他嫌洛阳住着不舒服,而且大部分贵族势力都在洛阳,不利于他控制皇上,因此他不顾大臣反对,强行迁都长安。走的时候,还杀了很多洛阳的富户,夺取他们的家产。为了防止老百姓再回洛阳,董卓下令把整个洛阳城和洛阳方圆二百里的宫殿、宗庙、府库等全部烧毁。还让吕布派人把洛阳的皇家陵墓和公卿贵族的坟墓挖掘一空,以攫取财富。

到了长安,他夜宿龙床,奸淫宫女,甚至威胁皇帝,恐吓大臣,纵容士兵杀良冒功,残害百姓,无恶不作。

终于,他的倒行逆施和残暴引起了朝臣的反抗,愤怒的有志之士开始与董卓展开斗争。尤其是中原的士子们，虽然董卓一直在收买他们，但他们没有一个真心臣服的。

对于这些反抗他的，董卓一点儿都不手软，他把这些义军抓住，然后在他们身上缠上布条，头朝下倒立，浇上油膏，点上火，活活把他们烧死。

有一次，朝中的很多官员被董卓莫名其妙地喊去赴宴。酒过三巡之后，董卓举着酒杯说，下面就给大家表演一个节目助兴。说完，击掌大笑。只见一群士兵押着几百名俘虏来到了会场中间，这些俘虏，都是反抗董卓的义军，董卓下令把他们的舌头剪掉，眼珠挖出来，手脚砍断，当时的酒宴就变成一个血淋淋的刑场。众多官员们都吓得浑身发抖，董卓却谈笑自若，一边喝酒，一边得意大笑。

因为董卓的残暴，导致朝廷大多数官员都不敢反抗他，只有卢植和袁绍当面反对他，结果差点被他杀掉。曹操也曾经想刺杀董卓，但是被他察觉，就没敢下手。越骑校尉伍孚对董卓十分痛恨，发誓一定要杀死董卓。有一天，伍孚身藏佩刀，前来拜见董卓。在他告辞的时候，董卓起身出门相送，用手轻轻拍着伍孚的后背，意思是咱哥俩好，表现出很亲切的样子。伍孚瞅准机会，猛地抽出佩刀，转身向董卓刺去。由于用力过猛，没刺中要害。再加上董卓力气也大，护卫也都及时发现，因此没有得手。在与侍卫斗争的过程中，伍孚寡不敌众，结果被乱剑刺死。

美人计

面对如此强横的一个军阀，众多男人都失败了。于是，貂蝉上场。

比武力，谁都比不过董卓。既然靠武力不能解决问题，那何不换一种方式？

有一天，司徒王允正在为除掉董卓的事情而烦恼。他正在内室里发愁，想不出个好办法，心里郁闷就到院子里散心。忽听到有人在月光下叹气。他循声望去，是自己的一个使女貂蝉。

王允当时大喝一声："小婢女，你叹什么气？"

貂蝉赶紧回答说："大人，我是看到您整日为国贼董卓的事情操劳，而我自己又不能为您分忧，所以才叹气。"

王允一听，愣住了，没想到一个使女都这么关心朝政。再一看，这女子在月光下,貌若天仙。这难道是上天给我的启示? 既然她有心,何不来个美人计?

当下王允就赶紧跟貂蝉商量。

貂蝉表示,自己为了大人,什么事都愿意干,万死不辞。

于是王允大喜,当即收貂蝉为义女。然后教她礼仪,将她打扮得姿态万千,就等着一个机会,实施计划。

过了一段日子,王允趁着吕布有空闲,就秘密邀请他来自己家里喝酒。吕布是一介武夫,自然很喜欢喝酒,当天晚上就来到王允家里。当喝到微醺的时候,王允就让貂蝉来倒酒。吕布一看貂蝉,惊为天人。当时也顾不上喝酒,一双眼睛紧盯着貂蝉看。王允见状,心里大喜,就笑呵呵地说:"奉先,你是当世英雄,这倒酒的,是小女,也算是个美人,你要是喜欢,老夫就把她送给你,所谓英雄配美女,不知你意下如何?"

吕布当场答应道:"好好,王司徒如此善待我,以后倘若有能够效劳的地方,赴汤蹈火,在所不辞!"

王允说:"奉先言重了。小女能跟着奉先,也是她的光荣,来,喝。过几天,我就把她送你府上去。"

当晚,吕布大醉而归。

又过了几天,王允又公开地把貂蝉献给了董卓。吕布看到之后,非常愤怒,就跑来质问王允。王允说:"太师到我府上,看到貂蝉美貌,强行带走了她,我也没办法。"

吕布恨恨而去。

貂蝉到了董太师府上之后,整日周旋于董卓和吕布之间。因为吕布是董卓义子,所以他经常出入太师府,貂蝉有机会就接近他,经常和他眉来眼去,保持暧昧状态。吕布被勾引得心急,却碍于董卓这层父子关系,也害怕董卓的威势,不敢和貂蝉亲近。但是,渐渐地却在内心对董卓愤恨起来。

有一天,吕布趁董卓上朝时,去太师府看貂蝉。貂蝉就和吕布一起来到府内的凤仪亭相会。貂蝉对吕布说自己不愿意跟着董卓,却被董卓霸占,心里好苦。一边说,一边梨花带雨地哭了起来。吕布看见貂蝉哭，就心疼起来，对她说："总有一天，我会杀了那个老贼，把你带到我的身边！"貂蝉一听，抹去眼泪，依偎在吕布胸前。正当两人卿卿我我时，董卓回府了，撞见他们在一起，当即大怒，抢过吕布放在栏杆边的方天画戟，就往吕布身上砸过去。吕布武艺高强，躲开之后，飞身逃走。这边貂蝉却又对董卓说是吕布故意调戏她，气得董卓破口大骂，扬言要杀掉吕布。

第二天，吕布知道自己闯了祸，来找董卓道歉。董卓也知道自己离不开吕布，就原谅了他。但是，自此之后，两人心中都对对方怀着恨意。

貂蝉把情况通知给王允，王允知道美人计已经成功，便来游说吕布，让他杀董卓。杀了董卓，貂蝉就是他的。

吕布说："董卓虽然可恨，但是他毕竟和我是父子关系。"

王允说："你姓吕，他姓董，又不是骨肉亲。现在人人都把董卓当成国贼，你还要认贼作父吗？何况，当初他用方天画戟刺你的时候，想过你是他的儿子吗？"

在王允的劝说下，吕布下定决心要杀掉董卓。

准备就绪之后，正好碰上皇帝大病初愈，群臣都去未央宫朝拜。吕布借此机会，安排自己的亲信李肃，带着十几名亲兵，埋伏在宫殿大门的两侧。当董卓进门时，李肃突然发动袭击，董卓力气甚大，一边抵挡，一边向吕布呼救。吕布说："我们奉诏讨贼，你本就该死，谁会来救你？"然后也过来帮着杀董卓。最终，董卓被杀，被灭三族。

董卓死后，貂蝉就跟着吕布。后来吕布在白门楼被曹操抓住杀死，貂蝉下落不明。有人说她被曹操赏赐给了关羽，但是关羽嫌她水性杨花，红颜祸水，就把她杀了；也有人说她死于乱军之中。总之，她的下落就像她的身世一样，扑朔迷离，至今还是个谜。

野蛮女友——独孤皇后

独孤皇后，河南洛阳人，隋朝开国皇帝杨坚的皇后，隋朝初年杰出的女政治家。史书记载，她深谋大略，杨坚对她言听计从，正是在她的协助下，隋文帝最终一统天下，结束了四百多年的混乱分裂局面，从而开启了隋唐盛世。

一个女人能得到如此评价，实在不一般。但更为厉害的，其实是她的父亲——独孤信。

独孤信本是西魏的秦州刺史、河内郡公，北周时进太保，封卫国公。独孤家族是匈奴贵族，早年依附鲜卑族的北魏政权，成为关陇集团一支重要的政治力量。独孤信容貌俊美，风流倜傥，且年轻有为，被众人称为"独孤郎"，很多姑娘都对他暗许芳心，经常有大户人家的媒人上门提亲。经过挑选，独孤家最终定下了清河崔氏——北魏永昌太守的孙女。清河崔氏是当地著名的汉族门阀，底蕴深厚，人才辈出，子弟都很有教养，而且家族在朝廷也很有势力，独孤家选中他家女儿，也算是一场政治联姻。

不过虽是政治联姻，独孤信跟崔氏的感情却很好，两人十分恩爱。

当然，崔氏来自大家族，长相气质自然不俗。最能说明问题的是，自从崔氏嫁给独孤信之后，就不断地给他生孩子，一共给独孤家生了六个儿子、七个女儿。这说明，独孤信对崔氏还是很喜欢的。

在这十三个子女中，儿子们都没什么过人之处，但七个女儿里有三个女儿成为皇后，分别嫁给了北周、隋、唐的皇上，可见独孤信实在是不简单，不管是谁坐天下，不管风云如何变化，朝代怎样更替，他都稳稳当当地做他的国丈，是被称为历史上名副其实的皇后高产户。

独孤皇后是独孤信的第七个女儿。当时社会上崇奉佛教，小女儿出生以后，独孤信就给她取了个富有佛教色彩的名字，叫伽蓝。意为沉香木，奇楠香。

小女儿长大后，独孤信就把她嫁给了自己的老朋友杨忠的儿子杨坚。

杨坚时年十七岁，比独孤伽蓝大三岁。他从小在寺院长大，性格沉稳，仪表非凡。他也有个佛家的名字，叫"那罗延"，意思是金刚力士。可惜这位金刚力士，一旦碰见独孤伽蓝这块沉香木，立马就软得像一团棉花。

他怕老婆！

在我国历史上，男尊女卑是传统，怕老婆是被人看不起的。更何况还是一国之君，杨坚是极少数怕老婆的皇帝。但独孤伽蓝是鲜卑族，鲜卑族有母系遗风，一向都是妇女当家，妇人在外面抛头露面，在内主持门户。而独孤伽蓝的母亲清河崔氏，又是汉族的书香门第，受儒家文化影响颇深，如此一来，独孤伽蓝就有了游牧民族的豪爽，又有了汉族的儒雅。再加上当时形势混乱，战争频繁发生，独孤伽蓝生于北周政权高层的权贵家庭，见识和视野自然都超出一般人家的女孩，这样各种因素共同造就了独孤伽蓝的独特性格。她豪爽、儒雅、见识不凡，身为女流却心怀天下。

这样的女人，谁做她的丈夫，谁都怕。

独孤伽蓝刚嫁到杨家，独孤信就因为权力斗争失败而自尽身亡。独孤家族从此退出权力中心。因为杨坚和独孤家的联姻，杨家也遭到猜忌。杨坚为官八年未得升职，甚至时刻都有性命危险。在这种情况下，独孤伽蓝和杨坚互相鼓励，同舟共济，低调做事，共度风雨。在这段艰难岁月里，杨坚和独孤伽蓝盟誓，此生不会跟别的女人生孩子，一定跟独孤伽蓝相爱一生，白头到老。后来杨坚果然履行了诺言，五儿五女，全由独孤伽蓝所生。

因此，杨坚的所谓怕老婆，其实是到了一种极致的夫妻之爱，它不仅仅是爱，而且还包含了敬，是敬爱。只有在这种相敬如宾的氛围下，夫妻之间的关系才会是最为融洽的。毫无疑问，杨坚深谙此道。

581年，杨坚即皇帝位，建立隋朝，三天后册封独孤伽蓝为皇后。从此，夫妻二人为隋朝的发展倾注了全部的心血。独孤皇后虽然不直接参与政事，但是每次杨坚去上朝，她都与之同辇而行。到了殿阁前就下来，让宦官跟着，有什么重要的事，也好传话给她。当独孤皇后发现皇上哪件事处理得不对时，就赶紧让太监把她的意见带过去，皇上照办之后，收到了很好的效果。于是宫中同尊皇上皇后为"二圣"。

在独孤皇后的辅佐下，隋文帝很快就收拾了旧河山，打开了新局面，并进行了一系列大刀阔斧的改革，开创了一个盛大的王朝，深远地影响了之后一千多年的中国历史，并且为唐朝的盛世打下坚实的基础。史书上的原话是：小人各安其业，强无凌弱，众不暴寡；人物殷阜，朝野欢娱。自开皇二十年间，天下无事；区宇之内，晏如也。考之前王，足以参踪盛烈。

这就是隋朝初年著名的"开皇之治"。

独孤皇后以她高远的见识赢得了天下人的尊敬，她高度参与管理国家政务，但同时又无私心，对于娘家人，她一向是"贵而不用"，不让他们掌握大权，只给他们荣华富贵。因为独孤皇后知道让外戚掌权不是什么好事情，很容易对朝廷形成威胁，因此她严格约束独孤家族的人，不得飞扬跋扈、仗势欺人。

当时有些官员看到皇后如此受宠，影响力又大，都想讨好她。有官员给朝廷上书，说根据《周礼》，百官之妻的命妇头衔都应该由皇后授予，现在应该恢复古制。此举被独孤皇后回绝了。独孤皇后认为，让皇后封诰命夫人，就是在为女人干政开先例。女人干政，往往会使国家大乱，这个先例不可开。

如此深明大义，真为母仪天下之典范也。

为了确保隋朝江山的稳固，独孤皇后在选择继承人的问题上，很是下了一番功夫。当时，长子杨勇本来已经被立为太子，隋文帝夫妇对他也寄予厚望，但是杨勇行事鲁莽、不拘小节、喜好声色犬马，尤其是不善待太子妃。这些作风都跟独孤皇后的理念相冲突。母子二人产生了嫌隙。

而次子杨广，英勇善战，抱负远大。他不仅在灭陈战争中指挥有功，而且作风简朴、礼贤下士，在朝廷里名声很好，得到官员们的一致好评。因此隋文帝夫妇就更加喜欢杨广。独孤皇后屡次教育杨勇，让杨勇跟弟弟学习，但杨勇还是不知悔改，并且导致太子妃暴死。在这种情况下,独孤皇后下定决心,废掉了杨勇的太子位,改立杨广。

虽然后来杨广即位为隋炀帝,一味好大喜功,穷兵黩武,并且最终导致隋朝覆灭,但是在当时,他的表现却是最好的,是最能胜任的接班人的。独孤皇后选择杨广,完全不是偏爱和私心,对此,不能将隋亡之罪怪到她头上。

就这样,独孤皇后一边为隋朝竭心尽力地贡献自己的才智,一边又很冷静谨慎地对待自己的权力,确保自己不过界,不做过多的干涉。夫妻俩共同执政二十多年,两人始终都是推心置腹、相互信任,感情并没有被权力所侵蚀。隋文帝喜欢音乐,还曾经写过两首歌:《天高》和《地厚》,用来歌颂夫妻之情。

不过,虽然隋文帝为了独孤皇后,常年不置嫔妃,不设六宫,但是到了晚年,还是没忍住。有一次,他在仁寿宫遇到了尉迟迥的孙女,当年尉迟迥在杨坚代周的时候阻挠,差点害得杨坚当不上皇帝,后来尉迟迥兵败被杀,他的孙女就沦为宫女。杨坚看到尉迟迥的孙女,立即起了征服感,于是临幸了她。这事被独孤皇后知道后,她大为震惊,没想到相守一生的杨坚居然临幸了别的女人,她一气之下,就把尉迟迥的孙女杀了。杨坚悲愤交加,独自骑马从皇宫里跑了出来,不分东南西北地乱跑,一口气跑进一个山谷才停下来。

几个近臣赶紧追了上来,拉住隋文帝的马,劝解他回去。

隋文帝长叹了一声,道:"吾贵为天子,不得自由!"

然后无奈地掉转马头,回到后宫。

独孤皇后显然知道自己惹怒了皇上,就赶紧赔罪。两人各让一步,和好如初。

在杨坚看来,这事就算过去了。因为临幸别的女人对于他来说,无非是晚年生活的一个调剂品,谁都无法取代独孤皇后在他心目中的地位,而他对皇后的爱和信任从来也没有减少。但是谁都没想到,独孤皇后的心灵居然因此而受到重创,并且一病不起。这位鲜卑族的女强人,自尊心极其强烈,她绝不允许自己的男人碰别的女人,纵然他是个帝王。

独孤皇后的心理是常人无法理解的,在一个封建王朝里,她居然要求一个皇帝只准有她一个女人。

为此,她得到了"天下第一妒后"之名。

由于此前在废太子时,独孤皇后已经身心俱疲,因此,此次杨坚临幸别的女人,使得她受到了前所未有的打击。在卧病几个月后,602年,独孤皇后在永安宫溘然而逝。隋文帝悲痛欲绝,给独孤皇后安排了最高规格的葬礼,还亲自给她送葬。皇后刚刚去世,著作郎王劭善于揣摩圣意,他就赶紧上书说,皇后是圣慈的观世音菩萨下凡,她没死,只是在诸天神佛的迎接中归位而已。她本天上来,还归天上去。隋文帝读了,且悲且喜。

为了纪念笃信佛教的独孤皇后,并给她祈祷冥福,隋文帝一改往日崇尚节俭的作风,为独孤皇后修建了一座当时天下最大的寺庙——禅定寺。这座寺庙由于规模太大,直到隋炀帝时期才竣工。根据《长安志》记载,禅定寺面积为六十多万平方米,现今故宫也才七十二万平方米。也就是说,一个禅定寺,约有故宫那么大。而且寺内有一座高入云霄的木塔,塔高三百三十尺,周回一百二十步。按照唐尺折算,塔高约一百米,塔底约周长七十二米,规模之大,堪称天下第一木塔。木结构的塔能够修得这么宏伟,实在是匪夷所思。

后来隋炀帝即位,在禅定寺西边修了个大禅定寺,为给他父亲祈福。大禅定寺规模与禅定寺相当,里面也建有一座等高的木塔。两座塔一在东,一在西,遥相呼应。由于隋文帝曾自取法号曰"总持",呼独孤皇后曰"庄严",因此二寺又改名为"大总持寺"和"大庄严寺"。

独孤皇后去世一年多,失去爱妻失魂落魄的隋文帝也随之而去。杨广按照他父亲的遗愿,将隋文帝和独孤皇后合葬。

千古贤后——长孙皇后

长孙皇后，唐太宗李世民的皇后，祖籍洛阳，生于长安。她父亲长孙晟是隋朝右骁卫将军，母亲是北齐一个王爷的女儿。长孙一族在北魏孝文帝时被赐姓，属于皇室宗族，因而长孙皇后的出身非常高贵。

长孙皇后的父亲长孙晟弓马娴熟，能一箭双雕，是当时著名的神箭手。他长期处理隋朝与突厥的关系，利用突厥的内部矛盾分裂突厥，把突厥弄得七零八落。突厥对他的手段非常害怕，听到他的弓弦响声，就认为是霹雳；看到他骑马，就当成是闪电。因此长孙家又被突厥称为"霹雳堂"。

长孙皇后是长孙晟的小女儿，对于她的婚事，长孙家族特别关心。他的伯父长孙炽十分欣赏唐国公李渊的妻子窦氏，因为窦氏小的时候曾劝说周武帝宇文邕善待突厥皇后以顾全大局，长孙炽认为，一个小姑娘能有这份见识，将来当了母亲，调教出来的子女一定不简单。因此，劝说长孙晟把小女儿嫁给李渊的儿子。由于两家门当户对，长孙晟并没有反对，随即让自己的小女和李渊的二公子李世民订下了婚约。

婚约订下不久，长孙晟就过世了。长孙皇后的哥哥长孙无忌以及自己的母亲在长孙家没有地位，随即被他同父异母的哥哥赶到了舅舅家。所幸舅舅高士廉对他们非常好，高士廉曾见过李世民，觉得李世民仪表非凡，日后必成大器，就催促长孙氏嫁过去。于是在服丧完毕后，十三岁的长孙氏就与十六岁的李世民成亲。

长孙氏嫁到李家之后，有一次归宁，住到舅舅家。她舅舅的小妾张氏偶然之间出来玩，在长孙氏住的屋子外面，发现了一匹大马，这马足有两丈高，换算到现在就是将近七米，这显然不是凡间俗物。张氏当时吓了一大跳，赶紧回去给高士廉报信，高士廉听了，立马就找来算卦的。结果卦象显示是遇坤之泰，天地之交。算卦的说，龙是乾的卦象，马是坤的卦象。此女子居于中正之位，贵不可言。

高士廉听了，满心欢喜。亲戚们知道后，也都对长孙氏表示敬畏。

隋朝末年，隋炀帝杨广横征暴敛，惹得民生凋敝，百姓苦不堪言，全国各地都掀起了反抗暴政的浪潮。唐国公李渊作为隋朝杨家的表亲也率众反隋。不久，李渊建立唐朝。在反隋的过程中，李世民出力最多，功劳最大，因此被封为秦王，长孙氏被册封为秦王妃。

唐朝建立之初，地盘还很小，当初起来造反的各路义军在经过一系列的征战之后，最终只剩下薛举父子、刘武周、宋金刚、窦建德和王世充。物竞天择，适者生存。经过这么多年的拼杀，能活下来的都不是善茬。为了保住辛苦建立的唐王朝不被吃掉，李家兄弟经常要出去征讨。太子李建成由于是储君，不可轻动，所以出去征讨的任务基本上都是李世民带人完成的。在扫灭群雄的过程中，李世民的名望也与日俱增，很受李渊的器重。李渊封他为天策将军，成立天策府，位于王公之上，天策府基本上等同于第二个朝廷。

由于秦王势力太大，威胁了太子的地位。太子就联合后宫嫔妃在李渊面前诬告李世民。说他功高震主，心怀不轨。长孙氏很敏锐地察觉到这一情况，她担心自己的丈夫长年征战在外，不与父亲沟通，再加上小人谗言，难免会遭遇不测。于是就主动频繁出入皇宫，与后宫嫔妃交往，在李渊面前斡旋。最终在尚书右仆射萧瑀和太子少保李纲等人的支持下，李渊才没有听从李建成的建议，对李世民下手。

长孙氏主动与李渊沟通给李世民赢得了绝地反击的时间和机会。在经过一系列激烈的斗争以后，李世民与太子李建成的矛盾终于白热化，双方达到了你死我活的地步，所以李世民决定先下手为强。

626 年 6 月 4 日凌晨，李世民带领八百秦王府将士埋伏在玄武门旁边，等着刺杀李建成。士兵们都大为紧张，毕竟这是政变，谁都不敢保证一定会成功。一旦失败，后果将不堪设想。就在将士们提心吊胆时，长孙氏不动声色地来到了他们身边，从容地勉励他们。秦王李世民看见自己的妻子都来了，自然是感动万分，将士们看到王妃来了，一介女流尚且不知畏惧，我等男儿还有什么好怕的？因此也更加无畏。在长孙氏的鼓励下，玄武门兵变大功告成。

当年 8 月 8 日，李渊退位，李世民登基为帝，册封长孙氏为皇后。

长孙皇后从小就爱看书，当了皇后以后也是整天手不释卷，哪怕宫女给她梳妆打扮的时候，她都要手捧一本书来看。她博古通今，经常和李世民一起讨论历代王朝的兴亡得失。但她从不插手国家政务，只是从旁劝谏。在牵扯到具体事务时，她就闭口不谈。李世民有时强迫她发表看法，她都以沉默回应。

长孙皇后的哥哥长孙无忌和唐太宗李世民两人关系非常好。长孙无忌很有才干，为李世民夺取太子之位立下了汗马功劳。李世民视他为心腹，让他可以自由出入皇宫，待遇无人可比。李世民还想让长孙无忌担任尚书右仆射一职，这个职位就相当于宰相，却遭到了长孙皇后的反对。长孙皇后认为，自己身为皇后，家族已经荣宠至极，不愿再让哥哥掌握大权，以免遭人猜忌，对朝廷不利。

但唐太宗却坚持要重用长孙无忌，他认为长孙无忌文武兼备，是朝廷的栋梁之材，应该委以重任，为国家出力。

长孙皇后拗不过丈夫，就私下里找到哥哥，命他辞去官职，不可掌握大权。

为了支持丈夫的事业，维护大唐江山，长孙皇后可谓是用心良苦。她不仅妥善处理后宫事务，约束家族子弟，还奖进忠良，勉励大臣，魏徵就曾经被她奖励过。

魏徵在历史上有很大的名望，主要是源于他敢直言进谏。所谓忠言逆耳，想要一个人听他不愿意听的话并且修正他的行为是很难的，谁都喜欢听好听的，何况是一代帝王。但问题是，好听的话多数都是在逢迎拍马，好听但不好用。一个国君若是只喜欢听好听的，他的周围就会有很多谄媚小人整天吹捧他，那么这个国家离灭亡也就不远了。

而唐太宗之所以有这么大的名望，就在于他能听进去逆耳忠言，也在于魏徵的直言敢谏。有明君，才能成就贤臣之名；有贤臣，才能辅佐一代明君。

唐太宗和长孙皇后生了许多儿女,其中长乐公主最受夫妇俩的宠爱,唐太宗就把长乐公主嫁给了长孙无忌之子长孙冲。贞观五年,宫里开始为长乐公主准备嫁妆。唐太宗就对大臣们说:"长乐公主是皇后生的,我们俩都很喜欢她,现在她要出嫁,希望能够在礼数和嫁妆上多给她点。"

大臣们心想,皇帝心疼自己的女儿,反正又不花自己的钱,又何必要反对。于是就纷纷表示"应该的、应该的,可以加一点儿"。

有位大臣说:"可以比永嘉公主多一倍。"

魏徵立马反对,说永嘉公主是长乐公主的姑姑,侄女出嫁,比姑姑还要多一倍,成何礼数?是何道理?

唐太宗听到魏徵的话,心想自己是堂堂一国之君,宠自己的女儿都不行?但是当着群臣的面又不好发作,回到后宫,就大发脾气道:"我早晚要杀了你!"

长孙皇后看他那气急败坏的模样,就连忙询问原因。

唐太宗就把事情的起因经过结果告诉了长孙皇后。

长孙皇后听了,特意回到寝宫,换了一身隆重的礼服,然后向唐太宗致贺,说:"有这样的大臣,真是朝廷的福气。"

随后她还派人赏赐给魏徵四百匹绢和四百缗钱,并且传口信勉励他:"一向听闻先生正直,现在知道果真如此,希望你能坚持你的风格。"

正是在长孙皇后的鼓励和支持下,魏徵才大胆地继续直言进谏,规劝皇帝。

长孙皇后还维护了另外一名贤臣——房玄龄。

房玄龄是贞观年间著名的大臣,他善于谋略,和杜如晦一起被称为"房谋杜断"。有一次他因为过错,被唐太宗免官。长孙皇后就劝太宗道:"房玄龄侍奉陛下的时间最长,颇有计谋,一向都很谨慎。如果他只是犯了小过错,就给他机会,不要放弃他。"

唐太宗听从长孙皇后的建议,把房玄龄又召了回来。

从这两件事里,可以看出长孙皇后对唐太宗的影响力。

长孙皇后和唐太宗是少年夫妻,曾经同生共死,在最危急的时刻也不离不弃。唐太宗登基之初，曾经患了一场大病，几年卧床不起，长孙皇后亲自侍奉汤药，昼夜不离左右。两人生死与共，相知相守，恩爱之情非同一般。唐太宗对于自己的爱妻，不仅有爱意，更有感激。他多次赏赐她的娘家人。长孙皇后的父亲死得早，由舅舅高士廉抚养并且做主嫁给李世民，因而李世民对高士廉非常敬重。高士廉病重的时候，李世民多次前去探望，共叙往事，高士廉死后，李世民还不顾病体，执意参加葬礼。

但是由于长孙皇后体弱多病，因此虽然备受宠爱，却还是没能陪太宗走完一生。636 年 7 月 28 日，长孙皇后病逝，年仅三十六岁，葬在昭陵。唐太宗悲痛万分，不仅亲自送葬，还撰写了碑文。事后，唐太宗长期沉湎于悲痛的情绪中不能自拔。为了能经常看到长孙皇后的陵墓，唐太宗还命人在宫里修建高耸的楼台，整天站在上面眺望妻子的坟墓，还让大臣陪同一起悼念。

为了不使长孙皇后寂寞，他派人在陵墓外面修筑房屋，令宫人居住其中，日常礼仪和生活习惯如同长孙皇后活着的时候一样。

为了给长孙皇后祈福，他修建寺庙，度三千人出家，命高僧为长孙皇后诵经。

太子李治知道父亲思念母亲，就决定建寺庙报效父亲，追思母恩。在李世民的支持下，李治修建了一座宏伟的寺庙，就是著名的大慈恩寺。寺院落成之后，请玄奘法师做住持。在唐高宗登基后，玄奘认为，既然该寺庙是皇帝为母亲追思而建，那就该立碑留念。唐高宗就亲自撰写碑文，作《慈恩寺碑铭》。

从长孙皇后病逝到唐太宗病逝这十三年里，给长孙皇后的祈福活动一直没有停止。可见李世民对长孙皇后的眷恋之情绵长悠久。贞观二十三年，唐太宗葬入昭陵，跟长孙皇后同寝共穴，终不负夫妻之义，了却此生心愿。

女中尧舜——高滔滔

高滔滔，北宋英宗皇后，史称宣仁圣烈皇后。1085 年至 1093 年这八年间曾临朝称制，执掌朝政。她当政期间，北宋政治清明，经济繁荣，国力蒸蒸日上，因而被后人评为"女中尧舜"。

出身名门

高滔滔出身将门，家世显赫。其曾祖是北宋初年名将高琼，父亲是名将高继勋，都是有过战功的人，父亲官至节度使。高家又跟北宋开国元勋曹彬结为秦晋之好，高滔滔的母亲就是曹彬的孙女。曹彬的另一个孙女嫁给了宋仁宗，就是皇后曹氏。曹皇后是高滔滔的姨妈。高滔滔很受姨妈喜爱，从小就被曹氏养在宫中，视若己出。大家都称高滔滔是"皇后女"。

由于宋仁宗没有子嗣，所以就把濮王赵允让的儿子赵曙过继来，当未来的皇位继承人。宫人都称他为"官家儿"。

赵曙和高滔滔年岁相当，整天在一起玩耍，有一次宋仁宗看到后，就对曹皇后说，"这两个孩子青梅竹马，应该配成一对儿。"当时就给两个孩子指了婚。曹皇后自然也欢喜不尽。于是，到了两人可以结婚的年龄后，宋仁宗和曹皇后亲自为他们主持婚礼，当时轰动全国，老百姓都说这是"天子娶妇，皇后嫁女"。两人婚后生活十分恩爱。

1063 年，宋仁宗因病崩逝。赵曙即位，是为宋英宗，封高滔滔为皇后。

宋英宗天性仁孝，好读书，不爱游玩，生活朴素。在做太子时，经常穿着朝服去见自己的老师，并说"你是我的老师，不敢不以礼相见"。英宗久闻苏轼大名,即位后想把苏轼提拔上来。他打算按照唐朝的旧例,把苏轼直接召入翰林院,授予知制诰一职。结果宰相韩琦反对说:"苏轼有才,天下皆知"。只要朝廷栽培他,他早晚会受到重用。但是突然把他提拔上来,会遭到别人的非议。这对苏轼并不好。不如按部就班地栽培他。

英宗听后只好让苏轼在史馆里继续任职。

英宗文弱,也没有什么雄心壮志,在位仅五年后就因病崩逝,即位的是他的长子赵顼,即宋神宗。赵顼即位时年仅二十岁,他跟他父亲可不一样。从小就非常好学,当太子时最爱读的书就是《韩非子》,对法家那一套"富国强兵"之术很感兴趣。他还读过王安石的《上仁宗皇帝言事书》,很欣赏王安石的治国理念。当时的宋朝,正面临一系列经济、政治、军事危机,土地兼并现象严重,官僚机构臃肿,军队吃空饷,表面上看似很繁华,事实上内忧外患,暗流涌动,危机重重,亟须改革。于是神宗刚一上台,就任用王安石变法。在他的支持下,王安石主导了宋朝历史上空前绝后的变法,史称"王安石变法"。这场变法涉及了宋朝的经济、军事、政治等各个领域,对宋朝产生了巨大的影响。

但是,变法并没有真正使国家富强。在用行政手段把民间财富敛为国用之后,神宗把它用于战争,结果在西北边境针对西夏的军事行动中打了败仗,损失了二十多万军士和几百名校将。消息传来,神宗在朝堂上失声痛哭。从此便萎靡不振。

垂帘听政

1084年秋,宋神宗在一次宴会上突然抽搐起来,把酒杯打翻。太医慌忙进宫为他诊治,但宋神宗一天天病重下去。到次年正月,神宗就卧病不起。后来越发严重,不能再处理朝政,甚至连话都不能说出口。三省枢密院长官前来请安时,宰相王珪看到神宗这副模样,知道朝不保夕,就催促赶紧立皇子赵煦为皇太子,以备不测。神宗只听得进话却说不出口,唯有点头同意而已。王珪又建议皇太后高氏暂时处理朝政,等神宗龙体康复再行归政,神宗再次点头认可。

众人退出神宗的寝殿后,宰相王珪带领大臣们跪在皇太后高氏的面前,请求她处理政务。高氏连连拒绝。宦官张茂进谏道:"国不可一日无君，太后不可推辞，当以国家社稷为重。"高太后才答应下来，开始垂帘听政。

神宗在位时，高太后反对王安石变法，但是由于不能过问政事，所以只能眼看着朝廷里反对变法的老臣们被神宗贬到外地。等她刚一执政，就把之前被宋神宗贬到外地的那些老臣如司马光、欧阳修等人重新起用。一般的政务，都让这些老臣来处理。而她则主要料理皇室内部的事情。

争储风波

当时重病在身的宋神宗，虽然同意了立儿子赵煦为太子，但是一直没有下达正式的诏书。赵煦是神宗的第六个儿子，母亲是德妃，他既不是嫡出，也不是长子，因此本来就没有继承皇位的资格。但是神宗的前五个儿子都夭折了，所以他就成了长子。这一年他才十岁。神宗还有两个年富力强、春秋正盛的弟弟，一个是雍王赵颢，时年三十六岁；一个是曹王赵頵，时年三十岁。这两个王爷都是高太后的亲生儿子，无论是出身，还是地位，都有做皇帝的资格。更何况他们的年龄也很适合挑起这个重任，相比较十岁的小侄子赵煦来说，他们有着更为丰富的从政经验和治国理论。而且当年宋太祖驾崩后传位给宋太宗，北宋开国就有"兄终弟及"的传统，因此兄弟二人就对皇位产生了想法。

而朝中一些大臣时刻也在琢磨这事。大臣蔡确与宰相王珪素来不和。他看到王珪拥立皇太子，就想从雍王和曹王这两个王爷中挑出一个继承皇位，这样，自己就有了拥立之功，还可以顺便干掉王珪。于是他就和另一位大臣刑恕结为一党，密谋此事。两人分析了一下，觉得在这场争储斗争中，高太后的态度是最重要的。因为两个王爷是她的亲生儿子，小皇子是她的亲孙子，她夹在中间，很难做出选择。但正是难以抉择，才有希望去争取。于是两人决定联合高太后的侄子高公绘和高公纪。

这高公绘和高公纪哥俩儿，说起来是太后的侄子，却一点都没有沾上光，反倒吃了大亏。因为高太后为了避嫌，不让他俩升官。他俩对高太后也非常敬畏。刑恕和蔡确以赏花为名，把他俩邀请到刑府上，开门见山地说："皇帝已经病入膏肓了，就算是扁鹊复生也回天乏术。皇帝定下的太子年龄太小,不足以担当大任,雍王和曹王都很有能力,他们更有资格继承皇位……"话未说完,高氏兄弟就大惊失色道:"刑公你这是要害我们全家啊。"说完便赶紧离开刑府。

蔡确看到高氏兄弟怕事,无法共谋,就打算来个阴招,他让开封知府蔡京带领杀手埋伏在路上,并邀请王珪一起进宫看望皇上,故意从有杀手埋伏的那条路上走,然后在半路上询问王珪对立储之事的看法。如果王珪继续支持赵煦,他就让两边埋伏的杀手把王珪杀死。到了那一天,蔡确问王珪对于立储是什么看法,王珪慢吞吞地说:"皇帝陛下有子。"蔡确听后,本想杀死他,但看到他那走路的样子,料也活不了多久,就没有下令动手。果然,三个月后王珪就病死了。

王珪是仁宗朝的榜眼,以写得一手好文章著称,也因为文章而仕途通达。他为皇帝起草诏书长达十八年,文字瑰丽有力。连大文学家欧阳修读到他所起草的宋仁宗立太子诏书时,都忍不住赞叹道,真学士也!

不过王珪为人胆小怕事,很少表达自己的意见。他是出了名的"三旨相公"。上奏称为"取圣旨",皇帝裁决后说是"领圣旨",传达皇帝的命令就是"已得圣旨"。因此他对当朝政治几乎没有影响。但是他对后来的历史影响很大。他的长女嫁给了当时的著名文人李格非,生下一个女儿叫李清照,是中国古代历史上公认的文学成就最高的女子。他的四子王仲岏的女儿王氏,嫁给了秦桧为妻,成为害死岳飞的凶手,遗臭万年的"长舌妇"。当年,当秦桧因为杀不杀岳飞而犹豫不决时,正是这个王氏告诉他,一定要杀,必须得杀,不杀不行,然后秦桧害死了岳飞。

得不到宰相和太后的支持,蔡确无计可施。但这个愚蠢的阴谋家并没有及时地转向支持小皇帝,而是在外面散布流言,说高太后和王珪有废掉赵煦的阴谋。他妄图把水搅浑,然后浑水摸鱼。不过,他最后没有"摸到鱼",反而把自己淹死了。

当然,不只是蔡确一个人在搞小动作。作为目标人选,雍王和曹王片刻也未闲着。他俩经常以看望兄长的名义进宫探查情况,并且在神宗的病榻前做出各种无礼的举动。神宗知道他俩心怀叵测,但也无能为力，只能怒目而视。高太后看到这一幕之后，就下令禁止两个儿子再进入神宗的寝宫。高太后的这个禁令释放了一个明确的信号：两位王爷不要有非分之想，皇帝之位非赵煦莫属。

不仅如此，高太后还当着群臣的面夸奖赵煦聪明，并且把赵煦为父亲祈福所抄写的佛经拿给大臣们看，大臣们纷纷交口称赞。高太后就趁机把赵煦叫出来，当着群臣的面，宣读神宗的诏书，立赵煦为太子。自此，争储风波正式平息。

不久，宋神宗崩逝。赵煦即位改元，尊称祖母高氏为太皇太后，军国大事一应交付祖母处理。于是，五十四岁的高滔滔开始垂帘听政，行天子之权，达八年之久。她执政后，做的第一件事就是把当年因反对王安石变法而被贬到外地的重臣都召回来重新起用，尤其是重新起用了司马光，这对宋朝的影响非常大。连宋朝的敌人辽国听说司马光又当上了宰相，也非常敬畏，告诫边关将士不要挑起事端，因此宋朝又实现了宋仁宗时期的和平之势。

高滔滔私德很好。她当皇后时，她的弟弟高士林很久都没有升官，英宗要给高士林升官，她说："士林能够在朝做官，就是很大的恩典了，岂可再升？"

她当太后时，神宗要给高氏家族建豪宅，被她拒绝了。最后只划了一片地，建房子所用的钱，还都是高家自己出。

高滔滔的侄子高公绘，有一次呈上一篇奏章，高滔滔看了就把高公绘叫来，向他说："你那点文化水平根本写不出这样有文采的文章，这是别人的代笔吧？"高公绘老老实实地回答："是邢恕帮我写的。"高滔滔大怒，把侄子逐出了朝廷，不许他再做官。

1093 年秋，高滔滔崩逝。

娶妻当得阴丽华——阴丽华

阴丽华，南阳郡新野人。她是汉光武帝刘秀的原配夫人，第二任皇后，汉明帝刘庄的生母，以美艳著称。刘秀在未发迹之时，曾听说她的美名，慨然而叹曰："娶妻当娶阴丽华!"后来果然得遂所愿，两人结为伉俪。

乱世佳人

阴丽华出生于南阳郡新野的一个豪门大户。她本是春秋名相管仲的后裔，居住在齐国。后来，管仲的七世孙管修把家族从齐国迁到楚国，被楚王封为阴大夫，因此改姓为阴。秦末汉初时，阴家迁往新野居住，成为当地望族。拥有土地七百多顷，车马童仆不计其数，可与当时的王侯相比。只不过阴家已经几百年没有出过高官，因此虽然富甲一方，却没有什么政治地位。

若是在太平盛世，做个富家翁也是个不错的选择。但在西汉末年，王莽改制失败，天下大乱，强盗蜂起，这时，光有钱而没有政治势力就相当于赤手空拳守着一座金山，难免会被人抢去。因此阴家的子弟也在暗中观察形势，准备找个靠山。

阴丽华就出生在这样一个乱世大家族中。她从小就聪明贤惠，美貌非凡，声名远扬。方圆百里的人们都知道她的美名，称得上是一位"乱世佳人"。

有"乱世佳人"自然就有"乱世英雄"。这就要说到东汉的开国皇帝刘秀。

刘秀是汉高祖刘邦的九世孙。虽然也是皇族后裔，但是由于时隔两百余年，到了西汉末年，刘邦的后世子孙已经多达十几万人，遍布天下，所以即便是龙种也不稀奇了。再加上常年过着太平生活，没有战争，刘秀的祖上也没有功勋，爵位从王一直往下降，被降为列侯。刘秀的父亲，还做过济阳县令这样的小官，但到了他这一代，完完全全就是一介布衣了。所以曹植在写《汉二祖优劣论》中说道："汉之二祖，俱起于布衣。"

刘秀出生的时候，据说红光满室，方圆百里所有农民的庄稼都没有他家的庄稼长得好，而且他家的麦穗还出现了"嘉禾"，一根麦秆上长了九个麦穗。他的父亲很高兴，于是给他取名为"秀"。

刘秀的母亲死得早，他九岁那年父亲也去世了，兄妹几个孤苦无依，被叔父刘良接回祖籍枣阳春陵白水村抚养，成了普通的农民。刘秀为人勤奋，喜欢干农活，但他的大哥刘縯则不然。刘縯任性好侠，慷慨大方，喜欢结交江湖朋友。当时正值王莽篡汉，作为汉室子弟，刘縯义愤填膺，认为自己有义务复兴汉室，把王莽的新朝推翻。因此他很看不起喜欢种地的刘秀，把刘秀比作当年汉高祖的哥哥刘伯，而把自己比成当年的汉高祖。因为汉高祖也喜欢拉帮结派，结交江湖哥们。他相信不久之后一定会天下大乱，自己就能趁势起兵，扫荡群雄，称霸天下，重现汉高祖当年的雄风。

在兄长慷慨激昂地指点江山的时候，刘秀则在农田里勤勤恳恳地干着农活。偶尔在闲暇时，出去见见亲戚。刘秀的一个姐姐嫁给了南阳郡新野的邓晨。邓晨与阴家有亲戚关系，刘秀经常去姐夫家玩儿，自然有机会见到阴丽华。阴丽华比刘秀小九岁，当时正值豆蔻年华，生得美艳不可方物。刘秀对她一见倾心，但是当时并未表露心迹。成熟稳重的刘秀将这份心思压在了心底，直到几年后才表达出来。

二十岁那年，刘秀去长安求学。有一次他看到执金吾出行，场面非常盛大，当时就慨叹道："仕宦当做执金吾，娶妻当得阴丽华。"在他的意识里，这就是人生的最高追求了。由此可见青年时期的刘秀并无远大志向，只是想做个官，娶一房娇妻。而执金吾是他见到的最排场的官员，阴丽华无疑是他见过的最美丽的女子。

在长安求学的时候，刘秀师从中大夫许子威，每当新学期开始，学生们就要交学费。所谓学费就是给老师的束脩。刘秀因为贫困，学费都凑不够。为此他还跟同学合伙买了一头驴子，让仆人赶着驴拉货物赚钱。

不久之后，果然天下大乱。王莽称帝后，不断地出台新措施，希望解决西汉末年以来的土地兼并、流民等乱象，但由于新政太过呆板，不能适应时代的需求，反而适得其反，激发了更加严重的社会矛盾。再加上当时天灾不断，蝗灾、旱灾导致庄稼颗粒无收，于是，忍无可忍的农民爆发了绿林起义。刘秀的哥哥刘縯马上也招兵买马，扯旗造反。刘秀最开始无心参加起义，为了避免受到牵连就躲到新野。后来经过观察，感觉时机已经成熟，才和好友李通一起，编出一条谶语"刘氏复起，李氏为辅"，起兵造反。兄弟俩合兵一处，开始攻城略地。

虽然当时起义军很多，但是南阳郡主要的兵力还是王莽的政府军。为了更好地与官军作战，刘縯和刘秀也加入了绿林军。由于刘縯能征善战，特别英武，独自率军攻下了宛城，因此很快名声大噪，成为一个英雄人物。王莽公开悬赏他的人头，声称凡杀死刘縯的，封五万户，赏黄金十万斤。绿林军内部对他也非常忌惮，因为随着绿林军不断壮大，绿林军的将领们为了以后的长远利益，也为了更好地约束众军，就推出西汉宗室子孙刘玄为起义军的皇帝，史称"更始帝"。但也有一部分人想拥立刘縯，因而引起了矛盾。"更始帝"为了自己的皇位，自毁长城，杀死了刘縯。

刘縯死的时候，刘秀正在昆阳作战。王莽为了一举消灭绿林军，集合了各州郡的兵马四十二万人将昆阳团团围住。刘秀冒死突围，出去搬来救兵，然后里应外合将王莽军击溃。昆阳一战，刘秀名扬天下。正在这时，兄长被杀的噩耗传来。刘秀在痛哭之余，仔细思考自己的命运。他赶紧回到宛城向更始帝谢罪，并且做出如下安排：

一、不表功。昆阳之战，功劳很大。但是功劳越大，越容易引起更始帝和其他臣子的猜忌。

二、不跟刘縯的部下接触，以免让人怀疑他有复仇之心。并且表示刘縯犯上，自己也有罪过。不为刘縯服丧，言笑自如。

三、立即迎娶阴丽华为妻。刘秀雄才大略，善于权变，这是他比刘縯高明的地方。事实上，他在这个时候娶阴丽华，动机肯定不纯，不仅仅是为了完成夙愿，更因为阴氏家族是南阳望族，和更始帝政权的关系比较亲密，刘秀娶了阴丽华，显然是示好之意，会让更始帝更加放心。当然，从阴丽华这边来说，她嫁给刘秀，肯定是冒着极大风险的。万一不慎，她自己就会因为刘秀而受到牵连，甚至葬送全族的性命。

不过无论如何，刘秀读书时的心愿，总算是完成了一半。

甘居人下

更始元年九月，刘秀跟阴丽华结婚刚刚三个月，刘秀就被更始帝派遣到洛阳，刘秀只好送阴丽华回新野娘家。新婚宴尔，两人不得不忍痛分别。当时王莽的新朝已经覆灭，天下纷纷扰扰，群雄并起，虽然更始帝打着汉室宗亲的旗号，但是兵强马壮者根本不会听从他的号令。于是更始帝派刘秀去镇抚河北，除了几个随从之外，任何兵马都没有派遣，只给了刘秀一根代表王权的节杖。刘秀到了河北境内，发现那些称霸一方的豪强根本不理睬他，而且还冒出一个新的皇帝来。

新皇帝名叫王朗，他声称自己是汉成帝的儿子刘子舆，当年为躲避赵飞燕姐妹的迫害而流落到民间。他在刘林等人的拥护下，在邯郸称帝。刘秀到河北对他的威胁很大，于是他就派人追捕刘秀。好在一部分河北官员听说过刘秀的大名，纷纷投靠到他的帐下，刘秀这才聚拢起一些人马，跟王朗对抗。"河北三王"中的真定王拥兵十几万，实力最强，刘秀感觉他并不是真心拥护王朗，可以争取过来，就派刘植前去游说。果然，真定王很容易就被说动，愿意跟随刘秀。但他也提出了一个条件，要求刘秀迎娶他的外甥女——郭圣通。

郭圣通其实也是汉室宗亲，她的外公是汉景帝的七世孙、真定恭王刘普，刘秀本不想与她结婚，因为自己几个月前才娶了渴慕已久的阴丽华，心愿已了。但是考虑到如果不答应真定王的要求，真定王内心就不会安稳，对自己不信任且不说，甚至会重新回到王朗那一边。因此刘秀答应了真定王的要求，亲赴真定府，迎娶了他自己的第二位夫人郭圣通。

之后，刘秀顺利地攻下了邯郸，杀死了王朗，然后在众将的拥戴下，在河北千秋亭登基称帝，建元建武。然后挥师南下，攻破洛阳，并在洛阳定都。

当了皇帝之后，刘秀没有忘记自己当年一直念念不忘的阴丽华，他赶忙派人把阴丽华从新野接到洛阳皇宫。

阴丽华自从回了娘家之后，两年没有见到夫君，整天担惊受怕，惶惶不可终日。在那个乱世，她不知道自己此生还能否再见到自己的男人。现在好不容易见到了丈夫，虽然他已当上了皇帝，可身边却多了一个女人，而且这个女人还生了一个孩子。此时此刻，面对此情此景，阴丽华的心情十分复杂。好在刘秀对她宠爱有加，封她和郭圣通同为贵人。阴丽华容貌姣好，刘秀本打算册封她为皇后，但是遭到了她的拒绝。

阴丽华的拒绝是有原因的。

她知道，虽然刘秀很宠爱她，但是刘秀手下的大臣对她并没有什么好感。这些功臣们大都是河北人，尤其是"云台二十八将"，他们跟着刘秀打天下，只知道刘秀身边有一位郭贵人，不知道还有一位阴贵人。而郭贵人的意义本来就非同凡响。她不仅带来了真定王的十几万大军，也陪伴刘秀度过了最难熬的日子，对社稷立有大功。在文武群臣的眼里，阴贵人就是一个姿色不错的女人而已。倘若她因为姿色而抢了郭贵人的位子，势必会引起群臣的不满。而且郭贵人的出身也比阴贵人高贵得多，更适宜母仪天下。阴丽华深知其中的利弊关系，所以坚辞不受。

于是，建武二年六月，汉光武帝刘秀册封郭贵人为皇后，其子刘疆为太子。

刘秀登基时三十一岁。虽然他称了帝，但是他的政权只是当时诸多政权之一，整个中原大地还处于分裂状态。因此刘秀指挥自己的部下，兵分几路，四处讨伐。经过长达十二年的统一战争，刘秀终于灭掉群雄，称霸天下。

但是在建武九年的时候，天下尚未安定。一群强盗盯上了阴氏的家产，把阴丽华的母亲和弟弟劫持了。地方官吏前去交涉，强迫劫匪放人，因为当时的律法是即便劫匪放了人质，也不会减罪，所以劫匪就把人质给杀了。消息传进皇宫，阴丽华悲痛不已，刘秀为了安慰她，甚至专门给后宫女人下了一道诏书。在诏书里深情地诉说了自己对阴丽华的喜爱之情,并且赞扬了阴丽华的高风亮节,说当年本来打算册封她为皇后,因为她坚决辞让才没有册封。

刘秀的诏书可谓意味深长,一些精明的大臣一下子就听出了弦外之音:皇上这是要废后了! 不然的话,安慰阴贵人,何必扯上当皇后的事呢?

果然,不久之后,郭皇后被废,阴丽华被封为皇后。

在刘秀的心里,阴丽华是不可取代的。他从少年时期就开始喜欢阴丽华,那是一段刻骨铭心的暗恋。而跟郭圣通结婚,则完全是出于政治考虑。当年不娶她,就没有那十几万大军。后来不立她为后,就不能收服大臣之心。过去的几年没有废她,是因为政权刚刚建立,局势不稳。现在好了,无须再顾虑什么了。于是,他就这么做了。

郭皇后被废当然也有她自己的原因。因为她觉得自己不受宠爱,曾多次口出怨言。但这不过是表象罢了。刘秀不喜欢她的真正原因可能是害怕自己将来死后,郭皇后跟她的娘家人也会像当年的吕氏和霍氏一样,来个外戚专权,控制朝政,颠覆汉家江山。而阴贵人的娘家则没有这个实力。

郭皇后被废为中山王太后,移居洛阳北宫,十一年后去世。阴丽华入主中宫。作为刘秀的原配,她甘居人下十七年,如今才算坐到了自己该坐的位子。十七年里,她以社稷为重,并无怨言。即便是她当了皇后之后,也没有对郭氏有任何无礼之举,对待郭氏的族人也不偏不倚。她为后期间,恭谨简约,不爱珍玩,不喜玩笑,怜悯慈爱,被后人誉为一代贤后。

刘秀驾崩后,汉明帝刘庄即位,奉阴丽华为皇太后。明帝七年,阴丽华崩,与刘秀合葬于原陵,谥为"光烈皇后"。

东汉"布衣皇后"——马明德

马明德,是汉明帝刘庄的皇后,著名军事家马援的女儿,东汉历史上有名的贤后。

伏波将军马援

马明德的父亲马援是东汉开国名将,为光武帝刘秀立下汗马功劳。他曾有两句名言流传后世,一句是"丈夫为志,穷当益坚,老当益壮",另一句是"男儿要当死于边野,以马革裹尸还葬耳"。前一句被后世的曹操、王勃等文学家引用过,后一句就是成语"马革裹尸"的由来。

马援为人有大志,豪气干云,天下平定之后,仍以年迈之身东征西讨,西破羌族,南征交趾,深得刘秀的器重,因军功被封为新息侯,人称"伏波将军",可谓当世英雄。但马援有一点不足之处,就是军人性子太过耿直,说话不讲究技巧。这说好听点儿是心直口快,说难听点就是口无遮拦。而正是这一点,给他本人以及马家带来了悲剧。

有一次马援生病了,文武大臣得知后,纷纷前去探望。当朝驸马梁松也去了。梁松到了马援的病榻前,很客气地向他问好。若是别人,看到驸马爷给自己行礼,肯定要受宠若惊地道谢,但马援只是答应了一声,并没有还礼。梁松看到自己没有受到礼遇,当众出丑,愤然离去。

客人们都走了之后,马援的儿子问他:"父亲您为什么不对梁松客气一点儿呢?"马援说:"我跟梁松父亲同辈论交,就算他是驸马,也是我的晚辈,晚辈对长辈行礼是应当的,长辈不需要还礼。"

事后,马援的侄子犯错,马援写信教育他,在信中还把朝中的官员包括梁松都评论了一番。不料这封信落入小人之手,拿到信的人就把信交给皇帝,诬陷朝臣杜吉良与驸马梁松、窦固有勾结。刘秀看到信后大怒,把梁松召来痛骂一番。梁松对马援就更加痛恨了,之后一直想找机会报复。但是马援为官清廉,且不结党营私,梁松很难抓到把柄。而且马援是国之栋梁,担负护国安民的重任,梁松虽是皇亲国戚,也不敢轻举妄动。

公元 48 年,南方武陵郡蛮族暴动,朝廷派武威将军刘尚前往征剿,结果武威将军轻敌冒进,孤军深入,中了埋伏,全军覆没。马援当时已经六十二岁,看到前军出师不利,就主动请缨。刘秀觉得他年龄有些大,不予准请。马援说:"臣还能披甲上马。"然后当着刘秀的面,穿上铠甲,跨上战马,手提长枪,威风凛凛。刘秀见他豪情不减当年,就答应他出征,派给他四万兵马。结果马援到了南方因水土不服,生了大病,死于军帐之中。

马援死后,梁松立即对他展开报复行动。马援在南征的时候,拉了满满一车薏仁种子。这种果实可以祛湿,驱除体内寒气。马援常年在外征战,风餐露宿,体内寒气很大,所以很喜欢吃薏仁。他发现南方的薏仁果实很大,就拉了一车回去当种子。结果这就成为梁松诬陷他的罪证。梁松到处散播谣言,说马援搜刮了一车金银珠宝。并且对皇上说,南征失败是因为马援指挥不当。刘秀听后大怒,褫夺了马援的爵位,不许他葬入祖坟,马家的地位从此一落千丈。

这突如其来的灾难,一下子击倒了马援的夫人。马夫人从此变得精神失常,不能持家。家事由年仅十岁的小女儿马明德操持。马明德呼奴唤婢,指挥下人,将家事料理得井井有条。马援的几个侄子看到叔父家道中落,就建议把几个堂妹送到宫中重振家业,马夫人只好点头答应。于是马援的三名女儿被选入宫。

刘秀念及马援的功劳,就把马明德赏赐给太子刘庄做了妃子。

当时马明德其实是有未婚夫的。马援在世的时候,曾经给她许配了一个人家。但是没想到马援死后,亲家不来相救,反而伙同他人落井下石,马夫人大为恼火,就跟那家人解除了婚约。没承想,这个"二茬婚"的马明德,却是最有出息的姑娘。她美丽典雅,谈吐不俗,跟宫里那些涂脂抹粉的女人大不相同，太子刘庄对她甚是宠爱。为了能天天见到她，太子甚至让她住在自己寝宫的后室，以便随时相见。

布衣皇后

公元 57 年，刘秀驾崩，刘庄即位，是为汉明帝。马明德被封为贵人。

此时马明德已经入宫六年，虽然刘庄对她几乎是夜夜专宠，但她没能生下一儿半女。马明德对此非常担忧。她想到自己小时候曾经有个相士说她将来"难以生育"，如果真是这样，就影响了皇家的子嗣和江山的稳定。于是她就从宫中挑选一些容貌姣好、品行端正的宫女去给刘庄侍寝，以求能多得几个儿女。对于这些有希望生育的宫女，马明德对她们非常照顾，经常嘘寒问暖。

新皇帝即位后，许多王公大臣都把自己的女儿送进宫，想借此成为皇亲国戚。汉明帝最喜欢马明德，本想直接立马明德为后，但是考虑到马明德没有生子，一定会遭到群臣的反对，于是就以为光武帝服丧为由，暂不立后。于是，把女儿送入宫中的这些大臣们的算盘都落空了。内中有一个贾氏，其母亲是马援原配所生的女儿，因此算起来，马明德还是她的姨妈。这个贾氏入宫不久，就为刘庄生下一个儿子。不过，贾氏为人善妒，好争风吃醋，不识大体，刘庄并不喜欢她。刘庄也知道马明德求子心切，就把贾氏所生的儿子交给马明德抚养，并对她说："不是所有女人都能生孩子的，也不一定非得自己所生的才是自己的孩子，只要你认真哺育他，他就是你的孩子。"

马明德非常感谢皇上对自己的体谅，她悉心照顾这个孩子，虽然宫里有成群的宫女奴婢，但她凡事亲力亲为，认真程度远远超过了宫里其他哺育自己亲生孩子的母亲。

三年后，刘庄为父亲守制的期限到了，长秋宫主位尚缺，于是有关部门的官员便上书催促皇帝立后。在古代，立皇后不仅是皇家的私事，更是国家大事。皇后对于国家的影响是不容忽视的。刘庄无法再推辞，便开始从几个生有皇子的妃子中挑选。当时，生育皇子的嫔妃共有三人，一个是贾贵人，一个是千乘哀王刘建的母亲，还有一个是陈敬王刘羡的母亲。另外,还有皇太后阴丽华的侄女阴贵人,也是候选人之一。刘庄一心想要立马明德为皇后,但是困难重重。因为马家已经家道中落,朝中没有能支持她的人,而其他几个贵人,娘家人都是权臣。深明大义的阴丽华看出了儿子的忧虑,就拍板道:"马贵人德冠后宫,宜立为后。"在关键时刻,马明德平常给人留下的良好印象起到了非常重要的作用,皇太后早就对她的才学品行赞叹不已,觉得她就是母仪天下的典范,因而并不算徇私。

皇太后一言既出,群臣自然都不敢反对。于是刘庄大喜,于二月甲子日册封马贵人为皇后。她的养子,也就是贾氏所生的孩子为皇太子。

据说马明德在被册封为皇后的前一天,做了一个梦,梦见无数小虫子从四面八方飞来,扑到她的身上,吸她的血,长大后又飞走。这个梦看似恶心,事实上是大吉之兆,意味着天下苍生就要依附她生活,因此是人主之兆。后世的唐高祖李渊起兵造反时,就曾梦见自己躺倒在卧室里,蛆虫爬满一身,在吃自己的肉。解梦者同样认为这是大吉之兆。

马明德当上皇后之后,并没有因为地位崇高而得意忘形,大肆享受。她仍然一如既往地保持朴素的作风。她天生丽质,个子高挑,却不爱打扮,整日穿着粗布衣裙。有一次,后宫的嫔妃结伴去朝见她,远远地看到马皇后的衣裙在随风摇摆,轻盈明艳,以为那是锦衣。谁知到跟前一看,不过是平常的粗布衣服。众人相视而笑,都为自己的误解而发笑。马皇后说:"这种衣料很容易染色,平常穿这种衣服就行。"嫔妃们听了,无不赞叹有加。此后都以马皇后为榜样,节衣缩食,俭省开支。马皇后因此被后人赞为"布衣皇后"。

马皇后很喜欢读书,经常诵读《春秋》《楚辞》,并且能深刻领会书中要义。她很少主动过问政事,但是只要明帝问到她,她都能一下子言中要害,条理清晰,汉明帝对妻子的才智非常佩服。

作为天下最有权势的"家庭主妇",马皇后可是操碎了心。因为皇家是世间最复杂的家庭,亲人之间充满斗争。马皇后从婆婆阴丽华那里学习处理皇家事务的耐心和技巧,同时也吸取了父亲被人排挤的教训。她对待几个皇子,一视同仁,不偏不倚。汉明帝登基十年后,要分封诸子。他一共有九个儿子,除了马皇后的养子被立为太子之外,剩下的八个儿子每人都要划分一个诸侯国。汉明帝就按照制度规定的一半给他们划分封地。马皇后虽然不是他们的生母,而且崇尚节俭,但是也提出了疑问:"儿子们的封地都被裁减了一半,是不是太少了点儿?"明帝说:"我的儿子怎么能跟先帝的儿子、他们的叔叔级别一样高呢? 他们有两千万石的岁赋就够用了。"

就在刘庄给儿子们分封的时候,他同父异母的弟弟刘英造反了。

刘英的生母是光武帝刘秀的一个姬妾许美人。许美人不受刘秀的宠爱,因此刘英降生以后,虽然被刘秀封为亲王,但是所得到的封国却是兄弟中最贫瘠的一个。皇后阴丽华宅心仁厚,劝刘秀给他加封,在两年后,刘秀又给他加封了两个县,这才与兄弟们平起平坐。阴丽华因为刘英是庶子,对他格外照顾,让刘庄很小的时候就跟刘英一起玩耍。后来刘庄当了太子,也对他特别关照,比其他几个兄弟的情谊更加深厚。

刘秀驾崩后,阴丽华把许美人送到了她儿子刘英的封地楚国,并封她为楚国太后,让她与儿子待在一起。平时,阴丽华经常赏赐楚王财物,使者往来不绝。不仅如此,她还破例封刘英的大舅子为龙舒侯。这位大舅子,可是毫无寸功。

阴丽华做了这么多,都是因为看在刘英是庶子,生怕冷落了他,才格外厚待。但是刘英辜负了阴丽华和汉明帝的一片热心。他一心想要谋反称帝,成天舞刀弄枪,结交方士,制造一些所谓的祥瑞,还封自己的手下为诸侯将军。在明帝十三年的时候,刘英被一个叫燕广的人举报。明帝大怒,派人彻查。结果所查属实。对于刘英的那些亲信,该灭族的灭族,怎么处理都行。但是如何处理主犯刘英,汉明帝犯了难。毕竟两人是兄弟,而且打小就在一起玩。想来想去,汉明帝决定还是网开一面,只免去刘英的爵位,把他迁到丹阳泾县,给他五百户赋税养着他。其他一切照旧。礼仪待遇,包括他母亲许美人的楚国太后称号,一律保留。而且许美人还可以住在楚国的王宫里,不必随着儿子搬迁。

虽然没有受到太大的惩罚,但是刘英到了丹阳之后,觉得这样活着没有什么意思,就自尽了。汉明帝以诸侯的礼节将他下葬。刘英死后,明帝开始清除那些鼓动刘英造反的人。历时几年，几千人被抓。当时皇太后阴丽华已经去世，皇宫里能够影响明帝决策的只有马皇后了。看到明帝如此大加株连，马皇后就言辞恳切地劝说明帝，既然楚王已死，就不要再追究了，以免误伤人命。明帝被马皇后的哀切打动，夜不能寐，思量再三，决定大赦天下，将从前不在被赦范围之内的谋反罪也赦免，了结了此案。马皇后的几句话拯救了几千人的性命。

自从这件事情之后，汉明帝越发觉得妻子见解高明，经过交流，发现妻子对政事极有远见，考虑全面。于是在后来处理政务的时候，明帝往往不忘咨询马皇后，并采纳她的意见。

马皇后性情内向，不爱游玩。有一次，明帝带着嫔妃们和王公大臣一起出去游玩，众人发觉皇后不在场，以为出了什么事，就试探性地向皇帝提议，请皇后一起游玩。明帝就向众人解释道："皇后生性不爱热闹，真让她来了，她反而会不高兴的。"

大公无私

汉明帝驾崩后，按照宫廷惯例，他生前的嫔妃，除了跟着儿子一起到封国去生活的太后之外，剩下的都要迁居南宫守寡。为了表达多年的姐妹之情，马皇后赏赐诸位贵人配王赤绶，乘坐安车驷马，每人赏赐白越布三千端、帛两千匹、黄金十斤。

送走她们之后，马皇后亲自给汉明帝写起居注。撰写的时候，把自己的兄长给皇上侍疾的事迹略过了。新皇帝刘炟很不理解道："舅舅不分白天黑夜，照顾父亲一年多，如今还未受赏，却把功劳先抹去了，母亲这样做，是不是有点不公平啊？"

马皇后说："我是不想让后人看到先帝跟外戚如此亲近，以免他们效仿，引起祸患。"

刘炟知道自己是养子，但他不忘马皇后对他的养育之恩，就在即位后，要为三位舅舅加封侯爵。马明德此时已经是马太后了，她婉言谢绝了儿子的好意。一些大臣觉得，马太后这只是谦让一下，做点面子上的功夫活，因此不断地上书请求加封太后的族人。正好那年夏天发生了旱灾，一些善于拍马屁的大臣就上奏说，正是因为马家的族人没有被封，所以老天不满，降下旱灾。章帝虽然知道这是胡扯，但也正想给舅舅们封侯，因此打算施行。但是马太后得知后，立马就下了一道诏书斥责那些大臣们说："那些上书请封的大臣都是媚上求福的人，想从中捞好处。大旱是天公不作美，跟太后家族封爵有什么关系？前朝的王家外戚，仗着尊贵为所欲为，败坏朝纲，都是前车之鉴！先帝在位时，不让外戚居要职，就是在警惕外戚当政。先帝曾经分封诸位皇子，说'我子不当与先帝子等'，所以只给了他们一半的封赏。马家对朝廷的贡献根本无法与阴家相比，难道还奢望与阴太后家族相等吗？我身为皇太后，衣着饮食都非常俭朴，左右侍从也身着粗布，就是为了给天下人做个表率，也想让自己的亲戚们及时反省。几天前我路过我娘家，看见从各地来给我哥哥问安的人络绎不绝，车如流水般绵延不绝，马如游龙般耀武扬威。奴仆们都衣着光鲜，比我这个太后的仆人要威风得多！我忍住没有发火，只是减少给他们的岁赏。没想到他们没有一点儿愧疚之心，依旧自私自利，不知忧国忧民。既然这样，我怎么能负先帝之心，损祖先之德，毫无道理地去封赏？难道就不怕他们重蹈外戚吕氏、霍氏、王氏先荣耀后被灭族的覆辙吗？"

诏书一下，群臣噤声。谁都不敢再提给太后家族封爵的事情了。

但是汉章帝看到母亲的诏书以后，哀叹连连。他向马太后求情说："舅舅封侯与皇子封王一样重要，我知道母亲是为了江山社稷着想，但是如此一来，我就会落个不孝顺舅舅的名声，几个舅舅中一个年老，两个患病，假如他们有个三长两短，我这个做外甥的就是想补救也没有机会了。"

马太后考虑一番道："我并不是不顾及儿子的名声，关键是马家没有为国家立下功劳，而且现在天下大旱，民不聊生，这个时候非得封赏我的家人，我内心反倒不安。如果执意要封赏的话，那就等风调雨顺的时候再说吧。"

四年后，国家太平无事，五谷丰登，于是汉章帝将几个舅舅封为列侯。马太后召见了几个兄弟，劝他们把手中的权力放下，以侯爵的身份回家享福，不要再担任公职。几个兄弟都照办了。章帝没办法，也只得应允。

马太后的母亲去世时,她发现几个兄弟把母亲的坟墓堆得太高,超过规格,便立即制止,马家的当家人立刻把坟头削平了一些。对于自己的家族中人,马太后严格约束,嘉奖那些谦恭上进的,惩罚仗势轻狂的。发现有贪婪享受的,就与其断绝亲戚关系,将他们从洛阳城逐出。

马太后管教外戚的做法对其他王侯也起到了榜样的作用。王公大臣们看到连太后都如此克己奉公,自然也收敛了许多。这在一定程度上也改善了风气,使政事更加清明。

公元 79 年 6 月,马明德在长乐宫病逝,享年四十一岁。死后与汉明帝刘庄合葬于显节陵。

脚大心宽——马皇后

　　1332年，安徽宿州的一个村庄里有一名女婴出生。这名女婴的父亲姓马，叫马公，母亲叫郑媪。后来，这名女婴长大后，有了一个永载史册的名字，叫"马大脚"，她就是明朝开国皇帝朱元璋的结发妻子——马皇后。

　　大概自南宋以来，程朱理学盛行，女子都要裹脚，但是马氏长大之后却没有裹脚，这倒不是她刻意叛道离经特立独行，而是因为身为农村姑娘，一双大脚便于下地干农活。其次，当时是元朝末年，天下大乱，社会动荡不安，有一双大脚，也便于逃难。比起那些三寸金莲的小姐太太们，活命机会也大得多。因此当时很多农村姑娘都是大脚，只不过马氏最后做了皇后，所以人们就以为只有她一个是大脚。

　　马氏的母亲在生下她不久之后即去世，马氏稍稍长大后，她的父亲因为杀人避仇，远走他乡，临行前把她托付给好友郭子兴抚养。郭子兴夫妇对马氏特别好，后来听说马氏的父亲死在了外地，更是对她视若己出，马氏就在郭家幸福地生活着。

　　马氏在二十岁那年，养父郭子兴起兵造反，响应韩山童、刘福通的起义军，共同抗元，成为当地白莲教的首领。后来的明朝皇帝朱元璋在当时仅有十几岁，也来投奔了义军，在郭子兴手下做了个小卒。郭子兴看他英勇善战，有谋略，能成大器，就把当时已二十一岁的养女马氏嫁给了他。在那个兵荒马乱的年代，马氏随军与朱元璋共同度过了最艰苦的十五年。十五年，这个女人的秀丽与青春早已消耗殆尽，但幸运的是，最终换来了母仪天下的位子。

1368年，朱元璋在南京称帝，册立马秀英为皇后，人称马皇后。

仁慈的马皇后

马皇后的人格形成其实是很让人难以捉摸的，她是一位极具反叛精神的女子。她生于乱世，在艰难逆境中，练就了非凡的胆量与勇气，一心只为丈夫着想，全力帮助朱元璋成就大业，曾五次不顾个人安危救朱元璋于危难之中。按说她的性格应该是严厉刚烈的，但在生活中，她却是一个极其温和的女人。她做了皇后以后，虽然可以享尽人间富贵，但仍然宽厚、仁慈，始终不忘民间老百姓的疾苦，她在生活上勤俭节约，始终保持平民心态，时常用自己的言行规劝、影响朱元璋。她在惩罚奸佞上却毫不手软，对待贤良亲如家人，保忠臣机智灵活，劝诫皇上能屈能伸，革除陋习坚决果敢，倡新风大刀阔斧。朱元璋常常感叹道："家有贤妻，犹国之有良相。"

马皇后对子女的教育也堪称楷模。"要穷不能穷教育，要富不能富孩子。"她对子女仁爱，勉励他们努力学习，勤俭节约，不准他们在吃穿上相互攀比。她还亲自动手把宫中那些用边角料做成的被褥送给他们，并教育道："你们生长在皇宫，不知道农民采桑纺织的难处，一定要爱惜财物。"

马皇后对庶出的儿子很宽厚，对皇帝的宠妃也很和善，虽然自己做了皇后，不用服侍人，但是朱元璋的饮食起居还是由她亲自负责。她觉得作为妻子，就要尽做妻子的责任，照顾丈夫是她分内之事。而且朱元璋脾气很差，一旦饮食睡眠方面有些不满意，就会怪罪下人。而马皇后自己来做，他就没法埋怨。马皇后此举也主要是为宫女的安全着想。

朱元璋早年吃尽世间苦头，当上皇帝以后，自然就要大享人间富贵。朱元璋的老婆加上马皇后在内共有四十多个，并生有二十六个儿子和十六个女儿。在中国所有皇帝中，他几乎可以说是生育能力最为旺盛的一个。为满足他妻妾成群、锦衣玉食的生活，其庞大的开支也可想而知。这时，马皇后及时制止和劝诫，阻止了事态的进一步恶化。

其次，明朝初年实行休养生息的政策，朱元璋十分重视兴修水利和赈济灾荒。在马皇后的影响和提醒下，朱元璋始终不忘自己曾是贫苦的农民,深知灾荒给农民造成的痛苦。在即位后,他常常减免受灾和受战争影响地区的农民赋税,并且给予救济。

接着就是打击贪官,在这一点上,朱元璋和马皇后都做得很好,朱元璋出身贫苦,从小就饱受元朝贪官污吏的敲诈勒索,他的父母及长兄均死于残酷的剥削和瘟疫,自己被迫出家当了和尚。所以,在他参加起义队伍后就发誓:一旦自己当上皇帝,先杀尽天下贪官。但是当他当了皇帝后,难免不被锦衣玉食和小人谗言所迷惑,但他始终保持警醒,这一点还要感激马皇后的时常提醒。

朱元璋的内心其实是很自卑的,因为早年他做过和尚,所以十分忌讳"光""秃"等字眼,就连"僧"也不喜欢,甚至连和"僧"读音差不多的"生"也同样厌恶;他曾参加过红巾军,因此不喜欢别人说"贼""寇",连和贼读音相近的"则"也厌恶,结果有好多人因此而送命。朱元璋残暴嗜杀,刻薄寡恩。为保住朱家江山不受威胁,就大肆屠戮功臣。就连太子的老师宋濂都牵扯在内。宋濂当时已经年迈,在家养老。他的孙子宋慎因为"胡惟庸案"而被牵连,宋濂也被判斩刑。马皇后先后多次向朱元璋求情,说:"普通百姓家为孩子请老师,尚且尊师重道,何况我们是天子之家?况且宋先生住在家里,一定不知道实情。"但朱元璋无论如何都不答应。于是在一次吃饭的时候,马皇后故意一口荤菜都不吃。朱元璋觉得很奇怪,就问她怎么了,她说:"宋先生获罪将死,我不近荤酒,来为他祈福。"朱元璋听了,心里也感到难受,就放下筷子站了起来,并且下令赦免了宋濂。

明初富商沈万三,富可敌国,朱元璋在建造南京城时,其中一段城墙就是由沈万三出资建造的。这沈万三不知道是为了讨好朱元璋,还是不自量力,居然要主动犒劳明朝的军队。这一下子惹怒了朱元璋。朱元璋觉得沈万三乃一介草民,敢跟天子抗衡,就派人把他以乱民的罪名给抓起来,准备杀掉。

马皇后就劝他说:"沈万三是太狂妄,可他再有钱,也没犯法。他想犒军,又不是想造反,杀他是没理由的。"朱元璋听了,就把沈万三由死刑改为流放,发配到云南。

马皇后就这样日夜操劳，终于积劳成疾。朱元璋派太医给她诊治，她一口拒绝，理由是太医一旦没给自己治好，朱元璋就会杀了他们。朱元璋说："不要紧，就算治不好，我也不会怪罪他们。"但是马皇后还是拒绝吃药。

洪武十五年(1382年)八月，重病缠身的马皇后在南京病故，终年五十一岁。尊谥为孝慈高皇后，葬于钟山之阳。她死后，朱元璋非常伤心，至死都没有再立皇后。

"红色娘子军"——徐皇后

这一篇我们要讲的是明成祖朱棣的老婆——徐皇后。

徐皇后是明朝开国功臣徐达的长女，和她的丈夫朱棣一样，都是生于元末乱世，在他们出生的时候，他们的父亲都在忙着打仗，没时间陪伴他们。因此徐皇后是由母亲谢氏一手带大的。但是虽然是个女儿家，但她却非常喜爱读书，而且悟性特别高，记忆力也好。徐达知道自己的女儿有这方面的天赋，就常常在百忙之中抽出时间来教女儿读书。徐达的个人品质是很优秀的，他为人谨慎，不贪财不好色，懂得为臣之道，虽是武将，却也酷爱读书。在他的引导下，小丫头很快就成了一个知书达理的大姑娘。

明朝建立以后，徐达成了大功臣。他的妻子谢氏也被封为诰命夫人。作为命妇，谢氏经常会入宫向皇后和娘娘等人问安，当然也会带着自己的女儿。宫里人们看到这个姑娘这么有礼貌、有学问，纷纷夸赞，名声很快就传到朱元璋的耳朵里，朱元璋于是便决定要见见这个小丫头。看过后觉得真不错，堪为儿妇，正好自己的四儿子朱棣也还没定亲，就当面向徐达提亲。徐达看到皇上向自己提亲，自然是求之不得，赶紧答应了下来。

于是，不久之后，1376年的正月二十七，十五岁的徐氏被册封为燕王妃，头戴九翚四凤冠，身着青质九翟衣，在隆重的典礼之后正式成为十七岁的燕王朱棣的老婆。从此开始了她尊贵而不平凡的一生。

朱棣在十岁时，受封为燕王。十七岁成婚之后，就意味着成年，要到自己的封地去。

这个"燕王"对于这位四皇子可不是什么美差。作为他的老婆——燕王妃,也不是好当的。燕赵之地,就是如今的北京地区,当时虽然元朝已灭,但是蒙古残余势力还很猖獗,经常在边境抢掠。朱棣身为藩王,有守护边境的职责,因此经常要出征。燕王妃待在宫里,每天都不能安心。她不仅担心丈夫的安危,还要怀揣对"削藩"的恐惧,而且还要独自处理宫中事务。

在这样的环境中,在长时间的心理折磨下,燕王妃一点点褪去了以前的纯真。

经过这几十年的磨炼,燕王妃彻底成熟,从一个文弱的大家闺秀变为一位勇敢坚毅的王妃。朱棣造反后,朝廷的部队猝然打了过来,当时朱棣正在外地,来不及回援。面对兵临城下的强敌,徐氏不慌不忙,极其冷静。她指挥儿子应变,并且发动城中所有女人,手拿武器,成立了一支娘子军,准备随时加入战斗,徐王妃本人更是亲自挂帅指挥。当时正是十月天气,北方气温很低,徐氏就命人向城墙上浇水,很快城墙上就结了一层冰,变成了冰墙。敌人攻城速度一下子就慢了下来。

在燕王妃的指挥下,北平守军终于坚持到燕王朱棣成功击败宁王军队的那一刻。这场胜利,显示出燕王妃作为开国勋臣之女的风范。她在其中表现出的智谋胆略是可圈可点的,有这样一位能文能武的老婆,朱棣的胆子更大了起来,接下来就是历史上有名的"靖难之役"。

朱棣造反成功后,燕王妃被封为皇后。

朱棣称帝的第一个新年,一部《梦感佛说第一希有大功德经》颁行天下。这本名字烦琐的书是一本经书,序言部分是由是徐皇后所写。皇后在文中写道,朱元璋去世那年,自己正在焚香读经。身边忽然金光弥漫,恍若梦境,随后便看见观世音菩萨走来,亲口告诉她说,国中将要发生大难,特来为她消灾接引,并赠此功德经一部。观音临别之际还口吐纶音道:"凤冠不久于尔。"

言下之意就是,燕王妃要做皇后。

燕王妃要做皇后,前提就是朱棣得做皇上。因此这话里的意思是,朱棣做皇上,燕王妃做皇后,都是观世音菩萨的意思。

听到这话,谁还敢不服?

这部经书连同序言,立即得到明朝礼部的高度重视,明朝各州府疯狂发行,而且迅速入藏,被列为佛经之一,天下和尚尼姑和善男信女无不口诵心念,为朱棣赢得帝位大造声势。此书直到三十年后,才正式被查出是胡编乱造。虽然是伪书,由此可见,徐皇后的炒作功力非同一般。

饱读史书的徐皇后当然并不仅仅是撰写了这部声言丈夫"君权天授"的经书序言。她还编写了《内训》二十篇和《劝善书》一部,都在全国范围内发行。这些文字推行针对女性的教育,并倡导修德向善,为朱棣赢得十分好的名声。

当然,文字游戏只是徐皇后茶余饭后的消遣。她还有更大的手笔。

朱棣在刚刚登上皇位时,免不了要大耍威风,尤其是针对建文帝时期的大臣,就连自己起兵亲信道衍的面子也不肯给,把道衍竭力想要挽救的"读书种子"方孝孺灭了整整十族。朱棣有很强的数字惯性,以后谁犯了什么事,动不动就十族。那些当初帮他爹打天下的功臣,在他爹的杀戮之下逃过一劫的漏网之鱼,基本都撞到了他的网里。

对于丈夫"人来疯"的表现,徐皇后再也坐不住了,但是对朱棣还不能直说。于是就对朱棣婉转劝道:"南方和北方年年都打仗,士兵和人民都太疲惫,需要休息。"又说:"这些人才都是你老子留下来的,你杀人也得看背景吧。"这才给杀红了眼的朱棣"降了降温"。

徐皇后为朱棣生了三个儿子,在立太子的问题上,夫妻俩的意见并不一致。大儿子朱高炽由于仁爱、儒雅,深得文臣们的拥戴,而且他是朱元璋亲自为朱棣选择的燕世子,是皇位的合法继承人。在封建社会,这一点非常重要。但朱棣并不这样认为,他觉得,自己的继承人要像自己的风格才行,大儿子太弱不禁风,但是二儿子朱高煦就不错,英勇善战,而且在"靖难之役"中还立下大功,也能够挟制群臣。朱棣早年曾对老二许诺过,说将来要把皇位给他。

但徐皇后可不这么认为。虽然手心手背都是肉,可关乎国家命运的问题,一点也马虎不得。她认为只有朱高炽才有可能成为一个心怀苍生的仁君。因此她不但强烈支持立大儿子为太子，还不时在朱棣面前进言，说老二和老三性格不好，不但不能重用，还要为他们选择敢于监督劝诫他们的老师去教育他们。朱棣并没有相信妻子的预见，在徐皇后死后他有好几次都差点废了朱高炽的太子之位，过了很久才醒悟过来。

徐皇后不仅对自己严格要求，还不时给宫中大臣们的妻子上课。非但不收学费，还送给她们好多金银首饰，并对她们说："当人家老婆的，并不仅仅是关心他们是否吃饱穿暖，还应该对他们的前途事业有所帮助。朋友的劝告，不易被男人采纳，但是同样的话让妻子撒个娇，就很容易听得进去。我与皇上朝夕相处，从不轻易开口，所说的一切都是为国家百姓着想。希望你们也能以此自勉。"这一番话，表面上是教育大臣们的妻子，实际上是在替朱棣培养贤臣良相，稳固帝业。

可惜，徐皇后只做了四年的皇后就离开了人世。她在临死时，对朱棣细心叮嘱，让他爱惜百姓，广求贤才，恩礼宗室，不要给自己的娘家吃偏饭。她还嘱咐太子朱高炽说："我心里一直惦念着'靖难之役'为守住北平城而随我战斗的娘子军们，感念她们以女儿之身付出的功劳。我本来想趁着皇帝日后去北方游玩的机会，亲自向她们以及她们的家人表示慰问。只可惜我再也无法完成这个愿望，这是我此生唯一的憾事，你这个做儿子的一定要记得给他们抚恤和补助。"朱高炽听后泣不成声，连连点头。

最有勇气的皇后——张嫣

历史上能够做到皇后的女人，除了贾南风这样的丑女，一般来讲都非常漂亮。而明熹宗朱由校的皇后张嫣，又是美女中的美女，被称为中国历史上五大艳后之一。然而，纵观她的一生，最令人佩服和赞叹的，并不是她的漂亮，而是智慧和勇气。

一朝选在帝王侧

张嫣，字祖娥，小名宝珠，万历三十四年出生于河南开封祥符县。父亲张国纪是一介平民，家境一般。但张嫣从小就与众不同，不仅长相漂亮可爱，而且性格恬静，能识大体。七岁的时候就开始洗衣做饭，洒扫庭院，非常懂事。闲暇时就学做女红，阅读史书，很少与其他孩子嬉戏。小小年纪就显得成熟稳重。张嫣的母亲早逝。母亲去世后，她就亲自照顾弟弟妹妹，担负起母亲的责任。

明天启元年，十六岁的朱由校即位称帝，是为明熹宗。皇帝登基后的主要任务是赶快立后，有了皇后才算阴阳调和。大概是为了防止外戚专权，明朝的皇后，绝大多数都是平民出身。因此在朱由校登基之前，皇宫就开始派人在民间广选美女。初选共选得五千名美女，然后再进行淘汰。经过八关之后，五千美女只剩下三人。分别是河南祥符县的张嫣、顺天府大兴县的王氏和南京鹰扬卫段氏。对于究竟选谁做皇后，宫里的人们发生了争执。

当时，天启皇帝的奶妈客氏不赞同选张嫣，因为这小姑娘太老成。客氏靠控制小皇帝来作威作福，她可不想选一个精明能干的皇后来给自己找麻烦。以她多年搞阴谋的直觉来看，这个张嫣肯定不容易对付。

因此她给出了自己的理由:张嫣体格丰满,不够苗条,长大后肯定比较胖,不好看。但是先帝的侍妾赵选侍认为张嫣端正有福,贞洁不妖娆,最适合做皇后,有母仪天下的气象。

既然两人的意见不能达成一致,那就只好请皇上定夺了。于是就把三个美女都带到天启皇帝面前,结果天启一眼就相中了丰满秀丽的张嫣,并且当众钦定张嫣为皇后,剩下的王氏与段氏为妃。皇帝钦定,客氏再也没法干预了。于是当年四月,张嫣被天启皇帝正式册封为皇后。

这一年,张嫣才十五岁。

当上皇后之后,张嫣开始留意皇宫里的环境。没过多久,她就发现一个重大问题。那就是自己的丈夫,当朝皇帝是个极其幼稚的人。也难怪,虽然朱由校比张嫣还大两岁,但是毕竟才十七岁,还是个少年,正处于贪玩的年纪。而且由于朱由校的爷爷万历皇帝不喜欢父亲朱常洛,直到临死前才把他立为皇太子,因此朱由校的教育一直没有人管。这导致朱由校登基之前,仅仅念过两个多月的书,是个标准的文盲。

文盲治国,当然是不行的。虽然开国祖宗朱元璋识字也不多,当年的汉高祖刘邦也几乎是一个文盲,但这两位都是打过天下的人,足智多谋,根本没有人可以欺骗他们。而十七岁的天启皇帝,显然是一个很容易就被欺骗的对象。

最要命的是,天启皇帝是一个爱好劳动的手艺人。他特别喜欢做木工,经常把自己关在屋里做木工活,废寝忘食,一做就是几天。寝宫里所有的家具,包括龙床、柜子等都是他自己亲手做的,水平非常之高,令当时的能工巧匠都自叹弗如。据说他有一次做了一个木制的屏风,上面雕刻着鱼虫花鸟,然后让太监拿到街上去卖,一万两银子不还价。结果不到一个时辰,太监就拿着钱回来了。由此可见其艺术水准之高,也足见得他把所有的心血都花到了这里,而对于治理国家,却毫不上心。因而天启皇帝被后人称为"木匠皇帝"。

天启皇帝的不务正业正好给了奸邪小人以可乘之机。而天启朝最出名的小人,无疑就是魏忠贤了。魏忠贤和天启皇帝的奶妈客氏狼狈为奸，沆瀣一气，把朝廷搅得乌烟瘴气。魏忠贤专门趁着天启皇帝做木工正在兴头上的时候去奏事，每次天启皇帝就不耐烦地说："没看见我正忙着吗？自己处理去。"魏忠贤得了这一声儿，就如同拿了尚方宝剑一样，胡乱行使天子的权力，为所欲为。

魏忠贤和客氏

魏忠贤是天启年间权力最大的太监。他手握批红和盖章两项大权，朝廷里百官上奏的奏折，都由他转交给皇上。而皇上又不识字，所以奏章基本上就由他来处理。他也因此而控制了整个朝廷。

而魏忠贤之所以能够得到木匠皇帝的信任，主要是因为客氏。

客是一个罕见的姓氏，客氏也是一个世间少有的女人。客氏全名客印月，在进宫之前，是北直隶保定府村民侯二的老婆。她长相极其妖艳，十八岁就生了儿子。她儿子出生的那一年，朱由校也在皇宫里出生了。因此，她有机会进宫，成了朱由校的奶妈。

两年后，客印月的丈夫死了。宫里的人就发现，这个女人经常偷偷跑出宫去，出入各种风月场合，与其他男人幽会。作为一个给皇子喂奶的女人，有如此作风实在是大逆不道。但是太监宫女们只敢议论，不敢告发。因为他们知道，这个女人非同寻常，惹不得。

因为按照朝廷规定，皇子年满六岁，他的奶妈就必须出宫。但是朱由校都十六岁了，客印月都还没走。多混了十多年。

原因是皇上不让她走。

天启皇帝不仅不让她走，还封了个"奉圣夫人"，给予极高的待遇。夏送冰块冬送炭，逢年过节还亲自去祝贺，并且特许她在宫里可以乘坐轿子。内阁大学士刘一璟，二品大官，六十几岁的老人了，出入皇宫都得步行。

于是人们猜测，客氏跟小皇帝之间，肯定有着很特殊的关系。人们有理由相信，一向善于玩弄风月手段的客氏肯定也玩弄了十几岁的小皇帝，这才使得他对她如此厚爱。

当然，谁也不敢说出来。

客氏的嚣张气焰连当时东厂的提督太监和内阁首辅大学士们都对

她礼让三分,这让魏忠贤意识到,想要爬上去获得权力,必须争取到这个女人。于是,他开始实施计划。

魏忠贤本是一个街头小混混,家里极其贫穷,父母好不容易给他娶了一房媳妇,他却不好好过日子,整天在外面吃喝嫖赌。由于欠下赌债无力偿还,魏忠贤就把自己的女儿给卖了。他老婆觉得如此下去,下一个被卖的就是她,于是就跑了,只剩下几间烂草房。无家可归的魏忠贤就狠了狠心,一刀割了自己的命根子,成了一个阉人。

对于太监,人们往往有一个误解,以为人只要把自己割了,就可以去做太监。其实不是。因为太监的存在是为了解决皇宫的劳动力问题。皇宫里除了皇上,不能有别的男人。但是有些重活,宫女干不动,又必须有男人来干,因此就诞生了太监这个职业。皇宫虽大,但所需的太监是有一定数量的,不能来了就收。总共就那么多职位,想要新的太监进来,就必须等老太监退休或者死去,把位子空出来才行。因此许多人把自己给阉割了,却没有门路进入皇宫,只能在京城游荡。当时的北京,每年都有上千个阉人找不到工作。为此明朝还制定了一项法律:严禁私自阉割。

据说魏忠贤把自己阉了之后,也是没有门路进宫当宦官。因为阉人肌肉无力,而且断子绝孙,没有延续香火的能力。所以被人瞧不起,普通人家也不会找阉人做工,为了糊口,他就到一个太监的家里做事。天长日久,那太监看他勤奋,就托关系把他带入皇宫,做了宦官。

事实上,宦官有专门的机构,非常庞大,共有二十四个衙门。其中最高统领才可以称为太监,刚进宫的只能当典簿、长随、奉御,之后是监丞、少监,最后才是太监。太监是官职的称呼。魏忠贤进宫以后,主要就是扫地和倒马桶。而且这活一干就是十几年。熬了十几年,终于升官了。魏忠贤成了皇宫的仓库管理员。

眼看已经年过半百,再不拼一把,这辈子就没指望了。魏忠贤决定孤注一掷,把心思都花到客氏身上。他隔三岔五地给客氏送大礼,请客氏吃饭,一顿饭就花掉五百两银子。最终成功讨得了客氏的欢心,跟客氏"对食",两人成了夫妻关系。

所谓"对食"，是指当时皇宫内，太监跟要好的宫女在一起吃饭。因为宫女不能出宫，不能嫁人，无法排遣寂寞，就找个跟自己关系好的太监充作男人，说白了就是在搞对象。

跟客氏"对食"成功之后，在客氏的帮助下，魏忠贤一步步地爬上了宦官机构的顶峰，成为当朝最有权势的大太监，党羽遍布朝野。每次出行，士大夫都得跪拜，高呼"九千九百岁"，以致天下人"只知有忠贤，不知有皇上"。无数不成器的小人前来投奔他，最多的时候，魏忠贤有文臣"五虎"主谋、武将"五彪"主杀戮，更有"十狗""十孩儿""四十孙"等门下走狗。自此魏忠贤开始祸害天下。

智斗阉党

魏忠贤的嚣张跋扈都被张嫣看在眼里。虽然此时的张嫣不过十五六岁，刚当上皇后，但她的心理年龄极高。她知道以自己的皇后身份，魏忠贤再厉害也不敢怎么样。因此自打入宫起，就开始和魏忠贤斗，时不时地把魏太监喊过来骂一顿。五十多岁的魏忠贤面对十五六岁的张嫣，恨得咬牙切齿，却也没有什么办法。

不过，他糊弄不了张嫣，却可以糊弄皇上。

天启皇帝十七岁登基，直到二十三岁驾崩，却没能留下一个子嗣。虽说他最大的爱好是做木工，不喜欢女色，但是三宫六院那么多妃子，夜色来临之后总是要临幸一下的。难道说木匠皇帝没有生育能力？

其实不是。怀孕的妃子有很多，但是，她们的孩子都被客氏和魏忠贤设计打掉了。

为能长久地控制天启皇帝，牢固地把持朝廷的权力，魏忠贤认为，一定要让这个只会做木工活的皇帝长久干下去。因此，魏忠贤就把大明王朝未来的继承人都谋杀在他们的娘胎之中。后宫凡是有怀孕的妃子，他们都会想尽办法，或者威胁，或者下药，使其流产。

但是，这一招只能对付妃子们，没办法对付皇后。所以当魏忠贤听说皇后也怀孕了，心里就慌了。威胁，是行不通的。下药，是不可能的。于是魏忠贤找到一个会按摩的女人，让她在给皇后按摩的时候，用特殊的按摩手法，使劲按皇后身上的一个穴位，神不知鬼不觉地让皇后流产了。

张嫣事后得知真相后大怒,决心要跟魏忠贤斗到底。有一次,天启皇帝终于放下手里的木工活,大白天到皇后的寝宫里玩。他看到皇后正在看书,就问:"你看的什么书?"

张嫣说:"《赵高传》。"

天启皇帝听了,默然不语。但心里也知道,皇后是在暗示他,魏忠贤就是当朝的赵高。

当天晚上,魏忠贤就从自己的眼线那里得知了这件事情。他气急败坏,心想一定要除掉张嫣。他决定先废掉她的皇后之位。

于是,第二天,皇帝在皇宫里闲逛的时候,突然发现了几个从未见过的陌生人。他大吃一惊,赶紧召集侍卫,把这些人都给抓了起来。结果在这些人的身上都搜到了武器。

这可是意图刺杀皇上的刺客啊。东厂的人立即出动,把这几个人带回去严厉审讯。结果这几个人众口一词地说,他们的背后主谋是当今国丈,皇后张嫣的父亲张国纪。

很明显,这是魏忠贤自导自演的一出贼喊捉贼的把戏。他想给张国纪安上一个诛灭九族的罪名,顺带把张嫣除掉。

但是就在他准备实施下一步计划的时候,他的忠实走狗掌印太监王体乾制止了他。王体乾说:"你这样做很危险。皇上这人对别的事可能都不在意,但是对自己的亲人是非常好的,你要是敢诬陷皇后,我们都会没命的。"

魏忠贤仔细一想,还真是这么回事,于是就把自己安排的那几个刺客杀掉灭口,中止了计划。

一计不成,魏忠贤又生一计。他派人在皇宫内外散布流言,说张皇后其实不是张国纪的女儿,而是一个盗犯孙二的女儿,张皇后只是张国纪的养女而已。但是皇上太喜欢张嫣了,对谣言充耳不闻。魏忠贤计划又一次失败。

三番两次用计不成,魏忠贤来了一个更狠的。他鼓动自己的走狗上书弹劾张国纪,无中生有地编造了一些罪名,想置他于死地。结果大学士李国普从中调解说："皇上和皇后是一国之父母,我们身为臣子,怎能煽动父亲去残害自己的亲人呢?"张国纪这才逃过一劫,但是被罢了官,遣送回乡。

对于魏忠贤的攻击,张嫣毫不示弱。她经常劝诫皇上,要远离小人。由于天启皇帝非常喜爱她,因此魏忠贤的屡次攻击,都没有威胁到张嫣,直到死,魏忠贤都没能撼动张嫣的地位。

力挽狂澜

天启七年,木匠皇帝忽然病重,而且有不可挽回之势。

魏忠贤看到自己控制的这个傀儡要倒下,感到很悲痛。因为以后再也没有这么好的傀儡了。天启的儿子都被自己杀了。天启就那么一个兄弟,是信王朱由检,他死了,就该朱由检即位了。朱由检虽然只有十七岁,但是精明能干,绝对不是他哥哥那样能被轻易控制的。于是,魏忠贤找到了他的第一心腹崔呈秀,商量对策。但是崔呈秀沉默不语,表示很害怕。

魏忠贤只好再找客氏,共谋大事。

客氏给出的主意是,从宫外找几个孕妇进来,充当宫女。等皇帝驾崩了,就对外宣称这几个都是皇帝的遗腹子,然后他就可以继续控制幼主,继续把持朝政。

魏忠贤知道,这件事绝对瞒不过后宫之主——皇后。于是他主动示好,跑去对张嫣说:"我已经找好了人,等孩子生下来,就当成是你的儿子,以后你就是皇太后了。"

张嫣怎么会跟这个阉人合作。听完魏忠贤的话,立马就去禀告了皇上。但是皇上此时已经奄奄一息,无能为力了。他甚至同意了魏忠贤的做法。

魏忠贤非常得意。

看到魏忠贤要把朱家天下拱手让给外人,张嫣觉得,必须要做点什么了。她支开手下人,花了几个时辰,跟躺在病榻上的天启皇帝讲道理,终于说服他,让自己的弟弟朱由检即位。

很快,十七岁的信王朱由检匆匆赶到皇宫,跪在了天启的病榻前。

天启强撑着一口气,拉过朱由检的手说:"来,吾弟当为尧舜。"

这意思很明确,就是说:"我要死了,皇位传给你。"

朱由检听了如五雷轰顶,赶紧磕头道:"臣有罪。"

朱由检不敢答应是有道理的。因为他也不能确定这是不是魏忠贤为了试探他而设下的圈套。如果贸然同意,就会被认为犯了谋逆之罪,那就性命难保了。

天启皇帝说:"你别推辞了,皇位给你,我走后,你好好照顾你嫂子。"

朱由检还是不敢答应。

张嫣在帐后听了多时,冲出来说:"事态紧急,皇叔不可推辞。"

朱由检看到皇后也如此说,知道这事是真的,就赶忙答应下来。这样一来,总算粉碎了魏忠贤的阴谋。

天启皇帝驾崩后,朱由检即位,是为崇祯帝。即位后很快就把客氏逐出皇宫,并灭掉了魏忠贤及其党羽。

鉴于张嫣皇后在崇祯即位时出力很大,崇祯就给张嫣上尊号为"懿安皇后",将她供养了起来。

此时的张嫣才二十一岁,处于一个女人最好的年华里,又长得花容月貌,却守了寡。但是她冰清玉洁,心如止水,端庄大方。魏忠贤余党、太监陈德润看到张皇后年轻貌美,就起了歪心,有一次在皇后晨起的时候,陈德润托言奏事,直走到皇后的寝宫里。张嫣将此事告诉了崇祯,崇祯大怒,把陈德润发配到南京明孝陵去种菜。

花落人亡

崇祯十七年三月十八日,李自成率领农民军攻破北京。崇祯命周皇后自缢,砍伤袁贵妃,砍断了太平公主的左臂,杀死了年仅六岁的昭仁公主,然后让太监去传口谕,要懿安皇后张嫣和李太妃自缢。随后自己在煤山的一棵树上吊死。张嫣接到崇祯的口谕,就准备自尽。但是她自缢未死,被李自成的部将李岩抓获。李岩知道她是前朝皇后,准备把她送回太康。结果,张嫣再次自缢而死,壮烈殉国,年仅三十八岁。

大清开国太后——孝庄太后

孝庄太后，史称孝庄文皇后，博尔济吉特氏，小名"大玉儿"，本名布木布泰。布木布泰是蒙古语，意为"天降贵人"。她是蒙古科尔沁部贝勒寨桑的第二个女儿，生于明万历四十一年，死于康熙二十六年，是清朝历史上最有名的太后。按照现代的说法，她是清朝初年杰出的女政治家。

孝庄太后，对于清朝历史的影响极其深远，意义重大。在几百年后的今天，影视剧创作者们创作出很多影视作品来刻画她、解读她。

很多人以为，孝庄是这位太后的名字。但事实上，孝庄只是一个谥号。全称是孝庄仁宣诚宪恭懿至德纯徽翊天启圣文皇后。所谓谥号，是我国古代君主、诸侯、大臣、妃子等具有一定影响力和地位的人死了之后，礼部官员根据他们生前事迹所评定的一个称号。所以，一个人是不可能知道他自己死了之后叫什么的。

而这一切，都要从她嫁给皇太极时开始说起。

布木布泰十三岁那年，有一天，她正在蒙古草原上骑马，突然被仆人叫回了蒙古包。她的父亲告诉她，今天是她出嫁的日子。然后一群侍女走上来把她打扮了一番，再由她哥哥吴克善护送到盛京，嫁给努尔哈赤的第八子皇太极做侧福晋。大福晋则是她的亲姑姑哲哲。姑侄二女共事一夫。

这本是一件不可思议的事情，但在满族，似乎是顺理成章的。因为在他们那里，姑侄共事一夫根本不算是稀奇事，如果哥哥死了，弟弟还必须把嫂子娶过来。如果上一代酋长死了，儿子即位，他就会把父亲的所有女人，除去自己的生母，剩下的统统当作自己的女人。

1636 年,皇太极在盛京称帝,布木布泰被封为永福宫庄妃。

在皇太极的后宫里,地位最高的是布木布泰的姑姑,布木布泰排第二位。但是随着她的亲姐姐海兰珠的到来,她的地位随即被取代。按理说,布木布泰十三岁就入宫,她姐姐二十六岁才入宫,相比之下,她对于后宫的情况更为了解,对于皇上的脾气也更为熟悉,怎么反倒没有刚入宫的姐姐受宠?

其实这事倒也不稀奇。虽然史书对于海兰珠入宫以前的所有事情都不着一笔,但可以推测出来。因为海兰珠入宫时已经二十六岁,在满族,二十六的女子是不可能还不出嫁的。也就是说,海兰珠极有可能已经有过一个丈夫,只不过这个丈夫已死,她变为了寡妇,于是她家人就把她送进了宫中。而有过婚姻经历的女人,应该更懂得男人的心理,更加善解人意,这对于经常出去打仗的皇太极来说,这是很重要的美德。他可不想从外面打仗疲惫归来的时候,看见自己的小老婆们因为争风吃醋等小事而对他哭丧着脸。

而另一种可能就是,海兰珠的丈夫没有死,她是被皇太极抢走的。冒着得罪人的风险去抢一个女人,肯定是很喜欢这个女人。

总之,布木布泰在宫中并不受宠,地位也并不高,完全不具备影响当时政治的资格。但是老天帮了她一把,让她生了一个儿子,就是后来的顺治帝——福临。

借着这个儿子,她登上了历史舞台。

扶持顺治

崇德八年(1643 年)八月初九,皇太极在盛京猝死。皇太极一死,清廷的政治气氛立刻严峻起来。很多人都眼巴巴地盯着空出来的那张龙椅,心里开始盘算起来。

历来不管古今中外,对政客们来说,政权交替的时刻才是最重要的时刻。许多官员一辈子没有立功,难以得到升迁的机会,因此巴不得老皇上快死,自己扶持一位新皇帝上台,这样就有了拥立之功,必定会得到新皇帝的重用,名利双收。

但是,利益越大,风险越高。类似这样的政治投机竞争很大,因为能够当新皇帝的人往往不止一个，而皇位却只有一个，所以朝中总是有几个党派在斗争。而且这还是个要命的勾当，必须胜利，不能失败。一旦失败，身家性命全部搭上。

由此看来，政客们才是这个世界上最大的赌徒。赌鬼们只是赌钱，而他们是赌命——全家人的命。

而在皇太极死后，清廷的赌桌上，就聚集了这么两拨赌徒。一拨以皇太极的长子豪格为首，一拨以皇太极的弟弟多尔衮为主。两方人马骂骂咧咧，拍桌子摔板凳，剑拔弩张，嘴里都叫嚣着要让对方输个倾家荡产，至死方休。

就在众人把所有的筹码都堆到桌子上，准备一较高下的时候，布木布泰走了过来，把两方各自的筹码都推了回去，说："大家都不要这么拼，拼了有可能都会死，不拼的话，还可以继续享受荣华富贵。既然谁也不服谁，何不选个年纪小的当皇帝，大家共立他为新皇帝。这样，大家就都有了拥立之功。我们都是一家人，何必这样自相残杀？"

正要拼命的赌徒们，听到这里，都停了下来，看着眼前这个女人，然后彼此对视了一下，觉得有道理。

但问题是，立谁呢？

布木布泰说："立我儿子。他很小，才五岁，做不了什么主的。我一个妇道人家，对你们也构成不了威胁。朝廷有什么事，还不是都听你们的？"

大家都点头称"是"。

然后布木布泰动情地说："我们现在处于别人的包围之中，前有大明，后有朝鲜，我们要团结起来，一致对外。如果在这个时候内斗，就会被敌人乘虚而入，到时候大家都要遭殃。"

就这样，布木布泰不费吹灰之力，动之以人伦常情，晓之以种族大义，就把这群赌徒说服了。可见这个女人，对政局动向的把握能力，对天下大势的分析能力是众多男人都难以达到的高度，它需要大局观，需要高瞻远瞩。

当然，在阐述这些大道理的同时，还要有很高明的说话技巧。本来是为了自己的儿子能当上皇帝，但是从布木布泰的口中说出来，就像是把自己的儿子推上皇位，完全是为别人考虑。这也是让人大为佩服的地方。

当然，这中间还要做一些牺牲。为了达到平衡，牵制豪格，布木布泰跟实力雄厚的多尔衮达成了某些不为人知的协议。

总之，无论如何，这个女人运用自己的智慧，通过自己的努力，让自己的儿子当上了皇帝。按照成王败寇的历史观，她是那场角逐中最后的胜利者。

在皇太极死后的第十七天，六岁的福临登基，改年号为顺治，是为顺治帝。

由于子少母强，作为皇上的生母，孝庄自然而然地拥有了极高的权力。只不过此时的她，还没有自己的政治力量，大事都要依靠多尔衮，因此就以多尔衮为摄政王，统领军政。在多尔衮的指挥下，清军最终入关。

顺治帝即位后不久，孝庄为了笼络娘家人，给母子俩拉拢关系，就把自己的侄女送给顺治帝做皇后，但是顺治帝很不喜欢这个蒙古族的女人，因为她爱嫉妒，喜欢惹是生非。顺治帝多次想废掉这个皇后，都遭到孝庄的呵斥。顺治十年，在顺治帝的强烈要求下，孝庄不得不将自己侄女废掉，降为静妃。

为了不得罪蒙古贵族，孝庄又选了蒙古科尔沁贝勒多罗的女儿博尔济锦氏进宫为妃，但依旧被顺治帝冷落。顺治帝只爱董鄂妃一个人。董鄂妃进宫没几天，顺治帝就想把她册封为皇后，结果自然遭到了孝庄的反对，母子俩因为立后的事情开始产生了隔阂。两年后董鄂妃去世，顺治帝痛苦不堪，把这一切都怪罪到孝庄的头上，孝庄生病，他连看都不去看一眼。几个月之后，由于悲伤过度外加不注意身体，顺治帝染上了天花，不治而亡。

顺治帝作为受汉族文化影响颇深的皇帝，针对汉族采取的是怀柔政策，主张学习汉族的文化制度，而不是疯狂镇压。这是一个英明的决策。因为"胡虏无百年运"，不学习这个先进民族的文化制度，不知道他们维持了几千年血脉的精髓所在，就无法融入他们，早晚会被排斥。而孝庄则是站在一个胜利者的角度去看的，她觉得我们既然入主，就无须那么客气，因此手腕比较强硬。

顺治帝的猝然离世让孝庄措手不及。但是此时的情况却比多年前皇太极猝死的时候要好很多，在她和顺治帝的经营下，大清朝的局势虽然还有些许震动，但是中央政权已经稳固，朝中大臣和贵族们也不敢再有二心，所以孝庄很快就定下神来选接班人。在顺治的几个皇子中，孝庄选择了玄烨。因为玄烨出过天花，所以不会再有出天花的危险。

于是，八岁的玄烨登上了皇位，改年号为康熙，是为康熙帝。

扶持康熙

康熙即位时跟顺治帝的岁数差不多，顺治帝当年登基时年仅六岁，他则八岁登基，朝政只好继续由孝庄做主。孝庄也只好像当年养育儿子那样来养育这个孙子。她一边处理政务，平衡各大臣之间的关系；一边教导康熙，要学会隐忍、勤于政事。聪明的康熙在她的指引下，进步很快。十四岁亲政，十六岁就智擒鳌拜，之后一举平定三藩，统一台湾，驱逐沙俄，剿灭噶尔丹，最终成为一代明君。

康熙知道自己这棵小苗之所以能够长成参天大树，完全是祖母的辛勤浇灌。因此对于这位"老祖宗"非常崇敬爱戴。在平定三藩时，孝庄带领后宫省吃俭用，把省下来的银两捐给朝廷，用以奖赏将士。每逢荒年，她都会拿出宫中的积蓄捐给朝廷用以赈灾，尽全力帮助康熙。康熙也忘不了孝庄的恩德，他早晚请安，但凡出行，每天都派人驰书问候祖母的起居，报告自己的行踪，还将自己打猎所得的野味第一时间送到宫里让祖母品尝。若是一起出行，每到上坡需要下轿时，康熙必亲自搀扶孝庄。

康熙二十六年，孝庄病危。康熙侍奉汤药，昼夜不离，并率领王公大臣步行到天坛为祖母祈福，请求老天减损自己寿命，给孝庄增寿。康熙诵读祝文时涕泪横流：忆自弱龄，早失怙恃，趋承祖母膝下三十余年，鞠养教诲，以至有成。设无祖母太皇太后，断不能致有今日成立，罔极之恩，毕生难报……若大算或穷，愿减臣龄，冀增太皇太后数年之寿。

俗话说，人皆有一死，不管贫富贵贱，都难逃这个坎。康熙的祈福没起到任何效果，从天坛回来后不久，孝庄就与世长辞，终年七十五岁。临终前，她嘱咐康熙，不要把她跟太宗皇太极合葬，只需埋在顺治的孝陵旁边就行。康熙遵从了她的遗愿。

第二章

乱国红颜

漂亮也是一种罪——夏妃妺喜

妺喜，夏朝最后一位君主夏桀的王后。因为妺跟"妹"字形太像，所以许多人都把她说成是妹喜，在此予以纠正。

妺喜进宫

妺喜原本是有施氏部落之女。自大禹将王位传给他的儿子启，启建立了夏朝之后，这就意味着中国社会原始部落的禅让制就此结束，开始了世袭制，也就是"家天下"。以前的部落酋长在退位之前，会从部落里挑选一位能干的年轻人，考察他，锻炼他，然后等待时机成熟，就把位子让给他，尧和舜都是这样的。但是到了大禹，大禹却把王位传给了自己的儿子启。

启统一了各个原始部落，建立了夏朝，这是中国历史上第一个朝代。妺喜所在的部落有施氏，位于现在的山东省蒙阴县境内，在当时也臣服于夏朝，年年都给夏朝进贡。但是突然有一天，有施氏不进贡了。因为禅让制是只把位子让给有贤能的人，不能给自己的儿子。而世袭制只能给儿子，不管是否贤能。这样一来，世袭制的王朝就产生了一个弊病，就是很容易被后世子孙断送。夏朝后来就出了一个不肖子孙，叫桀。他横征暴敛，欲壑难填，向各部落索要的美女珍玩越来越多，各部落想尽办法也不能填满他的胃口，老百姓怨声载道。在这种情况下，有施氏就带头站了起来，表示不再向夏朝进贡。

有了带头的，其他部落的胆子也大了起来，纷纷表示不再向夏朝进贡。

夏桀一看，怎么，想造反？我揍死你。然后他就带领部队出征。所谓擒贼先擒王,把闹事的头头打服了,其他人也就服了。于是夏桀首先征伐的就是有施氏。

结果可想而知,有施氏毕竟只是一个小部落,哪能跟天朝相抗衡,夏朝的部队刚到不久,有施氏就被打散。为了保住部落,有施氏就向夏朝求和。那么求和的代价就是献上更多的珠宝财物,外加本部落最漂亮的女子——妹喜。

桀打了胜仗,带着妹喜,拉着财宝,得意扬扬地班师。在回程的路上,他坐在颠簸的马车里,看着怀里的美人,心花怒放。这次可真是捡到宝了,后宫里这么多的女人,都不及她漂亮。

但他不知道,他捡回去的其实是一个定时炸弹。

红颜祸水

自古以来,漂亮的女子多半都没有好下场。所谓自古红颜多薄命,在男权社会里,美女一般都只能沦为有权势者争夺的物品,作为男人地位的象征,来满足男人的占有欲和征服欲。

在争夺的过程中,她们就如同落叶在秋风中飘零,毫无自主的能力。最漂亮的,自然就被最有权势的国君占有。

但其实,仅仅被占有还不算是女人最大的不幸,最大的不幸是,被占有了之后,还要背上红颜祸水的骂名,被后人骂来骂去。

因为这些占有者们在占有了女人之后,往往会有如下表现:不理朝政、花天酒地、骄奢淫逸、滥杀忠良,最后导致国家灭亡。

这样的例子有很多,大概已经成为一个历史规律,最初的夏、商、周三朝都没有逃脱。于是,人们得出了一个结论:美女不是好东西,她能亡国。

事实上,这是对女人的偏见。因为导致一个王朝覆灭的因素有很多,绝不可能是一个女人就能做到的。内部的腐败、外敌的进犯、国君的昏庸、旱涝蝗灾等,都是造成王朝灭亡的原因。更多的时候,是因为科技的进步,生产力的提高导致的,因为一辆破旧、腐朽的马车不能跑得更快,跟不上时代的发展,满足不了时代进步的需求,所以跑着跑着就散架了,只好换辆新的。

也就是说,王朝灭亡是很自然的事,没什么了不起的。不能有了好事就全是"圣上英明",出点岔子就全怪罪到女人头上。这不公平。

当然,女人也不是什么毛病都没有。她们有一个通病,就是爱"作"。

所谓的"作",是指撒娇任性,没事找事,惹乱子,找麻烦。随心所欲而已。

只不过凡事都要有个度,伤天害理者,祸国殃民者,往往被人说成是红颜祸水。

我们的主人公妹喜美女,她可以算是中国历史上红颜祸水的第一例。据说她有三大爱好:一是喜欢看人们在酒池里划船喝酒,二是喜欢听撕裂绢帛的声音,三是喜欢穿戴男人的官帽。这三大爱好的前两点,实在是有伤天理。首先,酒是拿粮食酿制的。在夏朝,人们刚脱离原始社会不久,生产力还非常低下,农民辛辛苦苦才种出一点儿粮食,连饭都吃不上,就被国君征收上来用于酿酒。而按照妹喜的要求,这酒是要先倒进一个大池子里,池子有多大? 要能划船。然后邀请三千名饮酒高手在击鼓声中走上船,一边划船一边喝酒。妹喜就在岸上看他们的醉态而哈哈大笑。如此一来,不知道要浪费多少粮食才能盛满这么大的酒池。而且许多人也因为喝醉,掉到酒池里淹死。

夏朝的忠臣关龙逢劝谏桀不要修这个酒池,结果被桀以妖言犯上的罪名处死。

至于第二点,爱听撕裂绢帛的声音,那就更是暴殄天物。那时织造业刚刚兴起,织一匹绢帛的难度可以想象。妹喜一听到撕裂绢帛的声音就笑,桀为了逗她笑,就命人搬来一捆捆精美的绢帛在她面前一匹一匹地撕。

不过,上面这几个关于妹喜纵情声色的说法都是在汉代以后的史书里记载的,很有可能是后人编造的,因为最早的关于妹喜的记载出自《国语》,里面仅仅有几句话:昔夏桀伐有施,有施人以妹喜女焉,妹喜有宠,于是乎与伊尹比而亡夏。说明这些具体的细节并不可信。

但是有一点是公认的。就是妹喜在夏朝,很受桀的宠爱,并且在宠爱了她几年之后,夏朝随即灭亡。

舞蹈皇后——赵飞燕

赵飞燕,汉成帝刘骜的第二任皇后,以美艳名传后世。她善舞,身轻如燕,和后来的杨玉环称为"环肥燕瘦"。由于她出身平民,正史对她的记载很少,因此关于她的生平事迹,大都来源于野史。其中《西京杂记》和《飞燕外传》对赵飞燕的记载最为详尽。虽然这些都是小说家言,不是信史,但也解释了为何赵飞燕一介平民女子能够当上皇后,受万千宠爱,进而影响中国历史的走向。

入宫见幸

赵飞燕本该姓冯,名宜主。她的父亲冯万金,是一个乐师。冯万金的父亲冯大力,也是搞音乐的,是江都王爷府里的舍人。古代的乐师,不像现在的明星艺人地位那么高,那时候搞音乐属于贱业,在社会上备受歧视,还没有种地的农民地位高。因此冯万金不愿意继承家业,就自己在家弄弄音乐,谁家有红白事,他便去吹笙,以此为生。由于他技艺高超,吹得好,所以人们一听到他吹笙,就不由得心动如潮,驻足细听。

如果是在两千多年后的今天,冯万金的艺术水准足以秒杀众多所谓的明星,在乐坛上获得一席之地。但不幸的是,因为时代的局限,冯万金的这种技艺,仅能让他在当时混个填饱肚子。

由于父亲冯大力在江都王府里认识一些贵人,冯万金跟江都中尉赵曼成了好朋友,赵曼也不嫌弃他是个戏子,整天和他一起吃住,冯万金就成了赵家的常客。赵曼除了中尉这个身份以外,还有个身份,是江都王爷的驸马。王爷把女儿嫁给了赵曼,但是赵曼早年患有难言之疾病,行不得男女之事,从不和女人亲近。公主年纪轻轻便守了活寡,她见整日跟赵曼来往的冯万金才艺了得,而且体格健壮,便经常拿言语去试探勾搭。冯万金起初自然不敢,后来禁不住诱惑,一来二去,你来我往的,两人私下里便有了奸情。

没过多久,公主就有了身孕。看着肚子一天天变大,公主就害怕起来。她假装有病,离开赵曼家,回到王宫居住。之后便生下了一对双胞胎,两个女孩。公主没法抚养,就让人把这两个女孩都扔到了野外。谁知三天后,竟然还没有死。公主就让人抱了回来,交给冯万金抚养。冯万金用赵曼的姓,给姐姐取名为赵宜主,也就是后来的赵飞燕,妹妹取名为赵合德。

赵宜主从小就聪敏异常,她家里有彭祖的秘方,宜主很快就看会了,她按照秘方上的方法行气,不久就变得举止翩然,很轻细,一举一动就像是在空中飞舞的燕子,因此人们都称她为"飞燕"。妹妹赵合德肌肤如雪,声音婉转如黄莺,两人都出落得如人间仙子,国色天香。

冯万金死后,赵飞燕姐妹俩就没有了落脚之地。她俩离开江都,辗转来到长安,跟阳阿公主家的管家赵临住在一个巷子里。两人就依附于赵临,对外声称是赵临的女儿。后来通过赵临的关系,进入阳阿公主家,做了舞女。赵飞燕和赵合德经常想着靠歌舞来出人头地,因此非常舍得投资。府里如果有歌舞,姐妹俩就在一边偷听,一整天连饭都不吃。发了月银,手上有点钱,就全部用来购买昂贵的化妆品打扮自己。周围的人们都笑话她俩爱慕虚荣、愚蠢,不知道其实她们志向远大。

一次偶然的机会,汉成帝微服出游,来到了阳阿公主府。阳阿公主看到皇帝三十多岁还没有子嗣,就把府里能歌善舞的良家女都叫出来,取悦汉成帝。当时,赵飞燕也在这群舞女当中。当她知道眼前这个男人是皇帝的时候,她明白,千年一遇的机会就要来了,自己一定要抓好这次机会,不能错过。于是,她使尽浑身解数,去尽力展现自己。过人的天赋和不懈的努力,让她得到了命运的垂青。在一群舞女中间,赵飞燕那摄人心魄的眼神,婉转动听的嗓音和曼妙多姿的舞步,一下子就倾倒了汉成帝。在离开阳阿公主府的时候,汉成帝就把赵飞燕带进了皇宫。

当夜,汉成帝便要临幸赵飞燕。但是赵飞燕拒绝了。她很懂得男人的心理——越是得不到的,便越想得到。因此故意来了个"欲擒故纵",接连三次拒绝了汉成帝的临幸。汉成帝心想:"我是九五之尊,后宫许多女人每天为争宠斗的死去活来,这女人居然拒绝我?"因而越发觉得她非同小可,激起了极大的兴趣。

赵飞燕受宠之后,赵临的表妹樊嬺对汉成帝说,赵飞燕的妹妹赵合德更加漂亮,心思也更加纯净,比飞燕还要好。皇帝听了,便立马派人把赵合德也接入皇宫。临幸之后,大喜,称合德为温柔乡。汉成帝非常高兴,就赏赐给樊嬺许多财物,并把赵合德封为婕妤。赵氏姐妹开始独享皇上宠爱。许皇后和班婕妤都被冷落到了一边。

留仙裙

赵飞燕舞姿轻盈,汉成帝很喜欢看她跳舞。当时宫中有一个湖,叫作"太液池",湖中有岛,名瀛洲。汉成帝为了更好地欣赏赵飞燕的舞蹈,就命人在岛上修建了一个四十尺高的台子。台子修好后,他让赵飞燕在台子上穿着南越进贡的云英紫裙、碧琼轻绡,翩翩起舞,自己则坐在旁边,以文犀簪轻击玉瓶,让赵飞燕喜欢的一个侍郎冯无方吹笙,给赵飞燕伴奏。玩得正高兴,忽然一阵大风袭来,赵飞燕轻盈宽大的衣袖随风飘舞,再加上赵飞燕体型苗条,裹在其中,好像要被大风吹走一样。赵飞燕一边顺风起舞,一边唱道:"我要成仙了,我要成仙了。离开过去的地方,去往新的乐土。我会怀念这里吗?"汉成帝慌忙喊冯无方:"快给我拉住她!"冯无方赶紧扔掉手里的笙,前去拉赵飞燕,扯住了赵飞燕的裙子。赵飞燕回过头看着皇上道:"皇上的恩情太重了啊,让我无法成仙。"汉成帝听了,更加宠爱她,当作心肝宝贝一样。

因为冯无方的那一拉,赵飞燕的裙子被拉出许多褶皱。宫女们看到赵飞燕受宠,心生向往,便仿制了许多有褶皱的裙子来穿,并美其名曰"留仙裙"。

为了防止赵飞燕被风吹走,汉成帝派人修了一座七宝避风台,专门供她跳舞使用。

淫乱后宫

鸿嘉三年，即公元前 18 年，许皇后的姐姐下巫蛊，诅咒后宫有身孕的妃子，被人发觉。太后王政君大怒，就把许皇后给废了。赵飞燕便趁机对汉成帝大吹枕边风，鼓动汉成帝立她为皇后。但是太后王政君不同意，理由是赵飞燕的出身太低，是平民，不是侯门。虽然王政君自己也是平民出身。

汉成帝不能说服母亲，就让自己的表弟、王政君的外甥淳于长去沟通。几经周折，王政君终于同意。为了改变赵飞燕的出身，汉成帝先封赵飞燕的"父亲"赵临为成阳侯，然后再封赵飞燕为皇后，同时也加封赵合德，由婕妤升为昭仪，大赦天下。

虽然赵飞燕被封为皇后，但是汉成帝对她的宠爱却渐渐不如从前。妹妹赵合德取代了她在皇帝心中的位置。赵合德体有异香，赵飞燕虽整日沐浴香汤，室内也焚着香，却还不如妹妹。汉成帝曾经私下里对樊嫕说，皇后虽有香，但不如合德的身体自己发出的香味好。汉成帝给赵合德修建昭阳舍，极其奢华，金碧辉煌。门以黄铜装饰，阶以白玉砌成，宫殿的墙壁上镶嵌着明珠、翠羽、蓝田碧玉。宫殿的大门取名为"通仙门"。汉成帝常常不分昼夜，在这里与赵合德寻欢作乐。

赵飞燕失去皇帝的宠爱，就跟身边的侍郎宫奴私通。赵合德知道姐姐能干出这些事来，就先给她设置屏障加以保护。她常常在汉成帝面前涕泪俱下地说："姐姐性格刚烈，说话容易得罪人，万一哪天被小人构陷了，我们赵家就完了。"汉成帝信以为真，因此后来每逢有人对汉成帝说赵飞燕与他人私通，汉成帝都认为他们是小人，刻意诬陷，就会将其杀掉。此后便无人敢再说。赵飞燕便更加放肆，日夜与宫奴淫乱。有时候还派人从宫外选取美貌少年，用小牛车拉进皇宫供其享用。

当时有个叫赤凤的宫奴，跟赵飞燕私通，同时也偷偷地跟赵合德私通，而赵飞燕却不知情。有一次赵飞燕无意中发现之后，前去质问赵合德，赵合德连忙哭诉，以姐妹之情请求宽恕。赵飞燕想到以前两人同睡一条被子的艰苦日子，如今安享荣华，不能内斗，就没有再追究下去。

赵飞燕和赵合德为了让肌肤雪白娇嫩，经常将一种由各种名贵药材制成的药丸塞入肚脐眼内,功效的确非常明显。赵氏姐妹使用后,肤如凝脂,香气扑鼻,且能驻颜,将汉成帝迷得颠三倒四。但凡事有利有弊,这种药丸,除了以上诸多好处以外,还有个极大的坏处,便是服用这种药丸的女人,无法生育。有一次,赵飞燕问皇宫的药剂师上官妩,上官妩教她用一种花煮汤洗涤肚脐,但是为时已晚,药丸的毒素早已侵入体内,断了生育的根本。因此赵氏两姐妹受宠十余年,却都没有生下一儿半女。

赵飞燕知道"母以子贵"的道理,没有儿子就不能长久立足,便诈称自己怀了孩子,私下里却找来宫人王盛,对王盛说:"你本来是个黄衣小郎,是我把你和你的父亲提拔起来,才有了如今的富贵。现在我想给自己找个长久之路,就假装怀了孕,你得给我想一条好计策,如果事成了,你家世世代代都可以享福。"王盛想了想说:"那我就从民间带一个孩子进来,充作您的孩子。"于是王盛就跑到长安城外,花百金买了一个民间的孩子。用箱子装着,带进宫去。谁料到了皇后的宫里,打开箱子一看,孩子死了。赵飞燕大惊道:"孩子怎么死了?"王盛说:"我知道了,箱子不透气,孩子被憋死了。我下次再带一个进来,在箱子上钻个洞,只要能透气,孩子就不会死了。"于是王盛又出去买了一个孩子,但是刚到宫门,孩子就大声啼哭,王盛就不敢进了。稍等了一会儿,孩子不哭了,王盛又往里走,但是刚到门前,孩子就又哭起来。如此反复了几次,王盛不敢再进。

王盛差事没办妥,只好硬着头皮来见赵飞燕。当时距离赵飞燕假怀孕已经十二个月了。女人怀胎十月,就应该生产了,皇帝对于赵飞燕迟迟不生孩子,感到非常疑惑。有大臣上奏说,上古时帝尧的母亲怀他的时候,怀了十四个月。现在皇后怀孕十二个月未生,可能怀的是个圣人。皇上听了,将信将疑。赵飞燕眼看遮掩不住,就撒谎说孩子流产了,汉成帝也没有计较。然而自此以后,就更加冷落她了,对于赵合德,则是宠爱有加。

赵合德洗澡的时候,汉成帝从帷帐后面偷窥。只见烛光照着赵合德的胴体,晶莹如玉,白皙似雪。伺候赵合德洗澡的侍者看到皇帝在偷看,就告诉了赵合德。赵合德便让人吹熄蜡烛,穿上浴巾,不让皇帝看。第二天,汉成帝就找到侍女,赐给她黄金,叫她不要再说。但是侍女仍旧会告诉赵合德。汉成帝就继续给赐给她黄金,前后共赏给侍者上百金。

祸到临头

绥和元年,定陶王刘欣来到长安,他母亲傅太后用大量的珍宝贿赂赵飞燕姐妹俩,让她俩帮助立刘欣为太子。因为汉成帝一直没有儿子,只能从皇室后人中选一个当太子。在赵飞燕和赵合德的努力下,刘欣如愿以偿被立为太子。

倘若没有什么意外的话,等汉成帝驾崩,太子即位,赵氏姐妹就是新皇上的恩人,两人的好日子就会一直持续下去。可惜的是,汉成帝的确驾崩了,但是死的方式太过不堪,因此,两姐妹并没有好日子过。

就在刘欣被立为太子的第二年,汉成帝忽然在赵合德的寝宫死去。在此之前,汉成帝因为常年耽于淫乐,身体虚弱,男女之事上面就有些力不从心。于是赵合德便弄到一副奇药,每次让汉成帝吃一丸。这一天晚上,赵合德喝了酒,给汉成帝吃了七丸药。两人到帐内时,皇帝还吃吃发笑,待到天明,就一命呜呼了。宫女慌忙去禀告太后,太后就派人责备赵合德。赵合德自知罪不能免,就对着汉成帝的遗体哭了一阵子,上吊自尽了。

汉成帝驾崩之后,刘欣即位,是为汉哀帝。他不忘赵飞燕拥立之功,尊赵飞燕为皇太后,封赵飞燕的兄弟和侄子为侯。赵氏一门顿时显赫起来,但遭到了太皇太后王政君和王氏家族的嫉恨。六年后,汉哀帝驾崩,王氏外戚集团趁机东山再起,王莽专权,将汉哀帝的宠臣和外戚全部从朝廷里排除出去。先是贬赵飞燕为皇后,一个月之后又贬为庶人,令其看守自己丈夫的陵园。赵飞燕接到消息的当天,便含恨自尽,比妹妹赵合德多活了六年。

这个皇后不太猛——西汉王政君

福祸相依——"克夫命"克出前途

王政君这个名字，不仔细看的话，很容易被看成王昭君。事实上，这两个女人也确实在同一时代。只不过王昭君长得漂亮，有落雁之姿，而且又远赴匈奴，背负和亲的重大使命，因此在历史上的名气更大。而王政君，虽然一路做到皇后、皇太后、太皇太后，但关于她的事迹，却没有多少人知道。

王政君，生于公元前71年，死于公元13年，活了八十四岁，是中国历史上最长寿的皇后之一。身居后位（皇后、太后、太皇太后）六十一年，仅次于清朝的孝惠章皇后（六十三年）。她是阳平侯王禁的第二个女儿。她的母亲李氏在怀她的时候，曾梦见月亮照在自己的胸前。王政君长大之后，性情温顺，到十四五岁时，王禁就把她许配给一个姓许的人家。结果还没过门，男方就突然暴病而亡。不久之后，东平王将她娶走，可是没过多久，东平王也死了。

于是人们都说，这位姑娘是克夫命。

在我国古代的民间风俗里，有测八字一说。该理论认为，在女人的八字里若是伤官旺，就会克夫。伤和官，都是"十神"中的一种。官对于男人来说，是贵的象征。如果一个男人的贵不足，而娶了一个伤官旺的女人，轻则会重病缠身，重则会被克死。

女儿的克夫命让王禁很是担忧，于是他赶紧找到一个占卜者。占卜者说，因为王政君是母亲梦月入怀而生的，所以此女贵不可言。

言下之意是，连王爷都没资格娶她。能够娶她的，只有皇上。

王禁听了占卜者的话,就派人教王政君学习各种才艺,宫廷礼仪,然后在她十八岁的时候,把她送进宫中。

说到这里,有人不禁会问,这样能行吗?王政君已经嫁过两个男人,还能往宫里面送?皇上知道了,她不会被杀头吗?

的确,在历史上,皇帝选秀都要求必须是未许配过的女子。但这是宋朝以后的事情。南宋时期,以朱熹为代表的理学家们把贞节观念推到极致,之后的人们对女子的贞节问题才格外重视。那时的人们最看重的是操守,即是否守妇道。如果女子在夫家恪守妇道,要是她丈夫过世,她再嫁是毫无问题的。因此王政君入宫,就算皇上知道,也不会有太多麻烦。

王政君入宫后一年多,皇太子刘奭最宠爱的妃子司马良娣去世。这个女人充分发挥了"临死也要拉一群垫背的"和"我得不到的你们也别想得到"的优良传统,在闭眼之前,流泪对太子说:"妾死非天命,乃诸娣妾、良人更祝诅杀我。"意思就是,我死并非天命,而是其他嫔妃得不到太子的宠爱,嫉妒我,暗地里诅咒我,活活要了我的命。太子听了这话,信以为真,把司马良娣的死都怪罪到其他嫔妃头上,从此闷闷不乐,再也不跟身边的嫔妃亲近。

汉宣帝害怕太子忧伤过度,就让皇后从后宫挑选五名宫女让太子选妃。王政君就在这五人之列。当时太子根本没心情挑选,就随意指了指离自己最近的王政君。大概是因为王政君当天穿了一件很鲜艳的衣服,跟其他宫女不一样,在视觉上刺激了刘奭,所以才被选中。

当天晚上,太子就临幸了王政君。但谁料这一次就让王政君怀了孕,并且生下一名男婴。汉宣帝非常高兴,亲自给皇孙命名为刘骜,字太孙,经常带在身边。

汉宣帝驾崩之后,刘奭即位,是为汉元帝。王政君母以子贵,先被封为婕妤,三天后又被封为皇后。但是即便做了皇后,刘奭对她还是很冷漠。对于她生的儿子刘骜,刘奭也不喜欢,甚至一度想要废掉刘骜的太子之位。幸亏大臣史丹鼎力拥护,再加上王政君一向小心谨慎,没有过错,而刘骜又是先帝所爱,汉元帝才放弃了废太子的念头。

昭君出塞

历史上的汉元帝，是最难让人想起的一位皇帝之一。因为他在位十六年，不但没干过一件说得出口的好事，连一件耳熟能详的坏事也没干过，让人沮丧的是，当我们要向别人介绍"汉元帝是谁"的时候，往往是这样："就是那个嫁出王昭君的皇帝。"

关于昭君出塞这件事，我们首先要了解一下汉朝对匈奴的和亲政策。在我国古代，尤其是秦汉时期，匈奴一直是北疆大患。秦始皇对匈奴的态度就是打，往死里打，打服为止。他一边发动征夫修长城，一边派蒙恬率领三十万将士，痛击匈奴，使得"胡人不敢南下而牧马，士不敢弯弓而报怨"，那时的匈奴，被秦始皇打得远远地逃开。

秦始皇一死，匈奴就又过来蹦跶了。刘邦在出征匈奴的时候，曾经被匈奴的冒顿单于围在山西（大同）的白登山，围了七天七夜。眼看就要弹尽粮绝，刘邦采取了陈平的计谋，派使者去走单于老婆阏氏的后门。使者带着金银珠宝和两幅美人图去见阏氏，送她金银珠宝，她不要。使者就说："如果你不收这些金银珠宝，不说服冒顿退兵的话，我就把这两幅画献给冒顿。将来我们汉朝一旦被灭，冒顿就会得到大量的美女，比这画上的还要漂亮，到时候你就会被冷落。"

阏氏一听觉得有道理。于是就在晚上对冒顿吹枕边风，让冒顿在包围圈上打开一个口子，刘邦才得以逃脱。

刘邦回去后总结经验教训，发现对付匈奴不能只靠武力，那样劳民伤财还没有效果。那些家伙，打得过就打，打不过就跑，你走了他又来了，很是难缠。既然女人的话这么管用，不如就送女人过去，让女人管着他们就行，于是就有了和亲政策。此后的很长时间，直到汉武帝时，和亲都是汉朝安抚匈奴、维护边疆稳定的最主要手段。

昭君就是基于这样一种政治考虑才出塞到匈奴的。当时的呼韩邪单于在选中王昭君时，王昭君已经二十五岁。自十六岁进宫，已经九年，汉元帝还没有见过王昭君一面。等到给呼韩邪单于送别的时候，他才看到了王昭君，当时一下就惊为天人。看到这么漂亮的女人居然要远嫁匈奴，汉元帝是又气又悔，但天子金口玉言，不能反悔，只好眼睁睁地看着昭君出塞。

昭君出塞后，汉元帝大怒，马上派人调查此事，为什么这么漂亮的女人没有被他宠幸。经过调查才知道，原来是负责画后宫美人画像的画师毛延寿因为没有收到昭君的贿赂，而故意将其画得很丑，这才导致汉元帝与昭君无缘。汉元帝知道真相后，一气之下，杀了毛延寿。

汉元帝驾崩后，刘骜即位，奉他母亲王政君为太后。一向小心谨慎的王政君，这么多年如履薄冰、战战兢兢地一路走来，总算熬到出头之日，站在了这个王朝的顶峰。但她自己何尝想过拥有这些权力？她从未主动求过这些，她所想要的，无非是跟自己的男人多一点温存罢了。

但是，既然没有得到温存，那么对于权力就不要客气。否则，大半辈子的活寡，岂不是白守？

王家掌权，王莽篡汉

很快，王家的亲戚都被提拔上来。短短几年里，王氏一族有九人封侯，有五人先后担任大司马，一下子成为西汉最为显贵的家族。王家人生活奢侈，相互攀比，嚣张跋扈。那时，百官之首的"大司马大将军领尚书事"一职，被王政君的大哥王凤和其后的王音、王商、王根、王莽轮流做，王氏外戚把政权紧紧地攥在手中。王氏门中"五将十候"，使世人只知有王凤而不知有皇帝。

汉成帝死后，刘欣即位，是为汉哀帝。汉哀帝是王政君的情敌傅昭仪的儿子。他即位之后，王氏一族被打压。但是很快他也死了，王氏又东山再起，重新把持了朝政。王政君依然是太皇太后，她下诏说，大司马董贤年少，不合众心，应交还印绶，撤销其官职。董贤接诏后，当日自尽。然后任命新都侯王莽为大司马，掌丞相事。奉中山王之子刘衎为汉平帝。

汉平帝继位时年仅九岁，王政君便垂帘听政，让王莽操持国政。王莽是她的侄子，在当时的王家人都飞扬跋扈时，只有王莽一人独守清净，谦逊好学，行为检点。对外结交贤才，对内侍奉叔伯，几乎成为当时社会上的道德模范。朝野的名流都盛赞王莽，他的名望甚至超过了那些身在高位的叔伯们。时人都把他比作周公。

王莽不仅会给自己打造名声，而且还很会用心意去孝敬自己的姑姑。他知道，想要获得权力，光有好名声是不行的，还要奉承好能给他权力的人。这个人，无疑就是他的姑姑王政君。

其实王政君这辈子说起来也很可怜：在娘家父母不喜欢，出嫁丈夫不喜欢，连自己的儿子当上皇帝后，也不懂得关心她。她这辈子，最缺的就是亲情。王莽敏锐地察觉到了这一点，他对这位姑姑可是非常孝顺。不但每早请安晚问好，毕恭毕敬低眉顺着，而且还鼓动姑姑常到汉元帝的太子旧宫，听她一次次叙述虚构出来的当年夫妻的恩爱之情，让她满足这辈子从未有过的情感需求；鼓动她"遵帝王之常服，复太官之法膳"，把她尊崇到高于帝王的份上，大大地满足了她的尊重感需求；安排她四季出游，接见一些穷苦孤老贞妇，让她居高临下地赏赐财物抛撒同情，看着那些感激涕零的孤老贞妇，更是大大满足了她的心理需求，填补了没有亲情的空缺。

由此可见，王莽的确是一个高明的投机分子。因为他不是一味地送金、送银，而是要分析投机对象，看他缺什么，需要什么，要投其所好才行。

对于王政君来说，她拥有的是权力，所缺的是亲情。既然她的孝顺侄子这么符合她的心意，把她所缺的都给弥补上了，那她自然也要把自己有的东西送给侄子，作为回报。于是，在群臣一次次的上书中，她把王莽的职位一升再升，使得王莽"爵为新都侯，号为安汉公，官为宰衡、太傅、大司马"，位极人臣。

王莽在掌权之后没过多久，为了方便控制朝政，就把仅做了四年皇帝的汉平帝刘衎毒死，然后改立两岁的刘婴为帝。王政君对此毫不知情，以为汉平帝之死，完全是由不治之症造成的。而立两岁的刘婴为帝，她也确信王莽所说，这是为了王氏家族的利益。她手里攥着玉玺，在能说会道的侄子一次次令人痛快的奉承中，只管在王莽递上来的一份份诏书上"不停"地盖上玉玺。她时常在想，只要玉玺在她手里，能出什么事？

不久之后，果然出事了。

王莽在掌权之后，开始给亲信加官晋爵，被他提升的多达三百九十五人，同时将刘氏宗族诸侯王三十二人和王、子、侯一百六十一人废黜，渐渐地显露出篡汉的野心。但这一切，王政君仍被蒙在鼓里。8年，王莽见时机成熟，就代汉建新，建元"始建国"。宣布推行新政，史称"王莽改制"。他废掉幼主，制造假的祥瑞，派自己的儿子安阳侯王舜进宫逼王政君交出玉玺。王政君这才知道自己养了只白眼狼，对着王舜怒骂："你们父子一家，蒙受汉室厚恩，不思报答，反而趁机夺取，真是猪狗不如。天子怎么会有你们这样的兄弟。就算你们自以为得了正朔，要立新朝，那就该做一个新的玉玺，要这个不祥的亡国玉玺做什么！"一边骂，一边哭了起来。

王舜听了，虽然也觉得悲哀，但仍坚持要把玉玺拿走。

王政君说："有你们这样的人在，我们王家迟早要被灭族。"说完就把玉玺砸到地上，结果玉玺掉碎了一个角。王舜将玉玺拿回去交给王莽，王莽见了很高兴，派工匠用黄金把那个角补好，继续使用。然后改王政君封号为"新室文母太皇太后"，并说汉朝已灭，太皇太后不用再侍奉汉元帝，于是拆毁元帝庙，改为长寿宫，在宫前给王政君设宴庆祝。

王政君到了元帝庙一看，元帝庙被拆毁，大惊并哭着道："这是汉家的宗庙，都有神灵护佑，它们犯了什么罪过，被你拆掉？你亵渎神灵，怎么能够长久！"

王莽知道自己篡汉之后王政君怨恨自己，就对王政君越发孝顺，但他的孝心更让王政君觉得自己以前被骗。王莽将汉朝旧制全部改去，汉朝皇室穿黑色貂衣，王莽改穿黄色貂衣，还把汉的正朔伏腊日改去。而王政君偏偏命令自己的宫人穿黑色貂衣，还在正腊日那天跟左右侍从一起相对喝酒。整日活在对汉王朝的追忆和无尽悔恨中，直到八十四岁高龄才寿终正寝。

她的遗愿是与汉元帝合葬。但王莽却把她葬在离元帝渭陵一百一十四丈的陵冢之外的新陵。王莽还下令在两个陵地之间挖了一条大沟，以示新朝的文母与汉家元帝之间永远绝缘，两人毫无关系。

宦官的靠山——东汉何后

屠夫的女儿进宫

东汉何后，是汉灵帝的老婆，南阳宛县（今河南南阳）人。不知道她在哪一年出生，也不知道她叫什么，只知道姓何。因为这个女人出身太过寒微，她父亲是个屠户，靠杀牛宰羊为生，她母亲的出身也很低贱，低到没有办法去查考。这真是难为了后来的史官，想来想去，只能叫她何氏。

何氏在这样的家庭中长大，虽然自己的父亲在门前杀牛宰羊的一片腥气，但她却生得花容月貌，肤白如雪，成为当地有名的美女。很多有钱人家的子弟都想打她的主意。何氏的父亲看到女儿有这份本钱，就想着将来靠漂亮的女儿飞黄腾达。因此，当地的一些富户来求婚，他都没有答应，他一直在等一个大的机遇。

没过多久，机遇来了。汉室皇宫到民间选美，到了南阳地界。何氏的父亲赶忙拿着杀牛宰羊积攒下来的钱去贿赂那些来选美的宦官，巴望着能把女儿送到宫中。按说，屠户之女，出身低贱，不合乎汉家选美"良家子"的要求，但是由于主事的宦官得了好处，何氏又的确容貌不凡，因此很容易就瞒了过去，跟众多良家女子一起被送入掖庭。

宦官的想法是，女人这么多，入宫还要再筛选，说不定这何氏进去也只是当个宫女，管她呢，先收了钱再说。

东汉末年，皇帝都爱重用宦官，很多大事都是让宦官去操办，因此宦官的权力很大。连很多王公大臣都对他们十分忌惮，甚至得去巴结他们。其中以张让、赵忠为首的"十常侍"十位宦官权势最大，连灵帝也曾恬不知耻地说："张让是我公，赵忠是我母。"

这足见皇帝和宦官的关系有多亲密。

也难怪，皇帝整天都在宫里，身边除了女人就是宦官。所以，在东汉，一是不可小看女人，二是不能得罪宦官。聪明的何氏早就认识到了这一点，于是通过巴结这些宦官，获得他们的好感，得以接近汉灵帝，并深得宠幸，还生了个儿子，名叫刘辩。

那时，皇后姓宋。这个宋皇后并不喜欢她。何氏乘机联合其他得宠的嫔妃，一起攻击、诋毁宋皇后。中常侍王甫等也说宋皇后在宫中行巫蛊妖法，汉灵帝信以为真，就把宋皇后废掉，不久宋皇后被活活气死。

光和三年（180年），得宠的何氏在宦官们的大力帮助下被立为皇后。但是，俗话说，帝王无长情，汉灵帝若能一直宠幸何贵人一人，那他就不是汉灵帝了。没过多久，宫中又来了个美女，汉灵帝立刻把心思转到了这位美女身上。

这位美女姓王，叫王荣，她爷爷官至五官中郎将，她也算是出身名门。论姿色，她比何皇后更靓；论气质，她能诗善画，谈吐优雅，举止优雅。王美人的出现，让他一下子有了新鲜感。于是，很快，这位王美人就怀孕了。

王美人在怀孕之后，第一反应不是惊喜，而是惊恐。按理说，一个女人第一次做母亲，且又怀的是龙种，应该很高兴才对。但王美人一点儿也高兴不起来，因为她深知何皇后心狠手辣，知道她怀孕后肯定不会放过她。她再三琢磨，决定狠下心来把孩子打掉。她找来打胎药，吃了几次，可是肚子里的胎儿却安然无恙。正在她手足无措的时候，她多次梦见自己背着太阳行走，她觉得这是个吉兆，是老天给她的暗示，于是就决定不再打胎。不久之后，她就生了一个儿子，皇帝很高兴，给他取名为刘协。

生了孩子的王美人不可避免地遭到了何皇后的嫉恨。有一天，王美人正坐月子中，何皇后就派人把毒药放在她的补药中，王美人喝完以后随即香消玉殒。汉灵帝闻讯赶来，只见王美人面部青黑，知道是中毒而死，即派人追查凶手，得知是何皇后所为，当时怒不可遏，打算废掉这个歹毒的皇后。何皇后又惊又怕，急忙找宦官帮忙，贿赂宦官曾节、张让等人，请他们帮忙摆平这件事。结果，这几个宦官三言两语就把灵帝给说晕菜了。何皇后逃过一劫。

虽然放了何皇后一马，但汉灵帝却对她多留了个心眼。他怕王美人的儿子刘协又遭到何皇后毒害，就把刘协寄养在永乐宫，让董太后抚养。

常言道，失去的才是最好的。在王美人死后，汉灵帝居然开始扮演起悲情王子的角色，怀念起王美人来。他写的《追德赋》《令仪颂》两篇辞赋，字字缠绵悱恻，句句如泣如诉，俨然是一位失去了朱丽叶的罗密欧，气得何皇后直翻白眼。可气也是白气，何皇后在毒死王美人的同时，也让汉灵帝对她彻底死心。王美人在时，汉灵帝偶尔还去长秋宫逛逛，王美人一被她毒死，汉灵帝干脆让何皇后守活寡，再也不去她那里。

在立太子的问题上，汉灵帝认为何氏生的刘辩为人轻浮，没有气度和天子该有的威严，因此打算立刘协为太子，连董太后也劝他立刘协。但是这却遭到了大臣的反对。最终，他还是按照祖宗法度，立了何皇后的儿子刘辩为太子，但他的心里却是想让王美人的儿子刘协继承皇位的。这一点，从他临死前对心腹蹇硕的一番遗言中不难看出：让蹇硕找个机会把刘协送上皇位。

害人终害己

189年，汉灵帝驾崩，太子刘辩登基，何皇后成为皇太后，开始临朝称制。这个女人在执掌朝政之后，第一步不是大赦天下或者出台几项惠民政策，而是先找自己看不顺眼的人开刀。她听说董太后曾经劝先皇立刘协为太子，就怀恨在心。董太后想过问朝政，都被她粗暴地阻拦。董太后就大怒道："你是不是觉得你兄弟何进手里有兵权就了不起了？我应该让我兄弟把何进的头砍下来给你！"结果何氏听了，就让何进把董太后的兄弟逼死，把董太后也赶回封地，董太后不久就忧愤而死。

蹇硕看到何进专权，就设计想先捕杀何进，然后再干掉何太后，拥立刘协登基。不料事情走漏了风声，蹇硕反被何进杀掉。

之后，何进为了进一步排除异己，开始加紧密谋诛杀帮助过何氏成为皇后又成为太后的宦官们。何太后念及和宦官们的情谊，不同意，何进就自己动手，召集袁绍等人带兵入京，想把宦官们一网打尽。可宦官们在东汉皇宫混了那么多年也不是白混的。何进刚有举动，他们就发动宫廷政变，先把何进弄死了。这一切就都乱了。何进的部下知道自己的头儿被砍死，就包围了皇宫，要找宦官们算账。他们一边放火，一边往里冲，冲进了北宫，关上大门，分头搜寻宦官，见一个就杀一个，一共杀了三千多人。何太后还不知道自己的哥哥已经死了，惊慌失措，被宦官张让等人挟持着，同汉少帝和陈留王刘协一起，从地道逃了出来。尚书卢植领兵来追，眼看就要追到，张让等宦官们只好投河自尽。卢植就带领汉少帝和刘协、何太后回到皇宫。

　　起初，何进在计划灭掉"十常侍"的时候，不顾大家反对，把西凉军阀董卓召进京，没想到却引狼入室。当董卓看到皇宫大乱，自己兵强马壮，就趁机把汉少帝刘辩赶下皇位，让刘协当了皇帝，是为汉献帝，而他本人则总揽朝政。后来又不放心，害怕别人再拥立刘辩，于是将刘辩毒死。何氏得知儿子被杀，就跑来骂董卓，董卓一气之下就把何皇后扔下城楼，摔死了。

丑人多作怪——贾南风

历史上绝大多数皇帝的女人，基本上都是姿色万千倾国倾城的，就算容貌上稍逊一些，起码也有母仪天下的气质。但是，偏偏有这么一个女人，她不仅"丑而短黑"，而且心性毒辣，却当上了皇后，甚至一度在小皇帝年幼的时候主宰天下。

她，就是西晋惠帝司马衷的皇后，贾南风。

贾南风生于 256 年，山西平阳人，她父亲是西晋重臣贾充。这贾充，原本就不是什么好人。贾充的父亲贾逵是曹魏的重臣，贾家可谓是世受曹魏的恩典。但是，后来在司马氏专权的时候，贾充毫不犹豫地选择投到司马氏的帐下，并且指使手下人成济杀了魏帝曹髦。事后，司马昭立曹奂为帝，并且召集群臣商议如何处置这次事件。大臣们纷纷要求杀掉贾充，但是司马昭却只是灭了成济三族，对贾充毫不追究，反而将贾充提拔起来，晋封为安阳乡侯，统领城外诸军。

贾充就这样靠杀自己的皇帝，得了爵位。

中国有句俗话，龙生龙，凤生凤，老鼠的儿子会打洞。这句话放在别处可能会有争议，但放在贾充身上，实在是再合适不过。连自己的皇上，多年的恩主都敢杀的人，能教育出怎样的好子女？贾南风后来作恶多端，相信一大部分原因就是遗传了她爹贾充的基因。司马炎建立晋朝之后，贾充作为功臣，受到了重用，权力越来越大，结果就引起了司马炎的忌惮。当然，司马炎的忌惮也是有道理的。他们司马家原本就是曹魏的臣子，他生怕贾充如法炮制，也给他来这一招。因此，司马炎就把贾充派到长安去镇守，想把贾充打发得远远的，以免他发展势力。

贾充看到皇上在防他，一下子就慌了。古时候，伴君如伴虎，做臣子的一旦被皇上怀疑起来，那他就离死不远了。因此他赶紧找到好友荀勖商量对策。荀勖说："既然陛下怀疑你，你不如跟陛下结成儿女亲家，这样成为一家人，他就不会怀疑你将来谋反。现在晋武帝的太子司马衷还没有选太子妃，你把自己的女儿送过去给他当太子妃，既洗脱了自己的嫌疑，等以后太子当了皇上，你的女儿就是皇后，你的权力就更大了，这样不是一举两得吗？"

　　贾充听了，喜不自禁，连称好计策。于是他一边委托荀勖去向司马炎推荐，一边回家准备东西，安排女儿出嫁。贾充本来是打算让自己的小女儿嫁给太子，因为她长得漂亮些，但是小女儿太小，个子又低，还没办法嫁人，所以贾充就让贾南风代替她。纵然贾南风长得丑，也顾不了那么多了。

　　在皇后杨艳及荀勖等大臣的极力推荐之下，晋武帝司马炎最终同意让太子司马衷迎娶贾南风。于是，丑女贾南风披着盖头进入了太子的东宫，从此成为太子妃。成为太子妃之后，贾南风立刻就露出她毒辣的本色。这个女人是个十足的妒妇，自己长得丑，还只准太子跟她睡，不许太子宠幸别的女人。如果其他嫔妃怀孕，贾南风就用戟打她们的肚子，使她们流产。司马炎知道后，大怒，准备把她废掉，关在金镛城里。幸亏皇后等人给她苦苦求情，才算逃过一劫。

　　司马炎看到太子妃这么无德，气就不打一处来。他气的倒不是这个儿媳妇可恶，而是自己的儿子无能，连女人都管教不好。因此，他打算把司马衷废掉，再立个聪明能干的儿子当太子，以免父辈们辛苦打下来的江山葬送在他手里。

作弊

　　于是，司马炎决定出题测试一下儿子。手下人就赶紧把题目拿给贾南风。贾南风看到试题后，很紧张。因为她知道太子什么都答不上来，而太子一旦被废，她的地位就会跟着一落千丈。因此她第一时间就想到了作弊。贾南风就找到了宫外的人帮忙答题。结果这些枪手平日里满嘴诗云子曰，一肚子文墨，回答问题时都爱引经据典，生怕别人不知道他读过书，所以答得虽然正确，也好看，但是比太子的水平高太多了，这就相当于一个家伙每次考试都得零分，突然有一次得了满分，相信老师们的第一反应就是——这货肯定是抄别人的！知子莫若父，自己的儿子啥水平能不知道？以晋武帝司马炎的眼光，一眼就能看出来这不是太子写的。那就露馅了。所以，此路不通。

贾南风跟左右商量了之后，决定找几个太监来答卷。因为太监的知识文化水平跟太子是最接近的，字虽不认识几个，但是太监的思路还是清晰的，头脑还是正常的，所以给出的答案也在常理之中。太监们写完之后，由司马衷照抄一遍，然后呈给司马炎。司马炎一看，太子虽然文化欠缺，脑子倒也算好使，就算将来不能做个有为的皇帝，也不至于把江山给卖了。因此就很高兴，没有再起废掉他的念头。

司马炎被骗得好苦。因为他并不知道，几十年过后，他的江山，虽然没有全完，却也丢了一大半，而这个祸根，正是背后的作弊者——贾南风。

290年，司马炎驾崩，司马衷即位，为晋惠帝，即被后人称为"白痴皇帝"。有一年夏天，晋惠帝到华林苑游玩。他走到一个池塘边，听到池塘里有青蛙在呱呱叫。于是他就问身边的随从："此鸣者为官乎？为私乎？"意思是，这正在叫的青蛙，是官家的，还是私人的？随从听了都憋着笑说："在官家地里叫的，就是官家的，在私人地里叫的，就是私人的。"还有一年，中原闹灾荒，百姓都没有粮食吃，饿死了很多人。官员们把灾情呈报给晋惠帝，结果他一听百姓没有饭吃，就奇怪地问："他们没饭吃，为什么不吃肉粥？"

由此可见，称他"白痴皇帝"绝不是恶意扣帽子泼脏水，绝对是名副其实的。

有这么一位皇帝，当然是不会治理好国家的。那么，权力就落到皇后手里。于是，贾南风就开始大展拳脚。

八王之乱

贾南风早年差点被她的公公司马炎废掉，在那场危机中，司马炎的第二任皇后杨芷帮了她很大的忙，才使得她没有被废。但她却认为是杨芷在司马炎那里说她的坏话。因此，在司马炎死后，杨芷成为皇太后，贾南风却对她一点儿也不尊重，反而在心里极度怨恨她。贾南风在后来屡次想插手朝政，又经常遭到皇太后的哥哥太傅杨骏的阻挠，因此恨上加恨，在暗地里就想要除掉杨氏家族。

在她当上皇后的第二年，她就动手了。

却说这个女人，狠是狠，却一点儿也不蠢。她知道单凭自己的力量是斗不过杨家的，因此她就勾结殿中中郎孟观、李肇和寺人监董猛等人，然后又派人联络汝南王司马亮和楚王司马玮，要求他们领兵讨伐杨骏，准备里应外合，一举干掉杨氏家族。其中楚王司马玮同意，就向皇上请求入朝。一般来说，藩王没有皇上的召见，是不能随便进京入朝的。不过这是贾南风的主意，权力又在她手里，司马玮当然很容易地就入朝了。杨骏虽然知道大事不妙，但也无法阻拦。

司马玮进京后，就带着军队驻扎在司马门。贾南风看到有了强大的军事后盾，胆子就大了起来，她让司马衷下诏，诬告杨骏谋反，同时命令司马繇带领四百人讨伐杨骏，把杨骏杀死在自己的府邸里。随后又收捕卫将军杨珧、太子太保杨济等，皆夷三族。

太傅杨骏被围在自家院子里的时候，皇太后杨芷在后宫急得乱转，却没有一点办法，她只好在布帛上写着"救太傅者有赏"，然后派人送出宫去，希望能有人相助。结果，不但没有帮到哥哥，反而把自己逼上了死路。贾南风在灭掉杨家的时候，把这当成了她的一条罪状，对天下人宣称皇太后也参与了谋反，然后矫诏废皇太后为庶人，关在金墉城里。第二年，皇太后被活活地饿死。

除掉了杨氏外戚之后，贾南风即任命司马亮为太宰，司马玮为卫将军，司马繇为尚书左仆射。她自己则与族兄贾模、从舅郭彰、妹妹贾午之子贾谧一起干预政事。由于贾南风太过暴戾，司马繇就想把她废掉，不过司马繇还没动手，就遭到了司马亮的攻击。司马亮指控司马繇专权，想要独霸朝政，于是，贾南风就趁机罢免了司马繇的官职，把他流放到外地。

这件事给贾南风一个很大的启示，原来控制大臣的最好办法就是让他们狗咬狗。

得到这个启示后，她又看准了司马玮和司马亮不和，就矫诏让司马玮杀司马亮和卫瓘，司马玮杀了这两人之后，太子少傅张华又劝贾南风顺便把司马玮也杀了，于是贾南风果断地杀了司马玮。

司马玮死后，贾南风得以独揽大权。她安排了一大批亲信，树立党羽，开始"牝鸡司晨"起来。古人云，物若反常必为妖。母鸡打鸣，就意味着公鸡不会干活了。皇帝不行，对一个国家来说，当然不是什么好事。

贾南风虽然大权在握，呼风唤雨，不可一世，但有一点是她不能左右的，那就是生孩子。

她嫁给司马衷好多年，可是从没怀孕过。这对她来说，却是个致命的打击。能不能当上母亲倒是次要的事，最重要的是，母以子贵，没有儿子，地位就低下。一旦皇帝死了，新即位的皇帝是别人的儿子，她很快就会被淘汰出局。所以要把现有的太子废掉。

太子司马遹很有声望，废掉他不是件容易的事。贾南风又玩了一个阴招。她先是对外声称，自己是有儿子的！早在武帝驾崩时，她就和晋惠帝生了一个儿子，只不过当时不合礼制，没有说出来。然后就把她妹夫韩寿的儿子韩慰祖拉过来对群臣说，这就是我当年生的那个儿子。大臣们一听，自然是不信。贾南风不管他们信不信，先把太子灌醉，在他迷迷糊糊中，逼他写下"陛下宜自了，不自了，吾当入了之。中宫又宜速自了，不自了，吾当手了之。并与谢妃共要克期两发，勿疑犹豫，致后患。茹毛饮血于三辰之下，皇天许当扫除患害，立道文为王，蒋为内主。愿成，当三牲祠北君……"字句。

这段话的大致意思就是，爹您别当皇帝了，您赶快自尽吧，您不自尽，我就去杀您，皇后也一样。

贾南风的意思很明显，太子逼宫，想要谋反。

然后，她果断地废掉太子，杀掉了太子的生身母亲，把太子和他的三个儿子囚禁在金墉城。

贾南风强行废掉太子的行为，引起了很多大臣的愤怒。右卫督司马雅、常从督许超、殿中中郎士猗等几个忠臣打算废掉贾南风，重新立司马遹为太子。他们找到赵王司马伦的亲信孙秀,让孙秀去跟司马伦商量。孙秀听后同意,并报告司马伦。司马伦合计了一下,认为这买卖值得做,就决定干了。

话说这司马伦也不是什么忠良,他并没有想过给太子复位,而是想着怎样在其中获取更大的权力。为此,他派孙秀去实施反间计,先是散布流言,说宫中有人打算废掉贾南风,然后又配合民间对贾南风的怨气,煽风点火,果然,贾南风就害怕了。司马伦和孙秀乘机对贾南风说,不如直接把太子杀了,以绝后患。

贾南风就派太医令程据带着毒药,命黄门孙虑前去毒杀司马遹,但司马遹不肯服毒,孙虑就拿药杵将司马遹杀害。这个行为便成为赵王司马伦讨伐贾南风的借口。

就在贾南风害死太子的一个月后,赵王司马伦带兵杀入皇宫,将贾南风收捕,把她关押在她曾经关押别人的金镛城里。随后杀死了她的众多亲信党羽,将大权夺走,又上演了一出宫廷权力斗争的闹剧。权力场上,从来都是如此。贾南风在当初迫害别人的时候,就注定了早晚会被别人迫害的结局。

不久之后,贾南风在金镛城被司马南的一杯金屑酒毒杀,享年四十五岁。

贾南风死后,西晋王朝并没有因为她的死而消停,反而拉开了战争的序幕。开始了历史上著名的"八王之乱"。

先是赵王司马伦谋反,逼迫痴呆的晋惠帝把皇位禅让给他。接着又是齐王冏联合了成都的王颖、河间的王颙起兵讨伐赵王。很快,洛阳郊外成为战场。自此,硝烟四起,战乱相继,众多司马家族的王爷彼此征伐不休。直到307年,东海王越立晋武帝的第二十五个儿子豫章王司马炽为帝,改元永嘉,史称晋怀帝,这场动乱才宣告结束。但是,他们已酿下了不可挽回的悲剧。

胡作非为——胡太后

胡太后，即宣武灵皇后，史书上大多称她为灵太后。她是南北朝时期北魏宣武帝元恪的妃子，孝明帝元诩的生母。她的出生年月和名字已无法查考，人们只知道她姓胡，是司徒胡国珍的女儿。母亲是皇甫氏，也是没有名字，只有姓氏。

借助尼姑的力量进入宫廷

据说在胡太后出生的时候，红光满室（这一点很像赵匡胤、朱元璋等人出生时的场景），她母亲皇甫氏看到之后，甚是惊慌，就跟丈夫说了。胡国珍听到之后，就去找京兆山北县一位名叫赵胡的算卦先生。算卦先生说，这是吉兆，将来你女儿一定会成为天下之母，主宰天下大事，但是，这事最多只能让三个人知道。

胡国珍听了，心里暗喜，犹如藏着一个天大的秘密，既高兴，又担心。他回家后再三嘱咐夫人，女儿出生时满室红光的事情不准再向任何人透露。

胡氏长大之后，除了长相还算可以，倒也没什么出奇的地方。照这样发展下去，将来无非是到了十六岁，收拾打扮一番，嫁给一个官宦子弟，了此一生。

但是，既然上天注定她是一个不平凡的女人，就会给她不平凡的机遇。

她有一个当尼姑的姑姑。

尼姑，照大家想来，无非是吃斋念佛，闭门打坐，能起到什么作用？其实不然。尼姑的作用可大可小，要看什么时候。在南北朝时期，佛教已经传入中原几百年,早和本土的道家、儒家融为一体。

自佛教传入之后,喜欢佛教的皇帝不少,其中最痴迷的就是南朝的梁武帝。皇帝喜欢,王公大臣们自然也跟风,不喜欢也装喜欢。于是礼佛就风行起来。

南朝如此,北朝也有信徒。北魏时期,皇室贵族们也都爱听佛经,胡氏的姑姑,也叫胡氏,这尼姑擅长说佛理,因此就被选入宫中讲授。胡尼姑尘心未了,进宫之后,打着弘扬佛法的幌子,结交达官权贵。几年下来,就跟宫里的贵人混熟。胡尼姑就经常暗示旁边的人,称赞侄女胡氏的美德。日子久了,连宣武帝都听说胡氏的大名,就把胡氏召进后宫做承华世妇。

当时的北魏后宫,有一个奇怪的现象,就是嫔妃们都不争宠。原因是皇室奉行的是"子贵母死"的制度,而不是"母以子贵"的制度。北魏的皇帝们害怕外戚专权,母壮主幼,祸乱国家,就效仿汉武帝,规定一旦哪个嫔妃的儿子被立为太子,这个嫔妃就要被处死。因此后宫的妃子们相互之间都在祈祷祝愿,千万不要生儿子,要生就生个公主,甚至不怀孕都行。

这是多么美好的后宫,没有钩心斗角,只有相互祈祷。妃子们坐在一起,同样是紧张的表情,同样是不想让别人怀孕,但一个是诅咒,一个是祝愿。

但是,只有胡氏一人是例外。她不仅常常盼望自己生下儿子,还对其他嫔妃说:"天子如果没有了儿子,皇室就后继无人。我们怎么能因为怕死而使皇上绝嗣?"

深明大义的她,不久就真的怀孕了。跟她要好的妃子们都劝她打掉,胡氏却不以为然,还在半夜对天祷告说:"但愿能生下一个儿子,按照序列就是将来的太子,就算我被处死,也在所不惜。"

510年,胡氏真的生下了一个儿子,取名为元诩。因为之前的皇子都一个接一个地夭折,所以对于胡氏所生的儿子,宣武帝非常爱护,他下诏另选保姆和奶娘,不允许宫中其他嫔妃接触。两年后,元诩被立为皇太子,依照旧例,胡氏就该被处死。不过在朝中大臣刘腾、于忠、崔光等的竭力相助下,胡氏不仅没有被处死,反而还被晋升为贵嫔。

这就为后来的悲剧埋下了祸根。

万恶贪为首

515 年,宣武帝去世,元诩即位,是为明孝帝。尊先皇的皇后高氏为皇太后,尊自己的生母胡氏为皇太妃。既然"子贵母死"的制度未能推行下去,那必然就会形成"母以子贵"的格局。因此,胡氏很快便得到了众人的拥护。羽翼丰满的她蛮横地把皇太后高氏逼到瑶光寺出家为尼,然后尊自己为皇太后。

新皇帝才五岁,尚不知朝政为何物,于是,胡太后临朝称制,自称为朕。

这胡太后毕竟是出身官宦家庭,从小就受过良好教育。再加上她本人既聪慧又知书达理,因此在处理国事方面,也算有见识。她不仅在朝堂之上亲自测试孝廉,还下令造"申诉车",自己坐在车上,接受人们的申诉。

她还会捉弄那些贪婪的人。有一次,她带着王公贵族们前往左藏库,让他们凭自己的力气去扛里面的布帛,谁扛的就奖励给谁,扛得越多,奖励越多。很多官员都拼了命地扛,陈留公李崇和章武王元融因为扛得多,既伤了腰又扭了脚。这件事情让百姓们知道了,于是纷纷编民谣来嘲笑他们。

但是,这些善政和对官员们的捉弄,只是胡太后执政的小插曲而已。很快,她就开始胡作非为起来。

她深知自己之所以能达到这一步,完全要归功于她当尼姑的姑姑。因此,她对佛教也崇敬起来。她下令在全国范围内广建寺庙,还在崇训宫旁边建造了一座当时全国最大的寺庙——永宁寺。为造这些寺庙,花费甚多,国库里银子不够,胡太后就向老百姓征收重税,结果导致民怨沸腾,导致后来发生了六镇大起义。

不仅如此,胡太后还强迫元诩的叔叔、自己的小叔子元怿跟自己同床共枕,并且把朝中大权交给元怿,这又引起了朝中大臣的不满。

既得罪了官,又得罪了民,就算权力再大,政权也一样不稳。很快,就有人起来反对她。520年7月，侍中、领军将军元义与宦官、卫将军刘腾联合发动政变，假传小皇帝圣旨杀死了元怿，然后把胡太后幽禁在北宫的宣光殿。从此，朝廷大权便由元义、刘腾控制，但在刘腾、元义等人掌权后，做法和胡太后如出一辙，百姓的怨言更多。三年后，刘腾死去，元义一个人掌握不了全局，对胡太后放松了警惕，于是胡太后抓住机会，跟孝明帝和高阳王元雍定下计策，解除了元义的领军职务，然后再度临朝听政。但是这次临朝，并不像是第一次时有那么多人拥护，朝廷和民间都对她很不满。但是她还是死性不改，元怿已死，她就又找了个新的宠臣郑俨，天天在宫中荒淫无度。一个嫌不够，又找了李神轨、徐纥等人。短短几年之间，这些宠臣都身居要职，手握大权，凌驾于王公贵族之上。天下人对此都愤愤然。

胡太后的侄子胡僧敬有一次利用家庭聚会的机会，哭着向胡太后进谏道："陛下母仪天下，当作表率，怎么能这么轻佻，不顾别人的议论？"胡太后听了大怒，从此不再召见胡僧敬。

胡太后自己也知道，自己的放荡行为早已引起元氏宗族的不满，所以生怕皇室的人会加害自己，就在宫内培植党羽，安插亲信，凡是跟孝明帝亲近的人，她都会找借口杀死。因此，胡太后跟孝明帝母子间产生了很多矛盾。胡太后担心孝明帝会利用宗族的力量推翻自己，就跟郑俨商量对策，郑俨就说："听说皇帝的妃子潘充华生了一个女儿元氏，不如我们诈称她是男孩，然后立她为皇帝？"

这么荒谬的主意，也就他这种恬不知耻、丧心病狂的人才能想出来。

但是没想到的是，胡太后居然答应了。

说明胡太后比郑俨还要恬不知耻、丧心病狂。

几天后，孝明帝莫名其妙地驾崩。对外宣称是暴卒，所以大家都觉得事情很蹊跷，朝野上下都怀疑是郑俨做的手脚。胡太后就把元氏推上皇位当小皇帝。过了几天，人心稳定，才说小皇帝是个女孩，现在应该选择即位的皇帝。于是另立临洮王的儿子元钊为新皇帝，元钊时年三岁，史称北魏幼主。

此举一出,天下哗然。的确,中国历史几千年,荒诞的事情很多,但是拿个小女孩冒充男孩并且推上皇位的,仅此一例。

　　这一次,彻底激怒了北魏的一个权臣尔朱荣。尔朱荣是一名武将,势力很大,对于腐败的北魏朝廷早就看不惯,这个事件正好给了他出兵的借口。于是他带兵渡过黄河,杀向皇宫。胡太后召集六宫内所有女人,全部剃发为尼进入寺院,但还是被尔朱荣的骑兵抓走。胡太后见了尔朱荣,百般狡辩,尔朱荣拂袖而去,不予理会,之后就下令把她和幼主沉到黄河淹死。胡太后的妹妹将她收敛,安葬在双灵寺里。直到北魏孝武帝时,才以皇后的规格将她重新安葬,并追加谥号为"灵皇后"。

"武则天第二"不好当——唐中宗韦皇后

唐中宗韦皇后，京兆府万年县人。他父亲韦玄贞是长安郊区一个很小的地方官吏，连品级都没有。李显在当太子的时候，韦氏因为长相漂亮，被选入东宫做太子妃。

683年，李显登基，韦氏被立为皇后。按理说，这两口子就该过上好日子了。但不幸的是，他们碰上了一个不讲理的妈。这个妈就是中国历史上唯一的女皇帝——武则天。

在武则天这个权力欲望极强的女人眼里，世界上是没有亲情的。自己的儿子女儿，都要听话。要是惹怒了她，照杀不误。碰巧李显既不懂事，偏偏又惹到了她。

韦皇后的父亲韦玄贞只是一个不入流的小吏，李显想把韦玄贞提拔为侍中，结果遭到宰相裴炎的反对。李显当时就大怒，对宰相说："普天之下莫非王土，朕就算是把天下都送给韦玄贞，又有何不可？这是我的权力！何况只是一个小小的侍中？"

这话传到了武则天的耳朵里，当时大怒："你小子身为皇帝，居然还想把江山送人？一个不爱江山的皇帝不是好皇帝。好了，你不配当皇帝，你走吧。去房州待着去吧。"

于是，就把李显赶下了皇位，贬为庐陵王，迁到湖北房州。

由此可见，武则天的政治手腕之强硬，一个皇帝，说不让当就不让当。

由于武则天有着毒辣的手段和拿自家儿女当外人的一贯作风，李显在房州过得很不安生。他整天提心吊胆，寝食难安，生怕武则天来取他性命。而武则天又偏生喜欢吓唬他，隔几天就派个使者过来，传达命令。每当李显听到武则天派使者来都吓得两股战战，几欲上吊。身边跟着的，只有韦氏一人。这韦氏倒是很通达，看到他这副模样，就劝他说："人生在世，福祸相依，都是会变化的，留得青山在，不愁没柴烧，说不定哪一天，我们就回皇宫了。"李显这才断了上吊自尽的念头。

其实，在李显被废的这次事件里，韦氏家族也被严重打击。韦氏的父亲韦玄贞被流放，之后死在了钦州。母亲崔氏被钦州宁承兄弟所杀。兄弟韦洵、韦浩、韦洞和韦泚全部死于容州。只有两位妹妹提前得知消息，逃窜获免。而在李显最苦难的岁月里，正是韦氏不计前嫌，和他一起度过了那段时光，劝解他、照顾他。为了报答韦氏的恩情，李显就向韦氏保证，一旦重登帝位，一定让她想怎么快活就怎么快活。

神龙政变之后，李显复位，韦氏再次成为皇后。武则天在位时，不可一世，呼风唤雨的女性形象深深地印在了每个女人心中，在男权社会里，女性地位低下，武则天扭转乾坤，使她成为当时女人心目中的大英雄。因此韦氏在当上皇后，手握权力之后，心里就蠢蠢欲动，也想过一把女皇帝的瘾。

上官婉儿看穿了韦皇后的心思。上官婉儿，聪慧有才情，是一代才女，十四岁就被武则天重用。在武则天时期，被人称为"巾帼宰相"。她在武则天"倒台"之后，就果断地将目光投向了韦皇后。她劝韦皇后效法武则天，也来个扭转乾坤。两人一拍即合。

于是，大唐政府出台了一项让人惊诧的政策。在韦皇后和上官婉儿的建议下，政府规定全国的百姓一律为被父亲休掉的母亲服丧三年，以示对女人的尊重。

当然，韦皇后和上官婉儿为了收买人心，还请求皇上规定天下男子二十三岁才可以算是男丁，到五十九岁可以免除劳役，这也算是为天下百姓做了一件好事。

之后，上官婉儿又向韦皇后推荐了武三思。武三思是武则天的侄子，武氏"倒台"之后，他也跟着落魄。这人擅长揣摩人心。上官婉儿把他领进宫中，很快就得到了李显的信任。李显就开始跟武三思一起商议国家大事,渐渐地远离了有拥立有功的张柬之等大臣。

亲小人,远贤臣。此乃国家败亡之兆也。

这武三思不仅会讨好男人,更会讨好女人,每天都出入宫禁,一来二去的居然跟韦皇后搞上了。而唐中宗李显绿帽子高高地戴在头上,却浑然不觉。

皇后跟武三思的丑事传得沸沸扬扬,天下尽知,只瞒过皇上一人。不过,就算是皇上知道,按照他当时在房州对韦皇后发的誓言,他也无话可说。

但是大臣们都看不下去。皇后如此淫乱,谁的脸上都挂不住,但谁都不敢明着提出来。

韦皇后看了出来,就把这些大臣都贬出京去,另外让武三思在朝中安插亲信,这直接导致武三思权势极大,甚至超过了武则天在位时期。

但是,物极必反,身居高位的人,如果不知道及时退让,还一味嚣张跋扈,那就离死不远了。武三思显然不懂这个道理的。武则天执政时期,他就嚣张;韦皇后时期,他还嚣张。他不知道,无法无天的人,天也不容他。

果然,不久之后,一场政变结束了他的生命。

韦后有个女儿,叫安乐公主,是当年李显在被贬到房州的路上出生的。安乐公主生下来的时候,李显用自己的衣服把她裹住,因此就取名为"裹儿"。由于这女儿生得艰难,所以韦皇后最宠爱她。于是就把她嫁给了武三思的儿子武崇训。由于太子李重俊不是韦皇后所生,因此韦皇后一直不喜欢他,一直想找机会废掉他。安乐公主跟太子不是一奶同胞,因此也不喜欢太子,经常和驸马一起侮辱太子李重俊,甚至直呼太子为奴才。武崇训还经常教唆安乐公主,让她建议唐中宗废掉太子,立她为皇太女。武崇训讨厌太子,自然,武三思也嫉恨太子,而上官婉儿跟武三思又有私交,自然也站到了武三思那边。放眼望去,整个皇宫里,除了太子他爹,凡是有势力的,都看太子不爽。于是,太子爆发了。

707 年,李重俊发动重俊之变。他率李多祚、李承况、独孤祎之等人，率领左右羽林兵及千骑三百余人，先杀死武三思、武崇训，并杀其党羽十余人。然后又派兵守宫城诸门，自己则率兵自肃章门，斩关而入，想要杀死韦皇后。不幸被拦阻于玄武门之外。士兵又临阵倒戈，斩李多祚及李承况等人，于是政变失败。李重俊带领几个部下奔终南山而去，最终在雩县西十余里被左右所杀。

太子死后，韦皇后和王公大臣请求给李显进献应天神龙皇帝的尊号，还请求把玄武门改为神武门、把玄武楼改为制胜楼，他都一一应允。连韦皇后也被加封为顺天翊圣皇后的尊号。

虽然没有了武三思父子给她们出谋划策、寻欢作乐，但也少了太子这个障碍，韦皇后和安乐公主就开始独霸朝纲，肆意妄为起来。她们从皇帝那里弄来任命官员的亲笔敕书，然后向人兜售，无论是贩夫走卒还是酒肆屠夫，只要能拿来三十万钱，就可以从这里买到官做。由于这种敕书是斜封着交给负责任命官员的中书省的，因此这类官员被当时的人们称作"斜封官"。当时靠这个途径买来的官员多达几千人。

710 年，也就是韦皇后她们开始卖官的第三年，唐中宗李显突然驾崩。按照《唐书》和《新唐书》的记载，这位昏庸的皇帝是被他妻子韦皇后、女儿安乐公主用一块毒饼给毒死的。自古皇帝驾崩，新君即位，政权交替，往往是最容易出事的时候。因此韦后秘不发丧，一边召集诸位宰相进宫，一边调集各府兵马五万人镇守长安，一边又把亲信都安插在朝廷重要部门和职位上，把军政大权都攥到手里。然后让上官婉儿和太平公主起草遗诏，立李重茂为皇太子，即皇帝位，李旦辅政，韦皇后摄政。如此安排了一番，就是为了防止政变。

本来，按照这样的安排，可谓万无一失，没有人能够谋反。但宰相宗楚客偏偏要无事献殷勤，他恬不知耻地伙同太常卿武延秀、司农卿赵履温、国子祭酒叶静能以及韦家一干人等劝说韦皇后仿照武则天的惯例登基做女皇帝，反正现在禁卫军等重要部门全都在他们的控制之下。为了让韦皇后听从他，宗楚客还想杀死殇帝李重茂，只是怕李旦和太平公主会反对，所以他打算先把这两人除掉。

李旦的儿子李隆基得知消息之后，就和太平公主商量对策，决定先下手为强。于是李隆基发动唐隆政变,派万骑左营统帅葛福顺率万骑左营闯入羽林营,将韦皇后的几个亲信韦璿、韦播、高嵩三人斩首示众,然后拿着他们的首级对羽林军的士兵们说:"韦皇后毒死先帝,危害社稷,现在我们要拥立相王安定天下,铲除韦氏一族。凡是高过马鞭的一律斩杀。跟着我们干的,将来就是有功之臣。倘若有人胆敢帮助叛党,一律诛灭三族。"羽林军士兵听了,都欣然从命,于是皇宫内的人们也纷纷响应。李隆基就率领士兵冲进皇宫。韦皇后听到宫中动乱,慌忙逃入飞骑营,被一个飞骑兵砍掉脑袋,献给了李隆基。安乐公主正对着镜子画眉,也被破门而入的士兵砍死。曾经权倾天下的韦皇后就这样死于非命,结束了她的一生。

第四章

倾国红颜

千金一笑倾社稷——褒姒

褒姒,姓姒,褒国人,是西周最后一位君主周幽王的第二任王后。史书记载,公元前779年,也就是周幽王三年,周幽王派兵攻打褒国,褒国战败,就把美女褒姒献出来求和。周幽王得到褒姒之后,满意而归。因此在这一点上,褒姒的经历跟夏朝妹喜、商朝妲己是一样的。

但要论来历,褒姒跟那两位还不一样。她的出身相当怪异。

神奇的龙涎

当时正值夏朝末年,突然有两条神龙降到夏朝的皇宫前,说:"我们是褒国的两个先王!"这把人们都吓了一跳。当时的人们特别迷信,有事没事就爱祈祷祭祀卜卦求神的,现在突然来了两个真家伙,大家都很害怕。夏王也不知道怎么办才好,只好找来占卜的,让他卜一卦。

结果卦象显示,杀掉龙、赶走龙,或者把龙留下,都不好。

这就难为人了。不让杀,不让留,也不让赶走,难道把它们供起来?

夏王就又命卦师占了一卦。

这次的卦象显示的是,去请求神龙,让它们把龙涎留下来,保存好,这才吉利。

于是夏王就赶紧陈列玉帛,在简册上写文告,把自己的想法告诉这两条神龙。神龙看了之后,就留下了一堆龙涎飞走了。所谓龙涎,就是龙的唾液。夏王就把这些龙涎都装在一个盒子里,然后把地上的痕迹擦干。

此后一直无事。后来夏朝灭亡,这个盒子就被传到了商朝。商朝灭亡后,就又传到了周朝。一千多年以来,从没有人敢打开盒子看一看。但是到了周厉王末年的时候，他听说有这么一个来历不同寻常的盒子，就命令人拿了出来，强行打开了盒子，结果盒子里的龙涎就流了出来。

周厉王看着地上的龙涎，大吃一惊。他万万没想到是这些东西。他命令宫人迅速把这些东西清理走，但是怎么擦都擦不干净。于是他就喊来几个妇人，让她们赤身裸体对着龙涎大叫，想用这种办法吓走这些不祥的东西。

没想到，这个办法真的有效。那堆龙涎被妇女一吓，就变成一只黑蜥蜴，窜到了周厉王的后宫里。后宫里有个宫女，才七八岁，碰见了这只蜥蜴，当时就吓晕过去了。蜥蜴则不见了。

这之后，也没什么蹊跷的事发生，人们就逐渐把这事给淡忘了。不久之后，周厉王也死了，即位的是周宣王。

周宣王时，当年那个小宫女已经长大，有一天，她突然无故怀孕，没有丈夫却自行生了一个孩子。这在任何时候的任何王宫里，都会被处死。她很害怕，就偷偷把孩子扔到了宫外。不久之后，外面的街上就传来小孩子们唱的歌谣："桑木做成的弓啊，箕木制成的箭袋，是要灭亡周国的。"

古时候的所谓歌谣，往往是谣言，是一种谶言，预示着将有不好的事情发生。

周宣王听到这个歌谣之后，就下令在全国范围内搜捕卖桑弓和箕木箭袋的。士兵们在都城的街上果然发现了一对夫妇在卖这个，就上去抓捕。这对夫妇就赶紧逃命。在路上碰到了宫女丢弃的那个孩子，觉得她可怜，就把她收养了，三人一路逃到了褒国。

后来周宣王也死了，就没人追究此事。这对夫妇就在褒国隐姓埋名，稳定了下来。在他们的细心养育之下，这名弃婴渐渐长大，出落成一个绝色的美女。她就是后来的褒姒。整个褒国，没有比她更漂亮的。于是，在褒国被周幽王进攻的时候，褒国的国主就把褒姒献给了周幽王，周幽王就把褒姒带回了周朝。

很明显，周幽王没听过昔日的那首歌谣。

烽火戏诸侯

在历史上,周幽王的名声很不好,他和周厉王一起,被选入臭名昭著的暴君行列。而且他虽然生在周厉王之后,是周厉王的玄孙,排名却在周厉王之前,一般人们称呼暴君,要用到他俩的时候,都会说"幽厉",而不是"厉幽"。

这是为什么呢?

因为他做的荒唐事更多,超过了他的祖宗。而据史学界的看法,他做的这些荒唐事,大多是因为褒姒引起的。

周幽王自从得到褒姒之后,就彻底被这个女人俘虏。从此,他虽是君,也要臣服在褒姒的美色之下。对于褒姒,他是百般宠爱,要什么就给什么。出则同车,坐则同席,褒姒让他往东,他不会往西。褒姒要出去打猎,即便是春季,不是秋季,他也会在第一时间里集合卫队,出城围猎。

光是这样还不够。褒姒到周朝的第二年,就给周幽王生了一个儿子,取名为姬伯服。四年之后,周幽王就把原来的王后申后废掉,还废掉了太子宜臼,改立褒姒为王后,立伯服为太子。这件事,做的既无理又无礼,直接惹怒了申后的娘家人——申侯,这就给西周的灭亡埋下了仇恨的种子。

据《史记》记载,褒姒是个冷美人,容颜若冰,脸上整天就是一种表情,那就是没有表情。周幽王为了逗她笑,想尽了办法,都未能成功。最后,周幽王想了个馊主意。

他下令点燃烽火。什么是烽火?在此要做个解释。在古代,通信比较落后,一旦遇到敌人来突袭,靠骑马去联络,根本来不及,因此朝廷就设置了烽火台。这些烽火台一般选址在崇山峻岭之上,比如后世的长城,每隔一段就有一个烽火台。每个烽火台都派几个士兵把守,里面堆放着狼粪。为何是狼粪而不是其他易燃物?因为狼粪燃烧后,发出的烟最大、最浓,被风吹过也不会散,基本上是直的,很容易被人辨认。一旦有了敌情,烽火台上就放起狼烟,第一个烽火台燃起狼烟,第二个看见之后,也赶紧点燃,接着就是第三个,第四个,……不大一会儿,消息就传出几千里远。下面的诸侯们看到狼烟，就赶紧整顿军马，往京师集合。

结果，当诸侯们三天作两天，日夜兼程，急急忙忙赶到京城的时候，发现根本没有敌人，而是国君的一个恶作剧，但是都是敢怒不敢言，无奈之下，忙乱了一阵子，就打道回府。褒姒站在高处，看到诸侯们这般慌乱，满头大汗，觉得很好笑，就哈哈大笑起来。周幽王终于如愿以偿。

这就是著名的烽火戏诸侯。

在后来的日子里，他为了再让褒姒开口笑，就多次点燃狼烟，多次戏弄诸侯。再后来，诸侯们看到狼烟就不来了。

这让我们想起小学时候课本中的一个寓言故事。

一个孩子在山上放羊。由于放羊太无聊，他就想找点乐趣。他看到山下有很多村民在地里干农活，就大喊道："狼来了，狼来了。"

村民听到了他的呼救声，赶紧丢下手里的活计，跑到山上，结果到了山上，发现根本没有狼，这只是小孩子的戏言。于是又都回去了。小孩子哈哈大笑。

第二天，小孩子又喊："狼来了，狼来了。"

听到他的喊声，村民们将信将疑，一部分人冲到了山上，一部分人却没有动。自然，冲上山的村民又被骗了一次。他们训斥了小孩子一顿，无奈地下山了。

第三天，狼真的来了。小孩子又大喊，但是这次没有人再相信他的话，都不上山了。

可以说，周幽王就是这个小孩。他早晚有一天会为此付出代价。

这一天很快就到来了。

公元前 771 年，即周幽王十一年，因女儿和外孙被废而恼羞成怒的申侯联合犬戎攻打周朝。叛军攻到了都城，周幽王慌忙点燃烽火，结果诸侯们都没有来，于是都城被攻破，周幽王被杀死在骊山脚下，褒姒被掳走，下落不明，西周灭亡。

后人在总结西周灭亡的原因时，都会或多或少地把账算在褒姒头上。如果从开头那个传奇的龙涎开始算起，那褒姒也许真有点责任。

因为她应验了歌谣里所唱的，她的确导致了西周的灭亡。别的不说，且说她不爱笑，就是一大罪证。如果她爱笑一点，明媚一点，周幽王就不至于为讨好她而点燃烽火，就不至于失信于诸侯，也就不至于把西周江山葬送！

但是，这是一个很可笑的逻辑。

一个王朝的覆灭，有多种原因。而一般来说，外部的原因都不足以导致一个王朝的灭亡。因为它就如同一棵大树，一般的风吹雨打，都难以撼动它。即便是被闪电击中，只要不是烧焦，哪怕只有一半树枝，它也照样能活下去。自然界这样的树木比比皆是。

而导致它倒下去的原因，往往是树干里面的虫子。

西周末期，经过几代昏君的折腾，朝政腐败，贪官横行，已是积重难返。偌大一个王朝，又是高度集权的君主制，岂能是一个女人所能左右的？主上愚昧，臣子奸佞，才是亡国的主要原因。

之所以把脏水都泼到女人身上，主要是因为她们是弱者，没有反抗的能力。

而且据史书的记载，早在周幽王见到褒姒之前，就有人已经预示到周朝将会灭亡的悲剧。

那是周幽王二年的时候，西周的都城镐京和泾河、渭河、洛河三条河川都发生了震动，周朝的大夫伯阳父就发了如下一通议论：

完了，周朝要灭亡了。天地间阴阳二气，都有各自的位置，阳气在上，阴气在下。现在三河共振，是因为阳气被阴气压在了下面，堵塞了河水的源头。土地没有水就不能长出东西，百姓就会缺乏吃穿，国家自然就会动荡。以前伊水、洛水枯竭，夏朝灭亡，黄河枯竭，商朝灭亡。如今泾河、渭河、洛水三川的源头都被堵塞，周朝必定也要枯竭。周朝的德行也像夏、商二朝的末代。国家的建立必须依靠山川，山崩地裂，这是亡国之兆。周朝的国祚，不会超过十年。因为十是天数的一个轮回。

果然，在那一年，伯阳父说完不久，泾河、渭河、洛水就枯竭，岐山崩塌。周幽王十一年，即河枯山崩发生后的第十年，周幽王被犬戎所杀，西周灭亡。

妾本溪边浣纱女——越女西施

西施，中国古代四大美女之一，是被后人提起次数最多的美女，几乎成为漂亮的代名词。

天生丽质

西施出生于春秋时期越国苎萝村的一个樵夫家，她父亲姓施，以砍柴为生。女儿出生后，施樵夫给她取名为夷光。苎萝村分为东西二村，夷光居西村，因此人称西施。

西施长大后，貌若天仙，身材婀娜，增半分嫌胖，减半分嫌瘦，成为远近闻名的大美女。由于她有心痛病，在走路时常常捂着胸口，眉尖若蹙，她这样的病态，更显出她的娇弱美，也引来了无数人的赞叹。这就是传说中的西子捧心。

东村有一丑女，叫东施，看到西施捧心这么好看，就依葫芦画瓢，也学西施的模样，捂着胸口皱着眉头走路。结果当然是丑上加丑。村里的富人看到东施都赶紧关上大门，不忍再看；穷人们看到东施，都带着妻子儿女慌忙逃走。这就是东施效颦的由来。

西施虽美，但是家贫，就经常跟着母亲一起到村头溪边浣纱。溪水里面的鱼儿看到西施这么美，都被惊住，沉到水底不敢再看。这就是"沉鱼落雁"中"沉鱼"的出处。

所谓是金子总会发光，上天给你一身好武艺，自然就会给你造一个战场。

不久，西施的战场就造好了。

美人计

公元前494年，吴、越两国交战，吴王夫差击败了越王勾践。勾践带着仅剩下的五千士兵退守会稽山，被吴军团团围住。勾践不得已向夫差求和，夫差起初不答应，勾践就用宝贝、美女贿赂吴国的太宰嚭，太宰嚭就劝夫差赦免了越国，条件是让勾践到吴国当人质。当时伍子胥也是吴国重臣，他劝夫差直接杀掉勾践，占领越国，但是刚打完胜仗的夫差骄傲自大，听不进去这些话。他觉得越国已经完败，奄奄一息，不可能再对他构成威胁。况且勾践也被带走当人质，不会再有什么作为。

一夜之间，勾践从国君沦为奴仆。他被带入姑苏城，留在了夫差的身边。夫差出门的时候，他就给夫差当马夫；夫差生病了，他就亲自尝药。他一边小心翼翼地侍奉夫差，干最低等的杂活，表现得极为老实，以麻痹夫差，一边又继续贿赂太宰嚭，让太宰嚭为他说好话。终于在一年之后，夫差把他放回了越国。

自然，这期间，伍子胥又多次劝说夫差杀掉勾践，但是夫差都没有听从。夫差急于进军中原，率大军攻打齐国。伍子胥劝他先消灭越国，解决后顾之忧，夫差仍然不听。太宰嚭乘机向夫差进谗言，说伍子胥暗地里跟齐国勾结，想要叛国，夫差听了就赐给伍子胥一把宝剑，让他自尽。

伍子胥自尽前对自己的门客说："我死后，你们把我的眼珠挖出来，放到东门的城墙上，我要亲眼看着越国灭掉吴国。"

果然，在伍子胥死后的第九年，越国灭掉了吴国。

且说勾践回到越国之后，时时不忘在吴国受到的屈辱，一心想着复仇。他住在柴房里，铺着薪草睡觉，房梁上挂了一个苦胆，没事就去舔一下，一边舔一边告诫自己："你忘了你在吴国所受到的耻辱了吗？"一天总要舔个几十遍。同时，他身着粗布，吃粗粮，跟百姓一起耕田，他的夫人则带领越国的妇女们养蚕织布。

在勾践大搞生产的同时，他的得力大臣大夫文种给他献了九条计策，这九条计策是文种针对吴国的弱势和吴王的弱点细心研究而成的，每条计策都直指要害。其中一条就是美人计。

自古英雄难过美人关，很多时候，美人的杀伤力不亚于十万精兵。

对于一个意志不够坚定的君主来说，一个美女足以瓦解他的斗志，消耗他的精力，使他沉迷于声色犬马之中，色令智昏，不再勤于政事、开疆拓土。国君无远志，国家自然就难以强盛。而且上行下效，皇帝如此，大臣们肯定更是如此，老百姓也免不了向他们学习。不知不觉，整个国家就会陷入靡靡之音中。百姓无生产之心，士兵无战斗之力。如此一来，碰到外敌进犯，当然就一触即溃。

勾践自然要报复夫差，就采纳了文种的计策，派范蠡去民间寻找美女。这一找，就找到了在溪边浣纱的西施。

据说看到西施的一刹那，范蠡惊为天人，原本修道的他也禁不住动了凡心。西施看见文质彬彬的范蠡，也芳心暗许。于是两人就心心相印，私订了终身。在西施完成任务之后，范蠡也功成身退，带着西施泛舟于太湖。

不过，这只是后人的美好遐想。

真实的情况是，范蠡看到了漂亮的西施，确定这就是他要找的那个美女，就赶紧带她回到宫中复命。当然，西施如此美丽，范蠡也是大帅哥一个，在这过程中两人之间产生一些暧昧的情愫，也是极有可能的。

西施到了宫中以后，大家一致认为，让她去服侍夫差绝对可行。

但是一位宫女提出了异议，这位宫女认为，西施的美，是自然美，如出水芙蓉，清新脱俗。但要想获得夫差的欢心，光有漂亮是不行的。夫差是个好色之徒，我们又打算让他沉湎于美色之中，因此必须让西施学会媚俗，才能引他上钩。这就要具备三个要素：一是漂亮，西施已经具备；二是善歌舞；三是体态礼仪。只有这三点具足，才能让西施在众多美女中脱颖而出获得专宠。

勾践听了连连点头。

于是又派人教西施学习歌舞和宫廷礼仪，三年之后，西施变得能歌善舞，仪态万方，举手投足之间都透出一种气质美，勾践看了大喜，赶紧把她进献给夫差。夫差看了更喜，命人在姑苏城建造春宵宫，供两人游玩。

西施擅长跳"木屐舞"，夫差就专门给她造了个"木屐廊"。用几百个大缸挨着放成一排，上面铺一层木板，然后让西施穿着木屐起舞，裙子上系着小铃铛，舞动起来，裙摆的铃铛声和空缸的回声混在一起，嘈嘈切切，悦耳动听。夫差整日沉迷在歌舞升平之中，不理朝政。

而与此同时，越国在勾践的带领下，国力蒸蒸日上，君臣上下同心，众志成城，一心要复仇。

如后世一副对联所言，"苦心人，天不负，卧薪尝胆，三千越甲可吞吴"。公元前473年，勾践灭掉吴国。他打算把夫差流放到甬东，给他百户人家供养着他。但是夫差拒绝了，自尽而亡。

夫差死后，西施下落不明。有人说，是范蠡带着她远走高飞。还有人说她已经爱上了吴王，所以追随吴王自尽而死。也有人说，是勾践杀死了西施，因为勾践觉得西施这种女人是祸水，留下她，自己将来也会落得夫差这样的下场，所以就命令人把西施绑在一个牛皮酒袋子（鸱夷子皮）上，扔到江里面，让她随江流浮动，最终淹死。据说勾践这样做的动机是为了向吴国的忠臣伍子胥致敬。

按理，勾践能灭掉吴国，西施是第一功臣，却被沉入江底，实在难以让人接受。不过兔死狗烹就是他的做事风格，范蠡早已看出。勾践在灭吴称霸之初，范蠡被封为上将军，他深知久受尊名不是好事，一定会受到勾践的猜忌，因此就偷偷地带了几个人，乘船出海，不再回来。他还写信给文种说："勾践这个人，长了一张尖尖的鸟嘴，脖子也长长的，不是什么好面相，只可共患难，不可共富贵。你应该赶快离开他。"文种不听，结果不久之后就被勾践赐死。

范蠡离开越国之后，隐居在陶地，由于博学聪明，很快就成为远近闻名的大富商，人称陶朱公。他给自己取了个号，就叫鸱夷子皮，大概是为了纪念西施吧。

勾践虽成就了霸业，但其行径为人不齿。西施一代绝色美人，最终惨死于水中，令人无限伤心。后人多有诗词讽刺勾践，怀念西施。较为著名的有罗隐的《西施》：

> 家国兴亡自有时，吴人何苦怨西施。

西施若解倾吴国,越国亡来又是谁?

还有一首是皮日休的《馆娃宫怀古(其一)》:

绮阁飘香下太湖,乱兵侵晓上姑苏。

越王大有堪羞处,只把西施赚得吴。

步步生莲——潘玉奴

潘玉奴，又称潘玉儿，本名俞尼子，是南齐东昏侯萧宝卷的宠妃。她本来是大司马王敬则府上的一名歌伎，偶然之间被萧宝卷看上，就带入宫中为妃。萧宝卷为人奢侈无度，治国无术，却想永保江山，一直做皇帝。

为此，他绞尽脑汁，终于想到了一个办法。那就是，给自己的宠妃改名。

他听说南朝宋文帝刘义隆有一位妃子姓潘，而刘义隆在位三十年，他也想当三十年的皇帝，因此他就把俞尼子改姓潘，希望通过这个途径达到永延国祚的目的。

古代能被皇上赐姓，是一件很光荣的事情。比如，郑成功被南明隆武帝赐姓为"朱"，大家都叫他"国姓爷"，他自己也觉得很光彩。俞尼子被改为潘玉奴之后，她爹俞宝庆二话不说，也赶紧改姓潘，称潘宝庆。

不过还有另外一种说法，说这潘玉奴本来就姓潘，潘宝庆也不是仗着女儿的势，而是仗着他的姐姐潘妃。萧宝卷自幼丧母，萧鸾就让自己的妃子潘妃做萧宝卷的养母去照料他。后来萧宝卷即位，就封养母的侄女潘玉儿为贵妃，算是作为报答。

萧宝卷是南朝齐的第六位皇帝。南齐政权是南朝四个政权中最短的一个，总共才二十三年，却历经七位皇帝。算下来平均不到四年就换一位皇帝，可见时局是多么动荡。南齐的开国皇帝萧道成，本身是南朝刘宋政权的一个将领，他逼迫刘宋的小皇帝退位，自己改国号为齐，建立南齐。因此来说，南齐政权的合法性本身就值得怀疑。再加上后来几任皇帝都不是明君，非昏即庸，因此国祚最短。

在这些昏庸的皇帝里面，萧宝卷是昏中之最，以至于死后被人免去帝号，改为东昏侯。

萧宝卷父亲萧鸾，是萧道成的侄子，也就是说，南齐皇位本来是轮不到他们这一支来坐的。但是萧鸾在萧道成死后，手握大权，就把萧道成的子孙们一个个杀光，然后自立为帝。萧宝卷从小就口吃，不爱说话，他最喜欢做的事情就是抓老鼠。他不分昼夜地带着侍卫们在皇宫里抓老鼠，从不学习什么治国之道。萧鸾也不对他施加教育，只怕他没有心机，不会玩弄权谋。因为萧鸾自己也不懂治国。他的成功之道就在于心狠手辣，敢下毒手。因此在临死之时，他把自己这份宝贵的经验汇成一句话——"做事不可在人后"留给了儿子！

萧宝卷记住了这句话。萧鸾刚一咽气，他就把他爹给他安排的几个顾命大臣杀得一干二净。

萧宝卷性格内向，不爱跟大臣交流，却喜欢到宫外游玩。对于大臣，他敢痛下杀手，但是对潘玉奴，恨不得捧到天上。他每次出去游玩，都让潘玉奴坐在很舒服的大轿子里，而自己则骑着马跟在轿子后面，像个随从一样。路人议论纷纷，指手画脚，他也毫不在意。

501年，后宫失火，三千多间宫殿被焚毁。萧宝卷就下令重建宫殿，大兴土木，修建了芳乐、芳德、仙华、大兴、含德、清曜、安寿等宫殿，并另外给潘玉奴建了神仙、永寿、玉寿三座宫殿。这三座宫殿的内墙壁涂着麝香，雕梁画栋，极其奢华。为了奢华，萧宝卷不惜毁坏其他寺庙。他派人把庄严寺的玉制九子铃、外国寺中的佛面光相，禅灵寺塔上宝物，都剥取下来用作潘玉奴殿中的装饰。为了尽早完工，他督促工匠们夜以继日地工作。

武帝萧道成有座兴光楼，墙壁涂以青漆，光滑至极，可以当镜子用，人们都将其称为"青楼"。但萧宝卷看了却不以为意，说："武帝这楼不好，用什么青漆，用琉璃不是更好？"

潘玉奴肌肤如雪，白嫩似婴儿，尤其是一双三寸小脚，最招萧宝卷的喜爱。宫殿落成后，萧宝卷又派人用金子刻成莲花的样式，贴在地板上，让潘玉奴赤脚在上面走过，并称为"步步莲花"。这就是"三寸金莲"的由来。

为了潘玉奴，萧宝卷可谓是费尽心思。潘玉奴穿的用的，全是奇珍异物，以至于宫中所藏的珍品，都不能满足她。萧宝卷就下令高价在民间收买金银玉器，价钱高于市场价几倍都在所不惜。

萧宝卷对潘玉奴的宠爱到了一种匪夷所思的地步。他在芳乐苑建造了一个集市。让太监宫女们充当小贩在里面开店铺卖东西，他自己则充当城管人员，而让潘玉奴做市场秩序管理者。如果有纠纷，他就把人抓来交给潘玉奴，听从潘玉奴发落。潘玉奴就会让卫士打板子。连萧宝卷本人也会被打板子。但他怕痛，就命令卫士打别人的时候可以用棒子，但是打他的时候不准用棒子。

在皇宫里开集市他还嫌不过瘾，又跑到外面大坝上亲自拉船，在大坝上开酒店，自己坐在那里卖肉，让潘玉奴卖酒。百姓们看到君王如此可笑，就编出歌谣来嘲笑他：阅武堂，种杨柳。皇上卖肉，贵妃卖酒。

潘玉奴和萧宝卷就这样过着奢侈淫逸的生活。虽然她自己并没有什么祸国殃民的主张，但既然萧宝卷以举国之力宠爱她，那么当这个国都不存在的时候，她的灾难也就来临了。好比一个人靠着一棵大树乘凉，他明知大树的树干里生了很多虫子却不去管，明知有人在砍树却不想办法阻拦，明知大树要倒却不跑，那被砸到就是在所难免的事，也怪不得别人。

而萧宝卷作为一国之主，他治国无方，却扰民有术。他背靠着父祖们给他种的大树，在树下乘凉、做梦。但他一边乘凉，一边又充当了伐木工人。他不知道，自己的每一次不正常的举动，滥杀大臣、夺民财产，其实都是在砍树。

在萧宝卷的不懈努力下，终于，这棵大树要倒下来了。

萧宝卷喜欢出去游玩，但他从来都不制订旅游计划，每次都是想起来就走，不分白天黑夜，每个月他都要出去二十多天。而且他还有个怪癖，就是不愿看见人，所经过的道路，都要用几丈高的布幔给挡住；所经过的城镇、村庄里的居民，都要被驱逐，经常是数十里内不见人影，房屋皆空。他还喜欢去抢别人的钱，每次碰到富户，就进去大抢一番，过把土匪瘾。

萧宝卷既然视百姓命如草芥，自然也视文武百官为土鸡瓦犬，毫不爱惜，动辄大开杀戒。他的表兄弟江祏、江汜二人因多次对他好言劝谏，他把二人杀死。镇军司马曹虎，家里有钱，萧宝卷为了抢走曹虎的家产，就杀了曹虎。连他自己的娘舅刘日宣也未能幸免。

萧宝卷的倒行逆施和滥杀无辜引起了大臣们的反对。在他即位的第二年，太尉陈显达在江西起兵。五个月后，平西将军崔景慧发动叛乱，与徐州、兖州二刺史联合起兵。虽然两次起兵很快就被镇压下去，却引起了巨大的震动。在这一年的十一月，雍州刺史萧衍在襄阳起兵，沿江而下，兵临建康。

这一次，朝廷的部队不行了。面对如此紧急的形势，萧宝卷却一点儿都不着急，依旧每天和潘玉奴以及宦官梅虫儿在后宫寻欢作乐。他让宦官和侍从们排成军阵，但并不是训练他们杀敌，而是为了观赏取乐。叛军打到了城下，鼓声传来，被他听到，他赶紧换上一身大红袍衣服，登上景阳楼的楼顶看热闹。由于红衣服太显眼，因此他很快就被叛军发现，一阵箭雨下了过来，把他吓得赶紧跑回宫中。

回宫之后，他喘息未定，守城的将军王珍国就率兵进入皇宫，要求皇上为守城将士封赏。宦官茹法珍跪在地上，求皇上赏赐将士。萧宝卷还不肯，说："难道反贼来了就抓我一个人吗？为什么偏偏问我要钱？"

将士们听了都丧失了斗志，觉得再为这个皇帝拼命不值得，于是就很懈怠，有的甚至直接投降了敌军。在这样的形势下，萧衍很快就攻破了建康城。

叛军破城的那一夜，萧宝卷在含德殿唱完歌，刚睡下不久，就听到了士兵闯进来的响声。他连忙起身，从北门溜出。结果没走多远，就被身边的宦官黄泰平一刀砍到了膝盖，他跪倒在地上，大骂道："奴才，你想造反吗？"另外一名宦官张齐一刀就把他的头砍了下来，送到萧衍那里领赏去了。

萧宝卷死后，潘玉奴被活捉。萧衍听说潘玉奴美貌无双，就想纳入后宫。但是侍中王茂反对说:"这个女人导致齐国灭亡,是祸水,您留下她,恐怕会遭人非论。"萧衍就断了这个念头。萧衍手下的军官田安听说后,就请求把潘玉奴赏给他做妻子,潘玉奴听说后,大哭道:"我以前备受君主的恩遇,现在怎么能配给一个下人!我宁死也不受此侮辱。"

萧衍知道后,就赐死了潘玉奴。

潘玉奴死后,她的美貌和事迹流传到了后世。大诗人苏轼曾对她做出评价:玉奴终不负东昏。

玉树后庭花——张丽华

张丽华，南北朝时期南朝陈后主陈叔宝的爱妃。她出身贫寒，父兄都以织草席为生，日子过得非常艰苦。568年，张丽华十岁，他父亲实在没办法再养活她，就狠心把她送到宫中当了宫女。

张丽华进宫之后，和其他宫女一起，被后宫的嫔妃们挑来挑去，最后被当时的皇太子陈叔宝的良娣龚氏看中，选她作为贴身侍女。张丽华就一边小心地侍奉自己的主子，一边学习宫中的礼仪规则。同时也学会了察言观色，梳妆打扮。

宫中的条件就是好，虽然张丽华身份卑微，用不到高档的化妆品，但是光是主子不想用的或者是多余的东西，赏赐给她一点儿，她拿去用了之后都足以让她变得光彩照人。

所谓天生丽质难自弃，稍加修饰的张丽华，美若天仙，直接超过了她的主子龚氏。

于是在一个幸运的日子里，皇太子陈叔宝来到龚氏的宫中，看到了张丽华，一下子就被她吸引过去，随即临幸了她。

这一年，张丽华十六岁。

张丽华被临幸后，不久就给陈叔宝生下了第四子陈深。然后，她就天天陪着陈叔宝逍遥快活。

几年后，张丽华又给陈叔宝生下第八子陈庄。

582年，陈宣帝驾崩，陈叔宝即位，史称陈后主。陈叔宝刚一即位，就把张丽华封为贵妃，倍加宠爱。所谓妻不如妾，连皇后都晾在了一边。

陈叔宝即位的时候,他的二弟始兴王陈叔陵作乱,陈叔宝在大乱中受伤,之后一直在承香殿养病。在此期间,只有张丽华一人在旁边服侍,其他嫔妃包括皇后统统不准入内。张丽华所受宠幸之隆,由此可见一斑。

不仅如此,陈叔宝还封张丽华所生的儿子陈深为始安王。陈深也因为张丽华而格外受到陈叔宝的重用。自古以来都是母以子贵,到张丽华这里,是子以母贵。

其实自陈武帝开国以来,宫内都是以节俭为主,内廷里的陈设都很简单。但是陈后主觉得这样就不能金屋藏娇,配不上他的这些佳丽们,于是就下令在临光殿的前面盖了三座楼阁,分别取名为临春阁、结绮阁、望仙阁。阁楼高几十丈,窗子墙壁栏杆都以沉檀香木做成,穷奢极丽,奢华无比。春风一吹,香飘十里。陈后主住在临春阁,张丽华住在结绮阁,龚、孔两位贵嫔住在望仙阁。三座阁楼之间都有通道连接。又有王、季二美人,张、薛二淑媛,袁昭仪、何婕妤、江修容七人,都是以才色见幸,被后主轮流召幸,得游其上。

由于阁楼高耸入云,可望而不可即,因此有一次张丽华梳妆之后凭栏而立,下面的人远远看去,还以为是仙子下凡,都羡慕不已。

陈后主就这样整天沉迷于声色之中,他从后宫中挑选出一些通晓文学的宫人作为女学士,然后每次跟妃子和宾客一起游宴的时候,就让这些女学士写诗,然后从中挑出特别艳丽的,配上曲子,再挑选出上千名有姿色的宫女,让她们练习新曲,进行有次序的合唱,就这样一天玩到晚。

这期间,朝中政事都被陈叔宝草草处理。他几乎从不上朝,百官的奏章,都是由宦官转交给他。他斜着身子,靠着靠枕,膝盖上坐着张丽华,凡大小事,都和张丽华共同决定。张丽华聪明灵慧,记忆力好,口才好,社会上的风吹草动,她都一清二楚,然后报给陈叔宝。陈叔宝对她由宠爱变为依赖,连国家大事都要听命于她。凡是她说的都相信。张丽华从此便勾结两个执事宦官,在朝中培植党羽。大臣们有不听话的,都被陷害,朝政从此更加一塌糊涂。陈国上下,只知有张丽华,不知有陈后主。

在陈后主夜夜笙歌的同时，杨坚统一了长江以北的中原地区，并建立起一个强大的政权——隋，史称隋文帝。隋文帝雄才大略，有并吞八荒、削平四海之意，看到陈后主如此荒淫，就打算渡江讨伐。隋文帝下诏，列陈后主二十条罪状，然后散发诏书二十万份。有人劝隋文帝说兴兵之事要秘密进行，不能张扬，否则敌人就会防备。隋文帝说："如果陈叔宝因为害怕而改过，我们就不必讨伐。我现在是替天行道，何用保密？"

于是大修战舰，命晋王杨广、秦王杨俊、清河公杨素为行军元帅，大将韩擒虎、贺若弼等率隋军五十一万八千人，分道直取江南。隋军浩浩荡荡，将士们无不奋勇争先，都想尽快荡平江南，灭掉陈朝。

而与此同时，陈叔宝却依旧住在临春阁里，花天酒地，不问政事。前线告急的信件雪片似的飞进皇宫，他却毫不在意，整天喝了睡、睡了喝，过着醉生梦死的生活。著名的《玉树后庭花》就是这个时候诞生的。

丽宇芳林对高阁，新装艳质本倾城。

映户凝娇乍不进，出帷含态笑相迎。

妖姬脸似花含露，玉树流光照后庭。

花开花落不长久，落红满地归寂中。

几百年后，大诗人杜牧乘船经过秦淮河，听到有歌伎还在唱这首亡国歌曲，想起当年因淫乱享乐而亡国的陈后主，不由得大发感慨，于是作《泊秦淮》以讽刺之：

烟笼寒水月笼沙，夜泊秦淮近酒家；

商女不知亡国恨，隔江犹唱后庭花。

陈叔宝接到前线告急之后，一副胸有成竹的样子。他端着酒杯，听着音乐，问左右的侍从："齐兵来了三次，周兵来了两次，结果都大败而回，为什么？"孔范说："长江天险，阻断南北，谁人能渡？隋军就算长了翅膀，也飞不过来。这都是守边的将军们贪图功劳，夸大其词，故意把敌情说的很紧急。微臣经常嫌自己的官职小，敌人如果过了江，我肯定就变成太尉了。"

有人欺骗陈叔宝说："隋军的马在路上死了很多，皇上您放心。"

孔范说："可惜，这些马都是我的，它们怎么就死了？"

陈叔宝听了哈哈大笑，更加觉得隋军不可能攻打过来。

588年，陈叔宝废掉原来的皇太子陈胤，改立张丽华所生的陈深为太子。

其实这些举动已经完全没必要，因为不久之后，陈国即被灭，陈国被灭，还要太子有什么用？

589年，隋军将领贺若弼从广陵渡过长江，韩擒虎攻占了采石，杨广统率大军驻扎六合镇，陈后主这才慌了手脚。他急忙下令扩军，连僧尼道士都征召入伍，但是大势已去，最好的防守时机已过，隋军势如破竹，如秋风扫落叶一般席卷而来。当时建康城还有十万兵马，但陈后主没有指挥军队的才能，因此等同于摆设。他惶恐至极，却无计可施，把朝政都交给施文庆打理，整天在屋里转圈。

施文庆掌握了朝政大权之后，就狐假虎威起来。他对陈叔宝说诸将嫌功高赏薄，老是发牢骚，不可委以重任，因此诸将凡有建议，陈叔宝都不听从。贺若弼进攻京口时，萧摩诃请战，陈叔宝不许；贺若弼攻占钟山，萧摩诃又建议说："趁隋兵孤军深入，立足未稳，我们发动突袭，定可大获全胜。"陈叔宝又不答应。

大将任忠上奏说："兵法有云，客军贵速战速决，主军贵老成持重，如今国家兵精食足，应当固守。北兵若来，不与交战，分兵截断江路，使他们彼此音信不通，然后给我精兵一万，金翅船三百艘，我率军直取六合，敌人肯定认为渡江之兵已被我俘获，自然就会丧失锐气。而淮南百姓一向就很爱戴我，我去就可以获得民心。然后我再散布言论说要取徐州，敌军害怕断了后路必然回师救援。如此一来，危机就解除了。然后固守城池，等到来年春水上涨，河上流的部队就可以前来救援，陈朝江山定可保全。"陈叔宝也拒绝听从。

于是，众多将领都失望至极。隋军攻城的时候，大将萧摩诃因为陈叔宝占有了他的妻子，就按兵不动，袖手旁观，而任忠则直接投降了隋军，带领韩擒虎直扑朱雀门，建康城遂告陷落。

众军闯入皇宫，到处搜捕陈叔宝，可是整个皇宫都翻遍，还是找不到他的踪迹。韩擒虎非常着急，虽然陈叔宝没什么才能，但他还是个招牌，一旦被人挟持，就能利用他的名义再建小朝廷，对抗隋朝。于是他就命令手下的士兵再仔细找找。

士兵们到了后花园，搜了一遍，看到一口枯井。一名士兵伸头进去大喊，没人答应。士兵就说："有没有人？再不出来我就往里面扔石头了。"

只听井里面传来了求饶声："别扔别扔，我在里面呢！"

士兵们哈哈大笑，就放了一根绳子下去，让陈叔宝拽着，把他拉了上来。

结果士兵们拉的时候，感觉非常沉。当时大家都很奇怪。等拉上来的时候，士兵们先是大吃一惊，然后恍然大悟。原来不是一个人，跟陈叔宝一起躲在井里面的，还有张丽华和另外一个妃子。

陈叔宝和张丽华被抓后，杨广下令把张丽华杀掉，把陈叔宝押往长安。虽然隋文帝并没有难为陈叔宝，还给他官做，但他没了张丽华感觉生活了无乐趣，整天饮酒，昏昏沉沉。在投降隋朝十六年后，病死于洛阳城，结束了他荒谬的一生。

而此时的张丽华，早已化为冢中枯骨。

据说，当年抓到张丽华的时候，杨广曾想纳她为妃，却被部下劝阻。因为他们觉得这个女人是亡国祸水，如果陈叔宝不是迷恋于她的美色，怎至于亡国？

杨广听了之后，就打消了这个念头，把张丽华杀了。

三千宠爱于一身——杨贵妃

　　杨贵妃,名杨玉环,字太真,是中国古代四大美女之一。在四大美女里面,她无疑是最有特点的一个。因为她很胖。所谓"楚王好细腰,宫中多饿死"。宫女们为了讨楚王的欢喜,纷纷节食瘦腰,结果得了厌食症而饿死。

　　但杨玉环的出现,打破了这个标准。不仅如此,她还和身体轻盈以瘦著称的赵飞燕一起组成了一个成语——环肥燕瘦。

天生丽质难自弃

　　杨玉环,于唐开元七年(719 年)农历六月初一生在一个官宦家庭。她的高祖父杨汪,是隋朝的上国柱、礼部尚书,唐朝初年被李世民所杀。她的父亲杨玄琰,曾任蜀州司户,她的叔叔杨玄珪任河南府士曹。杨玉环从小跟着父亲在四川长大。

　　都说川蜀之地,天府之国,自古就出美女,看来此话不假。

　　杨玉环在川蜀盆地里愉快地度过了幸福的童年时光,在那里,得天独厚的自然条件把她滋养得肤如凝脂,貌若天仙。再加上她的父亲是个读书人,很注重培养她的文化修养,因此小小的杨玉环就精通音律,擅长歌舞,尤其是能弹得一手好琵琶。天生丽质外加后天培养,使得杨玉环清新脱俗,有时候跟着父亲走在外面,常常会让路人侧目:这是谁家的小姑娘,长得这么漂亮!

　　开元十七年,杨玉环的父亲得病去世。在临终前,父亲把她托付给了叔叔杨玄珪。于是,在办完父亲的丧事之后,十岁的杨玉环就不得不离开巴蜀,来到洛阳的叔叔家里,开始了寄居生活。

虽说是寄人篱下，但毕竟是自己的亲叔叔，因此杨玉环受到的待遇也不差。在中国，最讲究的就是宗族关系，尤其是书香门第官宦家庭，对于儿子和侄子，对于女儿和侄女，重视的程度相差并不大。杨玄珪对杨玉环就是这样，把她当作亲生女儿一样看待。杨玄珪是朝廷官员，属于达官贵人，平常的交际也都是同一阶层的人，来往的不是大官，就是贵族。在这来往的过程中，洛阳的上流社会都知道杨府有个姑娘，知书达理，姿色万千。连公主听说后，都跑来跟杨玉环做朋友。

开元二十二年七月，唐玄宗的女儿咸宜公主在洛阳举行婚礼，邀请杨玉环前去参加婚礼。结果在婚宴上，杨玉环一下子就被公主的亲弟弟寿王李瑁看上。李瑁当时情不自禁，急急忙忙地找到自己的母亲武惠妃，让武惠妃去向皇上求情，把杨玉环赐给他。

唐玄宗听说自己的儿子看上了一个小官员的女儿，连想都没想，见都没见，就金口一开，下诏册立杨玉环为寿王妃。

这让杨玉环大感意外，没想到，参加朋友的婚礼，居然把自己也给嫁出去了，而且还是一个王爷。她的叔叔杨玄珪也非常高兴，一下子就成了皇亲国戚，这个侄女真是没白培养。而寿王得到了自己喜欢的女人，自然也很开心。可谓是皆大欢喜。

唯一不高兴的人是五年后的唐玄宗。因为他发现自己做了一个很草率的决定，在没有看一眼杨玉环的情况下，就把她许配给自己的儿子。导致后来想据为己有的时候，要大费周章。

杨玉环嫁给寿王的时候才十五岁。何况是皇上赐婚，又是嫁给王爷，很是风光得多。因此杨玉环欢天喜地地进了王府，跟寿王新婚宴尔，琴瑟和谐，过着幸福的生活。

开元二十五年，寿王的母亲武惠妃去世。武惠妃是唐玄宗最为宠爱的一个妃子，自唐玄宗废掉王皇后之后，武惠妃的待遇和地位就相当于皇后。武惠妃一死，后宫几千佳丽，都不中唐玄宗的意。唐玄宗因此整天郁郁寡欢，闷闷不乐。

所谓主忧臣辱，主辱臣死。食君之禄，忠君之事。在封建社会里，皇上焦虑了就是大臣的屈辱。臣子应该为皇上排忧解难。看到唐玄宗如此郁闷，一个会揣摩圣意的大臣就进言道，寿王妃杨玉环"姿质天挺，宜充掖廷"，唐玄宗听了，就把杨玉环召进后宫。

不知道这个会拍马屁的人是谁，但他肯定是跟寿王有仇，这才让寿王的爹抢走寿王的媳妇，这么狠毒的建议，得多大仇才能想出来。

杨玉环进宫之后，唐玄宗一看，果然是有天仙之姿，当时就懊恼不已，深悔自己当初把她赐给了自己的儿子。尤为可气的是还下了诏书，天下皆知她是寿王妃，如今想要再要回来，可就难上加难。

唐玄宗气得直想抽自己的嘴巴。

正在唐玄宗懊悔的时候，又有人揣摩圣意。对唐玄宗说："普天之下莫非王土，率土之滨莫非王臣。按理说，整个天下都是陛下的，想要谁便是谁。但杨玉环已经是寿王的妃子，陛下想要她进宫服侍，肯定免不了人们议论。微臣有一个办法。陛下可以先让她出家，再召进宫中，这样人们就不会说什么了。"

玄宗大喜道："好计策。"

于是在开元二十八年的十月，唐玄宗以为母亲窦太后祈福的名义，敕书杨玉环出家为女道士，道号"太真"。

可怜道观清净之地，沦为皇家的利用工具。

杨玉环在道观里当了足足五年的假道姑，才被唐玄宗召进宫中册立为贵妃。为了补偿寿王，唐玄宗把韦昭训的女儿赐给寿王，册立为寿王妃。寿王对于唐玄宗的无耻行径敢怒不敢言，他知道自己若是轻举妄动，就会被视为大逆不道，别说保住面子，留住媳妇，自己的王位说不定就不保了。因此没有进行任何形式的反抗。

或许有人要问，唐玄宗这样做，真的好吗？皇上有那么多的黄花大闺女可以选，何必冒天下之骂名，选了自己的儿媳呢？

对于这个疑问，可供解释的原因只有两个：一是玄宗太好色，二是杨玉环又太美。

唐朝是个风气比较开放的朝代。唐朝皇室本身就有鲜卑人的血统，因此汉族正统的儒家文化对他们的影响不是非常之大。在忠君爱国维护王朝统治的思想上，他们当然是遵照儒家的，但在伦理习俗上面,还不是那么守规矩。而且在南宋以前,女人守节、三从四德这样的观念尚未形成,以前的女人,丈夫死了再嫁是司空见惯的事情。但自从南宋程朱理学出现以后,这一切就都改变了。

自北宋程颐、程颢二兄弟开创理学,到南宋朱熹集其大成之后,由儒家思想发展而来的理学就成为南宋的官修教科书,它以"存天理、灭人欲"为主体思想,上可为帝师指导皇帝治国,中可教子弟研习经典,下可教化百姓遵守伦理道德。起初对社会来说,是一套不错的思想体系,但是渐渐地走上了一条钳制人民思想、愚化百姓的路子。尤其是对女人,命令她们缠脚以供男子娱乐,告诫她们"饿死事小,失节事大"。

而之所以会对妇女有如此惨无人道的要求,据学者分析,是因为北宋末年的"靖康之变"。"靖康之变"时,徽、钦二帝被金兵掳到北方,同时被掳走的还有几千皇室成员,其中多数是女人,如皇后、嫔妃、公主等。而这些女人在路上都普遍受到了金兵不同程度的蹂躏和侮辱,最后都羞愤而死。南宋成立后,士大夫们在反思这一屈辱事件时,没有把罪名归到不成器的皇帝头上,反而认为这些女人被金兵侮辱完才死,实在是有辱名教。

而唐朝显然是没有这样的思想意识,因此唐玄宗也就没有什么心理负担。唯一要考虑的是杨玉环是自己的儿媳妇,的确有点不妥,但是已经被道观给洗白了,所以不必担心天下悠悠众口。

六宫粉黛无颜色

在召见杨贵妃之前的一个夜晚,唐玄宗做了一个美梦。他梦见自己被嫦娥仙子请到月宫去看歌舞。月宫里的仙女们,衣袂飘飘,舞步轻盈,美丽动人,且伴奏的舞曲非常悦耳。唐玄宗本人是一个才子,作曲高手,他就在梦里把这首曲子默记下来。等梦醒之后,发现居然还记得一清二楚,就赶紧填上词,完善了一下,命名为《霓裳羽衣曲》,让乐工们按谱排练。

杨玉环进宫时,唐玄宗就让乐工们奏这个新谱的曲子来迎接她,并且赐给杨玉环一副金钗钿合,亲自插在她的发鬓上。唐玄宗对后宫人说:"朕得杨贵妃,如得至宝也。"说完,觉得灵感来了,就制作了一支新的曲子——《得宝子》，以表达对杨贵妃的喜爱之情。

由于后宫没有皇后，而杨贵妃又最受皇上的宠爱，因此宫人们都喊她"娘娘"。

岭南上贡了一只白鹦鹉，这鹦鹉能学人话，而且学得特别快。唐玄宗让词臣教鹦鹉念词，教了几遍之后，鹦鹉就能吟诵出来，比儿童的记忆力都好，唐玄宗和杨贵妃都很喜欢，称它为"雪花女"，宫中左右则称它为"雪花娘"。这只鹦鹉的用处很大，唐玄宗特别爱逗它。有时候唐玄宗跟杨贵妃或者王爷们下棋，如果唐玄宗这一面的局势不好，侍从害怕唐玄宗输了会生气，就叫一声"雪花娘"，那鹦鹉便会飞到棋盘里面，把棋盘搅乱，"以乱其行列，或啄嫔御及诸王手，使不能争道"。然后棋局就不了了之，给大家都解了围。

后来这只白鹦鹉被从天而降的老鹰给啄死，唐玄宗和杨贵妃非常伤心，把它葬到了后花园里，还专门弄了个坟墓，称为"鹦鹉冢"。

对鹦鹉尚且如此，何况是贵妃。

杨贵妃一人受宠，全家鸡犬升天。她的大姐被封为韩国夫人，三姐被封为虢国夫人，八姐为秦国夫人，每月赐三位夫人脂粉钱各十万。其中虢国夫人皮肤太好，不用脂粉。张祜曾写《集灵台·其二》诗：虢国夫人承主恩，平明骑马入金门。却嫌脂粉污颜色，淡扫蛾眉朝至尊。

杨贵妃的兄弟都被赐高官。她的远房兄弟杨钊，本是一个流氓无赖，每日在市井赌场上赌钱。别的什么都不会，就学会了算钱。他想尽办法，找到了杨贵妃，想要沾点光。杨贵妃问他："你都会干什么？"杨钊说："我会算账。"贵妃一想，也算是个有一技之长的人，比我那几个兄弟还强一些，就留在了身边使唤。唐玄宗没事的时候，爱跟杨氏的几个姐妹赌钱，听说杨钊会算账，就让他在旁边看着。结果他三下五除二，算得非常清楚，皇上赢了多少，贵妃输了多少，虢国夫人输了多少，连本子都不用拿，全部用口算，丝毫不差。

唐玄宗见状大喜，当即就赐名为国忠，并封为高官。杨国忠就进一步发挥他在市井里学来拍马屁的功夫和察言观色的本领，不时地迎合唐玄宗，得到了唐玄宗一次又一次的封赏，最终身兼十几个官位，权倾朝野。

正如唐代大诗人白居易在《长恨歌》里所写的那样，"后宫佳丽三千人，三千宠爱在一身"，唐玄宗对杨贵妃的宠爱，到了无以复加的地步。唐玄宗游幸华清池的时候，以杨氏五家为侍从，每家列为一队，穿一种颜色的衣服，五家合在一起，五彩缤纷。所配珠宝首饰，落地无数，闪闪发光。杨家一族，娶了两位公主，两位郡主，唐玄宗还亲自为杨氏撰写家庙的碑文，其宠荣盛极一时，"遂令天下父母心，不重生男重生女"。

古人云，月满则亏，盛极必衰。任何一件事物发展到顶峰，都不可避免地要走下坡路。

杨贵妃也难逃这个宿命。天宝五年七月，杨贵妃被唐玄宗逐出后宫。发生这件事的原因是，唐玄宗为人风流，他专门设置了一个"花鸟使"的机构，让他们搜罗民间美女以充实后宫。有一阵子，唐玄宗觉得跟杨贵妃在一起有些腻烦，就背着杨贵妃召幸这些女人。结果被杨贵妃知道了，醋意大发，扯着唐玄宗大吵大闹。唐玄宗一看，当即就命令高力士把杨贵妃遣送回娘家。

但是在赶走了杨贵妃之后，唐玄宗的心里一下子就很失落。他茶不思、饭不想，乱发脾气，莫名其妙地殴打宫中的侍从，高力士猜到了他的心思，就在当晚又派人把杨贵妃接了回来。杨贵妃见到唐玄宗后，跪下谢罪，唐玄宗当时就原谅了她，两人和好如初。

但在天宝九年，杨贵妃再一次被驱逐出宫。

据说杨贵妃这一次被驱逐，是因为她趁着唐玄宗不在，偷偷地吹了唐玄宗大哥宁王李宪的紫玉笛，被唐玄宗发现后驱逐回家。按照这种说法，上一次是贵妃吃醋，这一次是唐玄宗吃醋。但这种说法是不成立的。因为宁王已经死了八年，杨贵妃不可能跟一个死人有什么勾当。《资治通鉴》和《旧唐书》对此都没有明确的交代，无法查考。而从《新唐书》里面的记载可以略知一二：出入宫掖，恩宠声焰震天下。每命妇入班，持盈公主等皆让不敢就位，建平、信成二公主以与妃家忤，至追内封物，驸马都尉独孤明失官。

这几句话的意思是，杨氏的恩宠太大，杨家的人太嚣张。皇上的亲妹妹持盈公主在杨氏姐妹面前都不敢就座,还得给她们让座。唐玄宗的女儿建平公主和信成公主跟杨家的人有了矛盾,竟被追回内府封赠的东西。连驸马爷的官都被她们罢免。

如此飞扬跋扈,唐玄宗觉得,再不给她们一点颜色看看,她们马上就要飞上天。于是就把杨贵妃逐出宫,让杨家人自己掂掂分量,照照镜子,弄明白谁才是老大。

这一下,杨家人都惊慌失措。因为这跟上一次不同。上一次杨贵妃被逐出之后,很快就被召了回去,而这一次,唐玄宗并没有急着把她召回去,而是再也没有消息。当然,唐玄宗心里面其实也是很想念杨贵妃,只不过为了使自己的震慑能起到作用,他故意隐忍不发。一个叫吉温的臣子上奏唐玄宗:妇人智识不远,有忤圣情,然贵妃久承恩顾,何惜宫中一席之地,使其就戮,安忍取辱于外哉! 意思是,这个女人她没见识,但是毕竟受到皇上的宠爱很久,现在放到宫外多丢人啊,皇宫那么大,不差那一间屋子,何不把她召进来,想怎么处罚都行。

唐玄宗听了,就赶紧命令中使张韬去给杨贵妃赐饭。杨贵妃就对着张韬哭诉:"我忤逆了皇上,罪该万死。我所有的东西都是皇上赏赐的,只有身体发肤是受之父母的,希望这些能留给皇上做个纪念。"说着,就用剪刀剪下了自己的一缕头发。张韬拿着头发回去见了唐玄宗,唐玄宗看见之后大惊,赶紧又让高力士把杨贵妃召了回来。

俗话说,小别胜新婚。唐玄宗对再次回宫的杨贵妃倍加宠爱,杨贵妃也知道唐玄宗没有她就不能活,因此更加骄纵。杨家人也恢复到了以前那种状态,继续在京城里飞扬跋扈。"出入禁门不问,京师长吏为之侧目"。杨贵妃爱吃荔枝,唐玄宗就命人八百里加急,从岭南送荔枝到长安。因为荔枝这种水果,不易保存,一定要吃最新鲜的才有味道。一日色变,二日味变,因此唐玄宗就不计代价地命人从几千里外以最快的速度送到皇宫。

对于这种劳民伤财取悦女人的做法,唐朝大诗人杜牧的《过华清宫绝句三首·其一》曾经给予讽刺:

长安回望绣成堆,山顶千门次第开。

一骑红尘妃子笑，无人知是荔枝来。

奢侈亡国，红颜祸国，这两点，唐玄宗似乎都占了。那么，按照历史规律，他和杨贵妃的幸福生活很快即将结束。

魂散马嵬坡

天宝十四年，即杨玉环进宫之后的第十个年头，"安史之乱"爆发。范阳、平卢、河东三镇节度使安禄山起兵叛乱，他以"清君侧"杀杨国忠为名，带兵直捣长安。由于叛军来自北方蛮族，骁勇善战，再加上唐朝承平日久，百姓多年不见刀兵，因此叛军所到之处，势如破竹，很快就逼近潼关。唐玄宗在此紧要关头，还听信宦官诬告，斩杀了固守潼关的大将封常清和高仙芝，并不顾众将的反对，逼迫哥舒翰出兵潼关。结果遭到叛军埋伏，二十万人只剩下八千将士，哥舒翰被俘，潼关失守。

潼关失守，意味着长安的屏障就没有了。唐玄宗赶紧带着杨贵妃逃往四川。当然，本着"为尊者讳"的宗旨，皇帝是不能说逃跑的，史官就用曲笔，想了个很高明的词，叫"幸蜀"。

护驾的队伍走到马嵬坡的时候，以陈玄礼为首的禁军将士发生了哗变，大家一致认为，跑这么远，受这种罪，完全是因为杨国忠和杨贵妃导致的，因此他们乱刀砍死了杨国忠，然后要求唐玄宗杀死杨贵妃。

杨贵妃听说外面的士兵哗变，自己的哥哥已经被砍死，吓得不知所措。外面兵荒马乱，连唐玄宗都觉得自己朝不保夕。他硬着头皮出来安抚激动的士兵，说："杨国忠有罪，杀了就杀了，但杨贵妃是朕的爱妃，贵妃是没罪的，你们饶过她吧。"

但将士们认为：杨贵妃是祸乱的根源，没有她，大唐王朝怎么会乱成这样？我们已经杀了她的哥哥，现在不杀她，将来她肯定会报复我们。必须杀，不然就不走了。

士兵们继续包围皇帝，不肯放松。到了这一步，唐玄宗也没有办法，只好接受了高力士的建议，赐死了杨贵妃，以平士兵心头之恨。高力士拿了一条白绫，带着杨贵妃来到了佛堂，亲眼看着杨贵妃吊死。然后将杨贵妃的遗体搬到院子里，请士兵们验明正身，这才解除危机。

一代绝色美女，就此香消玉殒。

借腹生子——刘娥

刘娥，宋真宗赵恒的皇后，宋朝第一位摄政太后，对北宋历史产生了巨大的影响，后人常常将她与汉朝的吕后和唐朝的武则天相提并论，夸她有吕后、武则天的才能，却没有独揽朝纲，可谓德才兼备。

民间的凤凰

刘娥生于宋太祖开宝元年，她爷爷名为刘延庆，在五代时期担任后晋、后汉的右骁卫大将军。父亲刘通，在宋太祖时担任虎捷都指挥使，同时还兼任嘉州刺史，属于朝廷的封疆大吏。因此刘娥也算得上是名门千金。

刘娥出生的时候，她的母亲庞氏曾经梦到一轮明月钻入她的腹中，类似这样的桥段在历史上不胜枚举，基本上每一个大人物都会有一段类似的传奇，比如红光满室、梦月入怀、梦日入怀等。不幸的是，刘娥出生后不久，父亲刘通战死沙场，母亲庞氏只好带着她回娘家居住。由于刘父生前没有积攒什么财产，家产也多数被族人所夺，所以庞氏带着女儿在娘家很不受待见。兄嫂经常会说一些冷言冷语，庞氏没法，只好自己学一些谋生的手段，做点女红贴补家用。刘娥也很懂事，没事就帮着母亲干活，还从外面学得一手击鼓的技艺，演说鼓词。

刘娥年方十三岁，舅舅们不想再养活她了，就把她嫁给了一名银匠为妾。银匠名叫龚美，家中妻子非常善妒，不能容人，整天欺压刘娥。龚美心疼刘娥，就带着她一起到京都汴梁谋生。汴梁就是现在的开封，人口已过百万，是当时世界上最大、最繁华的城市。龚美靠着自己出色的手艺，很快就在京城站稳了脚跟。同时他又善于结交朋友，跟襄王府里的当差张耆成了铁哥们儿。

襄王就是后来的宋真宗赵恒,当时他还不叫赵恒,叫赵元侃。赵元侃时年二十岁,还未被册立为太子,也没有王妃。他听说蜀地的女子长得都很漂亮,就让随从暗中替他留心。由于刘娥整天跟着丈夫一起出来挣钱,早已美名在外,所以张耆一下子就想到了她。张耆就找到龚美,跟他说了这个事。龚美一听,觉得这是一个大好机会,就换个称呼,改称是刘娥的表哥,打算把刘娥送入王府。

古代的婚姻制度,等级分明。男人的妻子和妾所受的待遇都是不一样的。妻子不可随便休掉,但是对于妾,哪天不高兴了,就可以卖掉。那个时代,女人几乎完全沦为男人的附属品,属于财物的一部分。包括打仗的时候,胜利的一方往往是掠夺敌人"牛马、粮食、妇女、布帛不计其数",史官们在归类的时候,也会把妇女当成战利品。

在这样的环境下,刘娥被送入王府就是必然要发生的事了。当然,从以后的发展情况来看,这也未尝不是一件好事。虽然他的男人只是为了给自己寻找一个发财的门径,但是同时也帮助刘娥享受了荣华富贵,登上了历史舞台。

所谓福祸相依,善恶相存,就是这个道理。

借腹生子当皇后

刘娥很快就进了宫。由于她姿色出众、善解人意,跟赵恒的年龄相当,因此赵恒对她十分宠爱。但是赵恒的乳母秦国夫人嫌弃刘娥的出身太低,她觉得是刘娥勾引了赵恒,会把赵恒引上歧路,因此她让赵恒把刘娥赶走。赵恒不肯,秦国夫人就报告给了宋太宗。宋太宗得知后大怒,一道圣旨下来将刘娥逐出京城。并且给赵恒赐婚,将忠武节度使潘美的第八个女儿许配给他。

赵恒虽然迫于皇命,不得不与十六岁的潘氏成亲,但他并没有将刘娥逐出,而是藏在了张耆家里。张耆因为引荐有功,被他任命为王宫的指挥使。赵恒就经常到张耆家里与刘娥幽会。这样的日子一直持续了十五年。直到宋太祖驾崩,赵恒即位,才算光明正大地跟刘娥公开往来。

赵恒是宋太宗的第三个儿子,虽然他跟大哥楚王赵元佐同是德元皇后所生，但他不是长子，所以没有做太子的资格。后来赵元佐因事发疯，二哥赵元喜又暴病而亡，他才被立为太子。赵恒即位后，很快就把刘娥接进宫，封刘娥为四品美人。皇后之下，刘美人地位最尊崇。后来晋封为二品修仪，还嫌不够，又晋封为一品德妃。

此时的刘娥，已经三十六岁了，然而风韵犹存，再加上常年的幽居生活，她已磨炼出一副好性子，因此深得皇上欢心。刘娥得宠之后，发现自己举目无亲，母亲已经仙逝，舅舅又冷酷无情，这世上只有一个"亲人"，那就是以前的丈夫龚美。龚美自从刘娥跟赵恒好上之后，就一直跟着赵恒做事，他对赵恒忠心耿耿，赵恒对他也十分信任。于是刘娥就提出让龚美改姓为刘，做她的兄长，继承刘家香火，她也算是有了一个娘家人。不过刘娥此举并非为了培植自己的势力，刘美也从不攀附权臣。

当时的皇后是郭皇后，赵恒先前奉旨成婚那个潘氏，跟了他六年之后就去世了。郭皇后也出身名门，赵恒和她非常恩爱，她也给赵恒生下三个儿子。但不幸的是，这三个儿子都夭折了，最大的那个才九岁。郭皇后伤心过度，三十一岁也离开了人世，于是皇后之位就空了出来。真宗本打算立刘娥为皇后，但刘娥出身太低，而且又没有子嗣，所以群臣都反对。大臣们反而趁此机会，推荐宰相沈伦的孙女做皇后。沈才人虽然才十四岁，但是出身高贵，颇知礼仪，堪为皇后。然而宋真宗又不喜欢。因此索性把皇后的位子空着，不再谈立后之事。

郭皇后薨逝之后，刘娥成了后宫最受宠的人。但是刘娥受宠时间虽然很长，却始终没有生育，这成了她晋封皇后的最大难关。但是生儿育女的事，只能听天由命，就算是皇上也无可奈何。宋真宗虽然很努力，但是仍没有收获。突然有一天，刘娥的一个侍女李氏对刘娥说，她做梦时梦见一个仙人下凡成了她的儿子，刘娥和真宗听了大喜，想到一个"借腹生子"的办法。于是，宋真宗就把李氏给临幸了。果然应了梦境，李氏很快就怀上了，并且生下一子，就是后来的宋仁宗。

李氏怀孕三个月的时候，宋真宗就对外宣布刘娥怀孕了。然后等李氏的皇子生下来之后，立马认刘娥为母，交给杨婕好抚养。杨婕好是后来入的宫,她跟刘娥是老乡,比刘娥小了十六岁,两人关系最好,情同姐妹。因此真宗每次晋封刘娥,也会晋升杨婕妤。所以杨婕妤也心甘情愿地帮刘娥养育孩子。

"生子"之后,刘娥晋封为皇后的阻力就大大消减了。真宗诏告群臣,准备立刘娥为后。但是高级官员都知道"刘娥生子"的内幕,纷纷反对,真宗无奈之下,只好先封刘娥为德妃,然后给朝廷里文武百官都加官晋爵,接着自己立后,不让官员进贺,也不搞仪式,为了回避朝廷的议论,封后诏书也只下达到中书省,然后自己在皇宫里宣布刘娥为后,就算完事了。历史上从未出现过这样的现象:一个皇上想要封自己心爱的女人为皇后,还要使出这么多手段,处处委屈自己。为了要避免大臣议论,给大臣加官晋爵,还不让大臣们朝贺,自己在家里关起门来封后。换作任何一个朝代,想必大臣们早已揣摩好皇上的意思而竭力奉承,不可能违背圣意。换作其他皇帝,碰上这么不合作的大臣,早已雷霆大怒,给他们一顿板子。由此可见,宋朝是极其少有的开明王朝。

刘娥终于如愿以偿地当上了皇后。虽然手段不算光彩,但对于大宋朝,对于宋真宗,无疑是一件好事。因为她出身寒微,没有什么实力雄厚、有背景的娘家,所以不用担心外戚专权,威胁赵家江山。而且她才华超群,通晓古今,真宗每次批阅奏折,都要询问她的意见,离不开她的指点。最重要的是,刘娥身为皇后,执掌后宫,从不与嫔妃争风吃醋,心思都放在如何协助丈夫治理江山上。对于帮她生下儿子的李氏,刘娥也没有杀人灭口,而是封李氏为崇阳县君,并且帮她晋封为嫔妃。

1020年,宋真宗患病,难以料理朝政,因此所有呈给皇上的奏折都转交给皇后刘娥处理。真宗病重时甚至下诏,让刘娥亲自参与决策政事。1022年,宋真宗驾崩。遗诏让太子赵祯即位,皇后刘氏为皇太后,杨淑妃(即之前的杨婕妤)为皇太妃,军国大事交由皇太后决断。由于赵祯即位时年仅十一岁,因此刘娥临朝称制,全权处理政务。

刘娥在当皇后的时候,因为朝中有大臣的反对,所以也培养了自己的势力与之抗衡。一个叫丁谓的人,借着她的东风,青云直上,一直做到了宰相。但是这丁谓是个不折不扣的小人。真宗去世后,他看到刘娥孤儿寡母,就忘记以前对他的提拔之恩,想要独揽大权。他以为刘娥一介女流,没有见识,就开始欺上瞒下。其实刘娥早已经看穿了,只是隐忍未发。后来看到丁谓实在太放肆了,就罢免了他的宰相,将他贬出京城。

宋朝重文轻武,对士大夫特别尊崇。刘娥知道自己的家世太浅,就不断地追封祖宗。在她的诏令下,曾祖父刘维岳成了天平军节度使兼侍中兼中书令兼尚书令;曾祖母宋氏被封为安国太夫人;祖父刘延庆为彰化军节度使兼中书令兼许国公,祖母元氏被封齐国太夫人;父亲刘通为开府仪同三司魏王,母亲庞氏封晋国太夫人……不过她仅仅是在财富和地位上善待家人,却绝不允许家人插手朝政。事实上,她也没有什么亲人。当有重大政务的时候,她也不专断,而是听取朝中老臣的意见,综合处理。

对于宋仁宗的生母李氏,刘娥一直待她不薄。真宗还活着的时候,刘娥就派人寻访李氏的老家,封李氏的家人为官。1032年,李氏患了重病,刘娥赶紧派太医前去医治,并且晋封她为宸妃。可惜李氏最终没能扛过去,在封妃那天就死了。刘娥就听从宰相吕夷简的建议,以一品礼仪将李氏下葬,给李氏穿上皇后的冠服,并且将她的陵墓迁往真宗永定陵,让她与其他嫔妃一起守护真宗的陵墓。还追封了李氏的父亲,把李氏的兄弟也升了官。

不做武则天第二

随着仁宗一天天长大,很快就到了刘娥归政的时候了。但是,任何人尝到了权力的甜头,都不愿轻易放手。刘娥也是这样。她甚至还萌生过效仿武则天称帝的念头。

据史籍记载,有一次,她问鲁宗道:"唐武后如何主?"

以刘娥对历史的熟悉程度,她自然不会不知道武则天是如何称帝的。她这样问,必然有其深意。于是鲁宗回答道,武则天是唐朝的罪人,她几乎毁掉了李唐的江山社稷。

刘娥听了,默然不语。

但是也有些善于逢迎的大臣马上就嗅出了刘娥想要称帝的气息,大臣方仲弓给刘娥上书,请刘娥像武则天一样,立刘氏宗庙。刘娥听了,心动不已。但是和几个老臣商量之后,就彻底断了这个念头。后来程琳给刘娥献上《武后临朝图》,刘娥直接就把图扔在地上,大声斥责道:"我不想对不起先辈!我不会做武则天第二!"

宋仁宗得知这件事,对刘娥更加恭敬孝顺。他甚至颁布诏书,将太后生日的礼仪规格上升到跟皇帝一样。

1033 年,刘娥病重。宋仁宗大赦天下,四处求医,但是刘娥的病始终未见好转。二月的时候,朝廷要举行祭太庙大典,刘娥知道自己将不久于人世,想在生前穿一次天子的龙袍,结果群臣哗然,极力反对。最后将皇帝衮服上的饰物去掉几件,给她呈了上去。到了大典这一日,刘娥身穿皇帝衮服,头戴仪天冠,在近侍的引导下进入太庙祭祀。仪式完成后,群臣在太庙文德殿给刘娥上尊号:应天齐圣显功崇德慈仁保寿皇太后。此后,刘娥不再插手朝政,彻底还政于仁宗。

是年三月,刘娥病逝,享年六十五岁。她死后第二天,宋仁宗召集群臣,大哭道:"太后临终前多次拉扯身上的衣服,她是不是还有什么心愿未了?"

参知政事薛奎说:"太后肯定是不想让先帝看到她穿着皇后的衣服下葬。"

仁宗恍然大悟,下令把刘娥的丧服改为皇后服。

正在仁宗伤感的时候,群臣却纷纷上书说,皇太后并非他的生母,他的生母是李氏。有人甚至说太后毒死了他的生母。仁宗听了,如遭雷击,赶紧派人去查验李宸妃的棺椁。结果看到李宸妃身着一品夫人礼仪,身着皇后服下葬,就感叹道:"人言不可全信啊。"然后向刘娥的牌位道歉,最后还给刘娥上了四字谥号:章献明肃皇后。

千古艰难唯一死——花蕊夫人

花蕊夫人,姓费,是五代时期后蜀皇帝孟昶的宠妃,也是著名的女诗人。她是蜀中青城人,从小就以长相漂亮闻名乡里。后蜀国主孟昶即位后,在蜀地广征美女充实后宫,花蕊夫人应征入宫。结果刚一入宫便获专宠。

川蜀地势险峻,在李冰父子修建都江堰之前,每当雨季来临,这里就会发大水,变成一片泽国。由于这里是盆地,因此洪水来的时候,很多百姓游离失所。为了造福当地百姓,改善他们的生存条件,李冰父子呕心沥血,设计出了世界最古老、最有效,至今仍在使用的都江堰,使成都平原"水旱从人",旱时灌溉,涝时分流,造就了一个沃野千里的天府之国。从此以后,川蜀百姓旱涝保收,不知饥馑。

得天独厚的地理自然条件滋养了那里的姑娘,但也让当地的环境变得封闭。由于当地物产丰富,应有尽有,地势易守难攻且美女众多,因此那里的统治者向来都缺乏争霸天下的志向。只知道偏安一隅,纵情享乐。三国时期诸葛亮要北伐,后主刘禅就劝他歇一歇;五代时期的前蜀后蜀,都没有什么建树,其原因大概就在于此。

生于忧患死于安乐

前蜀被后唐灭掉之后,后唐庄宗以孟知祥为两川节度使。孟知祥进了蜀地之后,后唐发生内乱,唐庄宗被杀,朝政乱作一团,没人能节制孟知祥。于是他靠着富庶的川蜀平原,大量招兵买马,训练甲兵,扩充军事实力。后唐明宗死后,孟知祥知道再也没人能对他产生威胁,就自立称帝。不料这皇帝瘾刚过了几个月,就被阎王爷请走了。

孟知祥死后，他的儿子孟昶即位。孟昶生于深宫，长于妇女之手，不知人世艰辛，是个纨绔子弟，不识大体。现在他即位当了皇帝，自然谁都管不了他。他即位的第一天，就下了个诏令，让人给他选美女。结果就把花蕊夫人给选来了。

花蕊夫人进宫后，被封为贵妃。她长相绝美，"花不足以拟其色，蕊差堪状其容"。在后宫诸多佳丽中，花蕊夫人最受宠爱。孟昶天天跟她黏在一起，混在宫女队伍里，不理朝政。孟知祥虽然即位时间短就去世了，但在他当两川节度使时，蜀中十年不见刀兵，五谷丰登，斗米三钱，百姓生活富足，呈现出一派繁荣的太平盛世之景。因此孟昶认为，他当皇帝的任务就是玩。

他每天不去见朝廷大臣，没事就喝酒唱歌，有空就带着花蕊夫人去后宫选美，挑选那些身材好、长相俊俏的姑娘，加封位号，品级等同于朝中士大夫公卿的品级，然后让她们轮流来侍奉自己。每月还发脂粉钱。至于俸禄，则派专人发放，孟昶则亲自监督，每次领取俸禄的宫人都多达几千人。宦官高唱着名单，点到名字的宫人就从御床前走过，自己拿一袋钱，名为买花钱。

孟昶这样胡作非为，花蕊夫人也曾多次劝告他要励精图治，修文备武。但他总不听劝，认为蜀地山川险阻，飞鸟难渡，称霸天下或许不足，但自保还是绰绰有余的，无须担忧。花蕊夫人也无可奈何。

花蕊夫人颇懂厨艺。孟昶天天饮宴，对于席上所陈列的珍馐美味已经吃厌烦。花蕊夫人就别出心裁，用红姜煮羊头，以酒腌之，再用石头镇压，使酒入味，然后切成薄如白纸的片状，进奉给孟昶。其风味非常独特，号称"绯羊首"，又名"酒骨糟"。孟昶吃了连连叫好。

孟昶每逢月初，都要吃素食，尤其喜欢吃薯药。花蕊夫人就把薯药切成片，然后用藕粉拌匀，加上无味调料烹制，其味清香扑鼻，入口酥而香脆，洁白如银，形如新月，因此宫人都将其称为"月一盘"。

花蕊夫人才貌双绝，她的美貌被孟昶独享，她的才却被世人共赏。她擅长写宫词，经常和孟昶唱和。后人辑录有《花蕊夫人宫词》，可见才情之大。倘若她只是一介才女，孟昶也只是富家公子的话，那他们的人生就会一直这么幸福下去,从而为后人留下一段风流佳话。但可惜的是,孟昶是一国之主,而她是他的宠妃。他们的人生注定不平凡,在动荡的乱世里,没有人的生活会是一直安稳的。

在孟昶高卧蜀中醉生梦死的时候,千里之外的中原大地上演了一场"黄袍加身",后周归德军节度使、检校太尉、殿前都检点赵匡胤在陈桥发动兵变,取代后周,改国号为宋,并且四处讨伐,扫荡群雄。宋太祖乾德二年十一月,赵匡胤终于把周围的敌人全部消灭,开始把箭头对准了千里之外的后蜀。他命令忠武节度使王全斌率军六万向蜀地进攻,并早早地让工匠在汴梁城为孟昶盖好了房子,等着孟昶来住。赵匡胤治军有道,他谕令将士:"行军所至,不得焚荡庐舍,驱逐吏民,开发邱坟,剪伐桑柘,凡克城寨,不可滥杀俘虏,乱抢财物。"因此宋军所到之处,百姓箪食壶浆,夹道欢迎。

这一天,汴梁城正下大雪,赵匡胤在讲武堂设坛帐,天冷,侍从给他穿上了紫貂裘帽。他看着帐外的鹅毛大雪,忽然对左右说:"我被服如此,体尚觉寒,念西征将士,冲犯霜霰,何以堪此?"随即解下紫貂裘帽,遣宦官飞马赶往蜀地赐给前线将领王全斌,并且传谕全军,以不能遍赏为憾事。宋军见到如此场景,人人奋勇,个个争先。成都守兵多年不曾打仗,看到宋军如此威猛,都吓得"两股战战,几欲先走",竟然全部解甲弃械投降。于是王全斌兵不血刃,拿下了蜀国。

乾德三年元宵时节,后蜀司空平章事李昊草表,蜀主孟昶自缚请降,后蜀政权宣告灭亡。从王全斌出兵到后蜀灭亡,共计六十六天,比前蜀灭亡的速度更快。而两次草拟降表的都是李昊,于是人们都嘲笑李昊,有人趁夜晚在李昊家大门上写道:"世修降表李家。"

初春的时候,孟昶,花蕊夫人与李昊一行三十三人被宋军押赴汴梁,路上不断有杜鹃鸟在啼叫:"行不得也,哥哥!""行不得也,哥哥!"传说这杜鹃鸟是古蜀国开国皇帝杜宇所化。到汴梁后,孟昶作为敌国国君,因为投降,被赵匡胤大度地封为秦国公,封检校太师、兼中书令。当然,赵匡胤如此大度还有一个不可告人的目的,他久闻花蕊夫人的美貌,想一睹为快,但是又不好直接说出口。于是有人给他出了个主意,让他重赏孟昶,同时也赏赐孟昶的家眷。这样花蕊夫人就会进宫谢恩。如此,就可以看到她的芳姿。

果然,几天之后,孟昶的家眷前来谢恩,孟昶的母亲李夫人之后就是孟昶的宠妃花蕊夫人。花蕊夫人柳腰袅娜,款款而行,一身香气,令人心慌意乱。待她谢恩退去之后,赵匡胤打定主意,一定要把花蕊夫人弄到手。

几天之后,孟昶暴卒,终年四十七岁。官方说法是他得病暴卒,但是人们都认为,他是被赵匡胤派人毒死的。

孟昶的下场是可悲的,但他完全是咎由自取。

何况,但凡他心里有点谋略,也该猜到赵匡胤对花蕊夫人心生不轨。只要让花蕊夫人进宫那天打扮得丑一点儿、普通一点儿,也许悲剧还可以避免。

好在他投降投得快,倒是省了不少人力物力,对蜀中的百姓来说,未尝不是一件好事。

赵匡胤听说孟昶已死,就假装很悲痛,辍朝五日,追封孟昶为楚王。但孟昶的母亲李夫人却一点儿都不悲痛。这老太太端着一杯酒,往地上倒了一圈说:"当初你不能以死殉社稷,我跟着你在世上苟活,现在你都死了,我活着还有什么意思?"

几天后,李夫人绝食而死。

在孟昶的葬礼中,花蕊夫人身着缟素,为他服丧。赵匡胤看到花蕊夫人一身白衣,犹如一朵梅花一般,越发觉得超凡脱俗,明丽至极。所谓"淡极始知花更艳",果真如此。当即就再也把持不住,强留花蕊夫人在宫中侍宴,花蕊夫人明知躲不过,也只好婉转从命。饮酒期间,赵匡胤听闻花蕊夫人能写诗,就让她当场作诗以表才华,花蕊夫人就随口吟道:

"初离蜀道心将碎,离恨绵绵,春日如年,马上时时闻杜鹃。三千宫女皆花貌,共斗婵娟,髻学朝天,今日谁知是谶言。"

众人听了,都表示愿闻诗中本意。

花蕊夫人道:"这是出川时途经葭萌关写在驿站墙壁上的。当年在蜀宫内，蜀主孟昶谱'万里朝天曲'，让我来唱，寓意为万里来朝。宫中妇人都戴着高高的帽子，称为'朝天'。后来李艳娘入宫，她爱梳高高的发髻，宫人学她的样式邀宠，都梳'朝天髻'。谁知道万里朝天，竟是来汴京朝拜你宋天子，而不是一个吉兆。岂不可叹？"

赵匡胤听了，默不作声，饮酒三杯，说："你再作一首新的来。"

花蕊夫人沉吟半晌，作出了又一首流传千古的名篇：

君王城上竖降旗，妾在深宫那得知？

十四万人齐解甲，更无一个是男儿！

赵匡胤本是英雄人物，宽容大度，对于花蕊夫人的这些亡国感慨，不仅没有猜忌，反而更添了爱慕之心。此后便对花蕊夫人宠爱有加，封她为贵妃，每次退朝之后都会去她的寝宫与她饮酒取乐。

有一次，赵匡胤退朝比往日早了一些，他径自走到花蕊夫人的宫中。到了宫内，看见花蕊夫人面前悬着一幅画像，而她正对着画像焚香叩拜。赵匡胤看到画像上的人物是一个男人，眉目有点熟悉，好像在哪里见过。但一时之间又想不起来，就问花蕊夫人。花蕊夫人看到赵匡胤突然进来，本来有些慌张，现在看他发问，就强作镇定说："这是蜀中俗传的张仙送子图，虔诚供奉可以得到子嗣。我正在为自己祈求，希望能生下儿子，给陛下传宗接代。"

赵匡胤一听，当下就释然，笑逐颜开道："你这么虔诚，张仙肯定会送子嗣来的。但张仙毕竟是个神灵，应该专门放在一处静室里供奉，若放在寝宫里，反而亵渎了他。"

花蕊夫人听了，赶紧拜谢。

事实上，花蕊夫人拜的正是孟昶。她虽然深得赵匡胤的宠爱，但仍不忘旧恩，因此就亲手画了孟昶的画像，放到寝宫里祭拜。今日被赵匡胤发现，侥幸蒙混过去。因为赵匡胤只见过孟昶几次，且又过去多年，所以不认得，被花蕊夫人骗过。不过这事很快传遍后宫，众妃嫔们都认为供奉张仙可以生子，因此纷纷供奉。后来还流传到民间，连民间妇女想要抱儿子的，也都供奉张仙。想不到花蕊夫人当年的一个谎言，居然形成了一种风俗。

后人有诗感叹此事：

供灵诡说是神灵，一点痴情总不泯；

千古艰难唯一死，伤心岂独息夫人。

却说花蕊夫人在赵匡胤的宠爱下，渐渐地忘却前事，开始了新的生活。然而不久之后，致命的灾难到来。她因在择立太子的问题上，遭到了赵匡胤弟弟晋王赵光义的猜忌。一日，赵匡胤率亲王和后宫嫔妃在皇家围场射猎。赵匡胤劝赵光义喝酒，赵光义说："如果花蕊夫人为我折一枝花来，我就满饮此杯。"赵匡胤就命花蕊夫人去给赵光义折花。没想到赵光义以迅雷不及掩耳之势，搭弓射箭，一下子就射死了在树下折花的花蕊夫人。

赵光义居然敢当着皇上的面射死了皇上的爱妃！众人都被这变故惊呆了，都望着皇上，看他怎么处理。

狼子野心的赵光义赶紧抱着赵匡胤的腿，一边流泪一边假惺惺道："陛下刚取得天下，应当以国家社稷为重，不能贪恋此亡国祸水。"

被这大帽子一扣，赵匡胤纵然心里极其不爽，也不好发作，只能隐忍下去，只好"饮射如故"。可怜一代才色双绝的美女，就这样凄惨地死去，甚至无人为其鸣冤。

此生只爱你一个——万贵妃

万贵妃,名万贞儿,明宪宗成化帝的宠妃。所谓帝王无长情,万贵妃也不是什么绝色美女,而明宪宗能数十年如一日地宠爱她,实在是让人有点匪夷所思。

此事大有玄机。

万贞儿的父亲万贵是一个县衙掾吏,因为亲属犯罪被株连,而被发配到霸州。万贞儿当时年仅四岁,无人可依,万贵就托付同乡,把万贞儿带入皇宫当宫女。万贞儿懂事乖巧,被孙太后看中,便被选入孙太后宫中,做了一个小丫头。明宪宗朱见深两岁的时候被孙太后立为太子,为了能更好地照料他,孙太后就把万贞儿派过去做了他的贴身侍女。

此时的万贞儿,已经十九岁。本就聪明乖巧的她,在长达十五年的宫廷生涯里,更进一步锻炼了她善于察言观色、揣摩他人心意的技巧。作为宫女,整日侍奉的都是那些高高在上的太后、皇后、嫔妃等,这些人掌握着生杀大权,如果不低眉顺眼,加倍小心,很可能就丢了性命。所以,这些技巧是每个宫女都不得不学习的生存技巧。只不过万贞儿是幸运的,她不仅靠着这个生存,还凭借这些小技巧,飞黄腾达,逍遥一生。

陪伴是最长情的告白

太子朱见深才两岁,而万贞儿已经十九岁,比他大整整十七岁。对太子的照顾,万贞儿可谓是无微不至。首先,这是太子,是将来的皇帝,一旦出了什么差错,自己人头是肯定保不住的。其次,这是个小孩子。小孩子天真无邪,不会挑剔,没有心机,哄好了就行。照顾小孩子,要比伺候大人要舒服得多，也容易得多。因此，没有理由不尽心。而小小的朱见深在万贞儿又当妈又当姐姐的照顾下，很快就对她产生了依赖感，整天黏在一起，一刻也不能分开。吃饭的时候要她喂，睡觉的时候要她陪。

三年后，这种幸福的平静生活被打破。一群人闯入朱见深的太子宫，气势汹汹地让五岁的太子搬出去，并且告诉他，以后他不是太子，要改称为沂王。

五岁的朱见深不知所措地看着这群陌生的人，吓得哇哇大哭。

这是怎么回事？

原来，三年前，朱见深的父亲朱祁镇不顾大臣们的劝阻，执意听从太监王振的建议，御驾亲征瓦剌军，结果在土木堡被瓦剌头目也先活捉。皇帝一去不复返，可是国不可一日无君，家不可一日无主，皇位空着，很多人都在垂涎。其中最有资格和实力坐上去的就是朱祁镇的弟弟朱祁钰。孙太后看穿了朱祁钰的野心。但她知道，硬挡也是挡不住的，毕竟现在真的需要一个人去撑。但她又不想让皇位落在别人手里，于是就赶紧把朱祁镇的儿子朱见深立为太子，以此做筹码来告诉朱祁钰：就算你现在当了皇帝，将来也得还回去。

但是，朱祁钰这一当，就当上了瘾。就准备将来让自己的儿子也尝尝这滋味，于是就把朱见深从太子宫里赶了出去，让自己的儿子朱见济搬了进去。

年少的朱见深自然不知道这背后的政治风云，他只是眼睁睁地看着原来属于自己的房子现在住着自己的堂兄，以前那些熟悉的仆人宫女一个个都收拾了自己的包袱行李悄悄离开。人们都离开他另攀高枝，只有那个比自己大十七岁一直陪伴自己的万姑姑，还没有走，正在默默收拾行装。

他跑过去问她："你会丢下我吗？"

"不会的，我会一直陪着你。"万贞儿俯下身子，抹去朱见深小脸上的泪珠，温柔地说。

她做到了。

住进沂王府之后,朱见深就被监控起来。他的父亲朱祁镇,不久之后被也先放了,但刚回到北京,就被他的弟弟、现任皇帝朱祁钰关了起来。再说朱见深对他父亲并没有印象,以前不记事的时候,他父亲被坏人关着。现在刚刚记事,他父亲还是被坏人关着。父爱,他从来都不曾有机会去体验。至于母爱,他刚生下来不久,就被抱到太后那里,母亲周贵妃也只能隔三岔五地看看自己,根本没有多少相处的时间。现在沂王府不在皇宫,周贵妃来看他的次数更少,每次还要提防朱祁钰的监视,因此,跟母亲的感情还不及万姑姑深。

在这如牢房一般的沂王府里,朱见深过着暗无天日的生活。周围都是皇上的密探,步步都得小心,没有父母的照料,祖母的溺爱,战战兢兢地挨过了一天又一天。这期间,能够陪伴他,给他带来欢笑的,就只有万姑姑一人。她就好像是滂沱大雨里的一把伞,无尽黑暗里的一盏灯。

在朱见深人生最艰难的时光里,是万贞儿陪他走过。在那些岁月里,万贞儿不再只是一个普通的侍女,而是一位母亲、一个姐姐、一名保镖、一位老师、一个伙伴。她以一己之力,柔弱之躯,保护了朱见深的安全,见证了朱见深的成长,扮演了朱见深生命里所有的重要角色。

在爱情的世界里有一句话,最长情的告白是陪伴。是的,所谓真情,即为陪伴。

六宫粉黛无颜色

在沂王府住了五年之后,朱见深的父亲复位。朱见深又搬回了宫中。这一年,朱见深十岁,而万贞儿已经二十七岁。在当太子的期间里,朱见深日渐成熟,从心理上,对这位一直陪在身边年长自己十七岁的女人产生了说不清的感情。这份感情,不再是以前单纯的那种依赖感,而是男女之间的那种暧昧的感觉。

这种情况被他父亲朱祁镇和母亲周贵妃及时地发现。但是两人觉得不要紧,因为万贞儿就是一个侍女,将来是不可能做皇后的。他们为朱见深准备了几名大臣的女儿作为皇后的候选人,等他将来登基的时候挑选其中一个册封为皇后。至于万贞儿本人,也没想过当皇后的事情。她知道,自己的出身是不可能当上皇后的,只要能陪在朱见深身边就行。

又过了几年，在万贞儿三十五岁那年，朱祁镇驾崩，朱见深即位。朱见深即位后做的第一件事，就是想册封万贞儿为皇后。但是遭到了他的母亲周太后的强烈反对。无奈之下，朱见深只好屈服，立吴氏为皇后。

要说这位吴皇后，无论是姿色，还是出身门第或者是修养，都要比万贞儿高出不知多少个层次。就算是后宫里的其他嫔妃，也都比万贞儿强得多。但是朱见深不知道是怎么了，偏偏宠爱她，整天和她如胶似漆，形影不离。后宫其他嫔妃都很生气。尤其是吴皇后，觉得自己身为皇后，却没一个妃子受宠，实在是没有脸面。于是，她以整顿后宫为名，派人把万贞儿叫过来打了一顿板子。

万贞儿被打得奄奄一息，险些丧命。朱见深下朝之后，看到她这副模样，大吃一惊，连忙问怎么了。万贞儿就不失时机地告了吴皇后一状。

这件事的结局是，朱见深大怒，直接废掉了吴皇后，把吴皇后父亲的官也给罢免了，并且发配充军。

而此时，吴皇后坐上皇后位子才仅仅一个月的时间。

由此可见万贞儿在皇帝心目中的地位之高。虽然容颜已老，却依旧能让六宫粉黛无颜色。

一年后，万贞儿给朱见深生了一个儿子。朱见深大喜过望，本以为万贞儿已年近四十，不能再生育，没想到还生了个儿子。当即就封她为贵妃。为此，朱见深还跑到宗庙里去拜祭，感谢祖宗保佑。

如果不发生意外的话，万贵妃的儿子将来一定就是皇位的继承者。可惜，一年以后，这位皇子就夭折了。

这件事给万贵妃的打击很大。因为她已经三十八岁，很难再生育。在爱子夭折的刺激下，万贵妃变得十分毒辣。她开始嫉恨皇宫里任何一个怀孕的妃子。当然，由于皇上是新皇上，因此，还没有人生儿育女，但是已然有了几个怀孕的。万贵妃二话不说，就派人逼着那几个怀孕的妃子堕胎。在之前废掉吴皇后的风波里，后宫的大小妃子们都见识了万贵妃的厉害,因此不敢抗命,纷纷把孩子打掉。好几个即将诞生的生命就这样胎死腹中。

万贵妃这样胡来,明宪宗却只宠爱她一个,导致明宪宗一直没有子嗣,朝野上下都为之忧心。大臣们屡屡请求皇帝广施恩泽,多临幸几个妃子,明宪宗也的确这样做了,但还是不见有子女出生。成化五年,柏贤妃生下一位皇子,明宪宗非常高兴,给孩子取名佑极,并立即立为皇太子。但是到了第二年二月,皇太子突然生起病来,病势来得异常凶猛,御医们来不及诊治就夭折了。明宪宗悲痛欲绝,宫人太监们觉得太子病得蹊跷,偷偷查访,果然又是万贵妃下的毒手,但是谁也不敢去告发。

因为此时的万贵妃不但宠冠六宫,而且横行朝廷,她勾结太监梁芳、钱能、郑忠、汪直等人,以宫廷采办为名,大肆搜刮民财,明宪宗性子懦弱,也不敢干涉。

一次偶然的机会,明宪宗临幸了一个姓纪的宫女,结果这个宫女就怀孕了。万贵妃听说后,就派太监张敏前去逼纪氏堕胎。碰巧这个太监是个好人,就回来骗万贵妃说,纪氏没有怀孕,而是肚子胀,得了病。把万贵妃瞒了过去。后来这个小孩子被生了下来,后宫的太监宫女们凑钱给他买蜜糖之类的养活着,直到有一天养不起了,就被废掉的吴皇后接过去养。小孩子就在众人的护佑下安全地成长。

有一天,明宪宗对着镜子梳妆,发现自己虽然还不到三十岁,却已有了白发,于是感慨道:"朕还没有子嗣啊!"

碰巧给他梳头的就是太监张敏,张敏就战战兢兢地告诉皇上:"您其实早已经有了一个儿子,就在宫中。"

宪宗大惊道:"什么?我怎么不知道?快给朕领来瞧瞧。"

张敏就去了后宫,把孩子带了过来。由于孩子自生下来就没有剪发,以至于头发长得都拖到了地上。明宪宗一看到这个孩子,连忙搂到怀里,连声道:"这就是朕的孩子,他长得像我!"

喜出望外的朱见深赶紧召集群臣,命令内阁起草诏书颁行天下,并封纪氏为淑妃。因皇子尚未取名,又命礼部给皇子定名叫佑樘。这就是后来的明孝宗朱佑樘。大学士商辂因为担心皇子会像之前皇太子佑极那样遭到万贵妃的毒手，又不敢明言，就说让皇子与母亲住在一起，便于照料。明宪宗准奏，命纪淑妃携皇子居住永寿宫。

当皇宫内外得知皇上有了儿子以后，莫不是一副欢喜的表情，唯有万贵妃恨得咬牙切齿，她恨所有人都在骗她。她对这个孩子的仇恨比以往更加强烈，这不仅仅是大家蒙骗她的问题，而是自己的权威受到了挑战，"她们居然敢联起手来欺骗自己！她们为什么不怕我！"

当然，如果愿意深挖下去，就会发现，万贵妃的愤怒其实来源于她的孤独。因为她觉察到，所有人都不跟自己站在一边。她们把自己孤立了。

所谓可怜之人必有可恨之处，反过来讲，可恨之人也不过是个可怜人。

带着这种愤怒，万贵妃又出手了。她害死了纪氏。

纪氏遇害之后，皇宫内外又是一阵恐慌，大家都生怕皇子再遭毒手。好在朱见深的母亲周太后站了出来，她威严地下了一道命令："让太子过来跟我住。看谁敢动他！"

正是周太后的保护，朱佑樘才得以平安地长大，直到后来即位。

万贵妃无计可施，只好恨恨作罢。此后，她变得更加狂躁，动不动就殴打宫女。成化二十三年，即朱见深当皇帝的第二十三年，五十八岁的万贵妃因为殴打宫女，用力过猛而引发心病去世。朱见深听闻噩耗传来，良久不语，然后凄然叹道："贵妃一去，朕亦将不久于人世矣！"几个月之后，朱见深也因忧郁过度而亡，年仅四十一岁。

中国历史上最离奇的一个宠妃，不靠美色而受专宠二十余年的一个传奇女人，就这样以一种不可思议的方式结束了自己的生命。同时也为这段伟大的传奇爱情拉上了帷幕。

问世间情为何物——董鄂妃

董鄂妃,史称孝献皇后,满洲正白旗人,真实名字不详。她是内大臣鄂硕之女,清世祖顺治帝的爱妃。

董鄂妃出生于崇德四年(1639年),顺治十三年(1656年)入宫,同年八月二十五日被册为"贤妃",仅仅过了一个多月,就晋封为皇贵妃。顺治帝给出的理由是:敏慧端良、未有出董鄂氏之上者。

这样的升迁速度,在历史上是极为罕见的。

同年十二月初六,顺治帝还给董鄂妃举行了册妃典礼,该典礼十分隆重,规格甚高。典礼结束后,顺治帝还下令大赦天下。在清朝将近三百年的历史里,因为册立妃子而大赦天下的,仅有这一次。

这一年,顺治帝十九岁,董鄂妃十八岁。

现在的历史档案库里还保存当年顺治帝册立董鄂妃的诏书。按照惯例,只有在册立皇后的时候才可以颁布诏书,但是董鄂妃只是皇贵妃,顺治帝就给她下了诏书。可见对她的宠幸之隆。

也就是说,入宫不到一年,董鄂妃就创造了三个纪录。

顺治帝如此喜爱这个女人,自然有空就跟她黏在一起。而董鄂妃就趁着顺治帝在他身边,时不时规劝他勤勉治国。顺治帝看奏折,马虎大意,草草翻过,就扔在一边,这时,董鄂妃就会劝他仔细看,国家大事,不能糊弄;顺治帝听到这话,要跟她一起看奏折时,又遭到她的拒绝,说后宫女人不可以干政。

顺治帝听翰林院的师傅讲完课之后,回到董鄂妃的寝宫,她一定会让顺治帝把老师讲的内容给她讲一遍,看上去似乎是在听故事,其实是变相地让顺治帝在当学生的同时也当了老师,二次学习,课下复习。

顺治帝在下朝之后，董鄂妃总是亲自安排酒饭，嘘寒问暖，帮助顺治帝排解心情。

顺治帝批阅奏章到深夜，董鄂妃绝不会独自先睡，她每次都在顺治帝旁边展卷研磨，端茶倒水，一直陪伴着。

顺治帝处理政务，董鄂妃经常劝说他要以服人心为主，不能滥施刑罚。太监宫女们偶尔犯错，董鄂妃也会替他们求情。

由此可见，这个女人，实在是顺治的贤内助，是个模范妻子。她虽然受宠，跟顺治帝待在一起的时间也比较多，但她并没有出歪点子，没有贪图享乐，也不跟顺治帝卿卿我我，而是劝顺治做个明君。说明她有大局观，跟那些祸水红颜并不一样。

这样的女人，也难怪顺治帝会那么宠她。

1657 年，即董鄂妃入宫的第二年，董鄂妃生下了一个儿子。顺治帝当时欣喜若狂，举行庆典，接受群臣朝贺，并颁布诏书说："此乃朕第一子。"然后再次大赦天下。在清一代，因皇子出生而大赦天下的仅有皇太极的第八子和顺治的第一子，董鄂妃生的这个儿子是皇四子，顺治帝给他的待遇甚至超越了嫡子，大有封太子之意。

可惜的是，这个皇四子生下来不到三个月就夭折了，顺治帝悲痛万分，追封此子为和硕荣亲王，还给他修了个巨大的坟墓，并亲笔写下《皇清和硕荣亲王圹志》，抒发对皇四子的痛惜之情。

制曰：和硕荣亲王，朕之第一子也。生于顺治十四年四月初七日，御天于顺治十五年正月二十四日，盖生数月云。爰稽典礼，追封和硕荣亲王……

爱子的离去让董鄂妃遭受到了前所未有的打击，在后宫里，儿子对于一个嫔妃来说至关重要，他不仅是自己的骨肉和慰藉，更是以后安身立命的保障。而作为母亲，儿子的离世给她带来的痛苦是不可想象的。

这件事以后，董鄂妃就开始信奉佛教，从佛经中寻求精神寄托。正好顺治帝也是笃信佛教，两个人没事就在一起参研佛经。董鄂妃的悟性非常高，对于《心经》等诸多佛经领悟得很快，再加上她心思纯净，很快就参透了佛法。

但不幸的是，由于她常年体弱多病，承受不住儿子夭折给她的打击，因此一病不起。顺治十七年八月十九日，董鄂妃在承乾宫与世长辞，年仅二十二岁。据说她临死之时，端坐呼佛号，喘气而死。死后几天，面容不改。她临终时嘱咐顺治帝，不要给她穿金戴玉，要薄葬，以妃子之礼就行，但是顺治帝如此宠爱董鄂妃，怎么可能薄葬？

董鄂妃死后第三天，顺治帝让礼部上谥号。礼仪大臣们刚开始定的是四个字，被顺治帝驳回，后来六个字，还不行，添到八个字，还是不行，一直到十个字，顺治才算勉强同意，定为"孝献庄和至德宣仁温惠端敬皇后"。顺治帝还嫌谥号里面没有"天""圣"二字而感到不满意。在清朝，能够配得上用这两个字做谥号的，一般都是有极大的功劳，因为"天"是代表先帝，"圣"是代表嗣帝，所以只有皇太后跟先帝和当朝皇帝都有关系的。比如孝庄太后，谥号的最后四个字就是"诩天启圣"。顺治帝觉得没能给董鄂妃一个最高级别的谥号，心里十分愧疚，就想把三十名宫女太监全部赐死陪葬，以免她在另外一个世界里孤单，却遭到大臣们的劝阻才罢。

之后，顺治帝为董鄂妃辍朝四个月，这样长的辍朝时间，在清朝几百年间是绝无仅有的一次。而且这也有违礼制，因为按照礼制，就算是皇后去世，也只能辍朝五天。

但这还不是最离谱的。

最离谱的是，八月二十七日，董鄂妃的梓宫由皇宫移到景山观德殿，这么远的路程，顺治帝却下令由当朝的二三品大臣去抬梓宫，这种情况在清代，就算是皇太后、皇后的丧事里也从未出现过。到了景山之后，顺治帝给董鄂妃举办了很大规模的水陆道场，请了一百零八名和尚做法事，香烟缭绕，诵经、木鱼声不断。

皇帝平时批阅奏章用朱笔，在清朝，遇到国丧就改用蓝笔，过二十七天再换回来。结果顺治帝却用了四个多月的蓝笔。为了彰显董鄂妃的德行，顺治帝命令内阁学士撰写董鄂妃语录，让大学士给董鄂妃做传记，甚至自己也动笔，写了个《孝献皇后行状》，洋洋洒洒四千言。

由于顺治帝对董鄂妃爱得太深，因此董鄂妃的离世让他陷入痛苦之中不能自拔。他一边处理丧事，一边活在过去的回忆里。对于家国大事，他不再用心，每天都找和尚给他讲经，并且多次想剃度出家。在这样的精神状态下,顺治帝的身体状况急剧下滑,在董鄂妃离世四个月之后,顺治帝染上了当时的不治之症——天花。太医们想尽办法却还是回天乏力,于是,在钦定了皇三子玄烨即位、口述遗诏之后,顺治帝于正月初七的半夜在养心殿驾崩,时年二十四岁。

历史上皇帝对于爱妃痴情的有不少,但是痴情致死的,却只有顺治帝一人。后人根据他和董鄂妃的爱情故事,写出了很多文艺作品。但是大家最好奇的是董鄂妃的身世。人们很想知道,这董鄂妃到底是何方神圣,把一个皇帝都给迷"死"了。

有人说,这个董鄂妃其实就是秦淮八艳之一董小宛。

这个说法在民间广为流传。据说是当年洪承畴投降了清军之后,率军攻打江南。洪承畴是个好色之徒,早就听说秦淮八艳(马湘兰、卞玉京、李香君、柳如是、董小宛、顾横波、寇白门、陈圆圆)的名声,尤慕董小宛。因此在攻陷江南之后,就把董小宛抓住,藏在府中,想要据为己有。结果董小宛宁死不从,没办法,洪承畴只好把她送给了顺治。

这个说法是经不起推敲的。董小宛在历史上确有其人,姓董,名白,字青莲,大概是崇拜李白才取这样的名字。她生于天启四年(1624年),年纪轻轻就已经是秦淮名妓,艳冠群芳。崇祯十五年,十九岁的董小宛从良,嫁给了比她大十四岁的"四公子"(方以智、陈贞慧、侯方域、冒襄)中的冒襄。

一边是秦淮八艳,一边是四公子,倒也算郎才女貌。

可惜好景不长,不久就爆发了战乱。夫妻二人只好逃命,在颠沛流离中相依为命,但最终董小宛还是因为惊吓劳累过度,于顺治八年正月初二病死,时年二十八岁。死后葬在了如皋冒氏的影梅庵。

如此说来,董鄂妃跟董小宛可谓是风马牛不相及,可是人们为什么要把她俩拉在一起?

这大概因为这两位都是绝色美女,而且都姓董,因此一些文人在搞创作的时候,为了使情节更加离奇好看,就来了个移花接木,把她俩混为一谈。但事实上董鄂妃的"董鄂"是满族语言,也有翻译为"东古""冬古""东果"的,她并不姓董。

而另外一种说法,则与事实最为相近。

在《孝庄秘史》《少年天子》等影视剧里，认为董鄂妃原本是襄亲王的福晋，后来被顺治看上，纳入宫中做妃子。但据史书记载，襄亲王于顺治十二年被封为王，当年就死了，年仅十五岁，似乎还不到娶福晋的年龄。而官修史书对于董鄂妃的来历，一概是避而不谈。只有当时德国的传教士汤若望在他的传记里的一段回忆，或许能说明董鄂妃的真实身份：

顺治帝对一位满籍军人的夫人起了一种火热的爱恋。当这位军人因此申斥他的夫人时，他竟被对他的申斥有所闻知的天子亲手打了一个极怪异的耳光。这位军人最后怨愤致死，或许竟是自尽而亡。皇帝遂将这位军人的未亡人收入宫中，封为贵妃。这位贵妃于 1660 年产下一子，皇帝规定他是将来的皇太子。但是数星期后，这位皇子竟而去世了，而其母于不久亦薨逝。皇帝陛为哀痛，竟致寻死觅活，不顾一切。

以上这段话来自《汤若望传》，文风很明显是外国作品的翻译体。

真实的董鄂妃，其实是一位八旗将领的夫人，一个偶然的机会，被顺治帝看中，纳入宫中。后来生了皇子，却不幸夭折，不久之后董鄂妃也死去。这个记录，跟正史的记录相似度是最大的，而且没有避讳，因此应该是事实的真相。

第五章

飘零红颜

只恨此生未白头——虞姬

虞姬，楚汉时期楚霸王项羽的爱姬，有关她的史料很少，太史公司马迁在《史记·项羽本纪》中写项羽四面楚歌的时候，对她有一句极其简单的交代：有美人名虞。这就引起了后人的猜测。

专家甲认为，这位美人的名字叫虞。美人只是楚王项羽众多妃子的一个名分。

专家乙认为，姬是她的姓，虞是她的名。因为在那个年代，称呼女子的方式是"名＋姓"，就像妲己姓己、褒姒姓姒一样，虞姬也姓姬。

专家丙则跳出来说，她姓虞，姬这个字，也是一个名分而已。比如后来皇帝的妃子们，叫令妃之类的，妃这个字不是姓。至于叫什么名字，不知道。

鉴于史料有限，众说纷纭，对于虞姬到底姓甚名谁的问题就只好存疑。好在无论是哪个专家，都得承认里面有个虞字，这就可以供我们发挥想象。

据说，当年项梁杀人之后，带着他的侄子项羽跑到吴中避祸。吴中也就是现在的苏州，苏州属于吴国界，会稽属于越国界。秦末的时候，朝廷把吴越合并为会稽郡。项羽来到会稽之后，很快就崭露头角，在当地闯出了名堂。虞氏又是会稽郡的名门望族，族中有一美女虞姬，听说了项羽的英名，就托人说媒，想嫁给项羽为妻。项梁知道后，就做主答应了下来，因为这是跟当地望族结交的大好机会。而项羽听说虞姬长相漂亮，也就没有反对，于是两人就在一起。

当然，这个说法得不到史料的证实。因为《史记》上面没有记载项羽娶过妻子。但就实际情况来看,项羽在最绝望的时候,他最在意的就是这位虞姬,说明虞姬地位之高。就算不是妻子,也等同妻子。

虞姬自从跟了项羽之后,虽然得到了项羽的宠爱,但是也受了不少颠沛流离之苦。因为项羽从一个威胁社会安全的人变为一个威胁朝廷安全的人,他不再是无业游民,反倒是造起反来。

造反是个苦力活。人少的时候要东躲西藏,提防着朝廷来抓,人多的时候要主动出击、长途奔袭。总之,一刻也不能安生。

但项羽偏偏很爱这份工作。在他还很小的时候,他就经常意气风发,表现出一副天不怕地不怕的样子。有一次,他和叔叔项梁在外面碰到了秦始皇巡幸的车驾,很多人都在道旁围观。项羽看到阵势那么气派,就指着秦始皇的那辆马车大喊一声:我可以取代他!

当时项梁一惊,吓得赶紧捂他的嘴说:"小点声,让人家听见,咱们就死定了。"一边说,一边在心里暗暗惊讶,这个小子将来了不得,如此年纪就敢口出狂言。

在秦始皇死后的第二年,随着陈胜、吴广振臂一呼,天下大乱,各路豪杰纷纷起义,反抗暴秦。项羽也参与其中。他杀掉了会稽的太守殷通,然后召集了江东八千子弟,开始向咸阳进发。当时陈胜吴广的义军已经攻破了函谷关,秦二世派章邯率领骊山的囚徒进行反击,不想章邯威猛无比,带领这些囚徒取得了胜利。旗开得胜的章邯直接向中原挺进,然后就跟项梁的部队交了火,结果项梁不敌章邯,在战斗中被杀。

项梁死后,军队的指挥权没有落到项羽手上,楚怀王把指挥权交给了一个叫宋义的人。这个宋义,善谋略,但不善作战,有点优柔寡断,在面对章邯的军队时,畏畏缩缩,不敢向前。项羽受不了他这个胆小鬼,就把宋义杀了,自己夺了兵权。然后把军队的饭锅砸烂,渡河之后,把船凿沉,断掉后路,以示永不后退,只能死战。士兵被他鼓舞,士气大涨,一鼓作气跟秦军打了九次,把秦军击败。

章邯打了败仗之后,秦二世派人去责备他,他惶恐不已,就赶紧派自己的长史司马欣去请罪,结果司马欣到了咸阳,被赵高拦住,不让觐见。司马欣非常害怕,就逃回章邯的大营,并劝说章邯投降。经过几次交涉,项羽接受了章邯的投降。

没有了章邯,秦王朝的最后一道屏障也被打破了。义军很轻松地进入了咸阳。不过,率先进入咸阳的不是项羽,而是他未来的死对头——刘邦。

项羽一看函谷关有人把守,就很生气,派兵强攻了下来。然后带领四十万大军冲了进去。刘邦听说项羽来了,就乖乖地退到了灞上。

项羽进了咸阳城,一把火烧了阿房宫,秦王子婴向他投降,但他还是把子婴给杀了。然后命令士兵大肆抢掠一番,准备带着珠宝回江东。

有人劝项羽说:"关中之地,富饶险峻,攻守兼备,可以在此称霸,何必再回老家呢?"

项羽说:"我现在出息了却不回老家风光风光,那跟穿着漂亮衣服在夜里走路一样,谁看得见呢?"

那人看项羽如此目光短浅没见识,就背地里哀叹一声说:"人家都说楚人沐猴而冠,看来果真如此啊!"

沐猴而冠的意思是,一只猴子戴着人的帽子,看着像人,究竟还不是人。在此是讽刺项羽徒有其表,愚昧无知。

项羽听说之后,就把那人给扔进锅里煮死。

残暴又愚昧的项羽,很快就尝到了代价。

在项羽封刘邦为汉王的同年秋天,刘邦派韩信"明修栈道,暗度陈仓",进军中原,拉开了楚汉之争的序幕。这场战争一共持续了四年,最终以项羽兵败自刎,刘邦建立西汉王朝结束。在这四年里,项羽曾多次所向披靡,他一度以三万楚军击溃刘邦的五十六万汉军,锐不可当。但是他性格残暴嗜杀,多次屠杀降卒,伤及无辜,由此失去人心而最终失败。

霸王别姬

时间是在公元前 202 年初,地点是垓下。

这一年对楚军来说,过得实在是没一点儿味道。粮草几近断绝,能填饱肚子就算不错了,更别说是改善伙食。年刚过完,汉军就逼了过来,将他们重重包围。虽然楚王神勇,带领他们多次冲杀,但是始终无法冲出包围圈。他们中的很多人，心中有了投降的想法。

夜色渐渐深了，项羽的大帐里面，烛光摇曳着，项羽端着酒杯独饮，眉头紧锁，脸上的表情冷冷的，煞气逼人。

虞姬走了过来，轻声道："大王，让贱妾再为你跳支舞吧。"

项羽抬起头来，看到了虞姬，眼光立马变得柔和。眼前这个女人，跟了他这么多年，都一直在他身边，无论是出征还是守城，都寸步不离。他爱这个女人。不仅仅是她的漂亮，更是她的善解人意。

虞姬也看着自己的大王。这个男人，她侍奉了将近十年，他的性格脾气、行为习惯，她全部了然于胸。她之所以每次都能在他即将发脾气的时候巧妙化解，在他发完脾气以后处理得当，就是因为她足够了解他。她知道，这个英武绝伦的男人，这个曾经纵横天下的王者，其实是一个直来直去、毫无心机的小孩子。

项羽放下手里的酒杯，勉强从脸上挤出笑来，说："好啊！"

虞姬挑亮了油灯，轻移莲步，走到大帐的中间，像往常一样对项羽施了个礼，然后就要起舞。

突然，帐外传来嘹亮的歌声。这歌声是他们的家乡楚地的歌谣，但是并不是楚军唱的。因为此时的楚军已经饥肠辘辘，再加上一直在防备敌人，根本没心思、没力气唱歌。

项羽大惊，手里的酒杯掉到了桌子上，虞姬刚刚抬起的手臂也落了下来。项羽大喝一声："是谁在唱歌？"

帐外的卫士应声说："大王，是汉军。"

项羽目瞪口呆，难道他们已经全部占领了楚地？

这个不好的念头让项羽一下子锐气尽失，呆坐在椅子上，良久不语。

此时，在他的脑海里，一件件往事接连浮现：他杀掉会稽太守召集江东子弟时的场景，他破釜沉舟出击秦军的身影，他以三万军击败汉王五十六万军时的场景，他曾经无数次在战场上往来纵横，所向披靡。

他曾经是多么神勇，从不打败仗的他，如今却被围得像一只笼子中的野兽。

项羽站起身来,摔碎了一只酒杯,豪气冲天。只是虞姬该怎么办?带着她,在冲锋的过程中,肯定会有闪失。而不带她,她一定会被汉军俘虏。想到这儿,项羽犹豫了。天不怕地不怕的他,有生以来第一次有了害怕的感觉。他不知道,他和虞姬是否还有明天。

项羽走下座位,面对虞姬,悲壮而又柔情地叹道:

力拔山兮气盖世,时不利兮骓不逝。

骓不逝兮可奈何,虞兮虞兮奈若何。

虞姬从这歌声中,听出了项羽的无奈,就随着歌声,拔剑起舞,然后说:"大王,我给你和一曲。"

她轻启朱唇,声音如夜莺般婉转动听:

汉兵已略地,四方楚歌声。

大王意气尽,贱妾何聊生。

歌罢自刎而死。

项羽抱着流血不止的虞姬,泪眼婆娑。他是重瞳,也就是每只眼睛都有两个黑眼珠,这样的眸子,比常人要亮得多。但是此时,他看着怀里长眠的爱人,双眼也禁不住模糊。

男儿有泪不轻弹,只是未到伤心处。

安顿好虞姬的遗体之后,项羽带着士兵冲了出去。他还是那么无可匹敌,但是敌人实在太多。几次冲锋之后,他突破了包围圈,带着上百人马渡过淮河,到阴陵时迷了路。正好看到田间有一个老农在干农活,就向老农问路。

老农常年生活在战乱之中,看见当兵的就来气,就骗他说,往左走。

然后项羽就走进了一片大沼泽地里。于是被汉军追上。

项羽杀退汉军,来到了乌江边。

乌江亭长说:"大王赶紧上船,这里只有我这一只船,汉军来了也没办法。江东还有几十万人,只要过了江,大王可以东山再起。"

项羽听了亭长的话,蓦然想起当年带八千江东子弟过江时的情景,那时候豪气干云,仿佛天下就在眼前,唾手可得。而如今子弟尽皆战死,只剩下自己一人,回去怎么面对江东父老?想到这里,好生羞愧,不愿渡江,在江边自刎身亡。

　　宋朝的著名女词人李清照曾经写过一首诗《夏日绝句》来歌颂项羽:

　　生当作人杰,死亦为鬼雄。

　　至今思项羽,不肯过江东。

我本洛河女，还归洛河去——甄宓

甄宓，三国时期魏文帝曹丕的妃子，又称甄夫人，甄姬。上蔡县令甄逸之女。据说她死后化为洛河神女，大才子曹植的《洛神赋》就是为她而写的。

甄宓的祖上是汉平帝时的承阳侯，家里世袭二千石俸禄，她的父亲是上蔡县令，因此甄家也算是当地的名门望族。一般在这样的大家族里子嗣都比较旺盛。家大业大，就需要子弟们去打理。甄家也不例外，甄宓上面有三个哥哥、四个姐姐。不过她虽然年龄最小，却是最有见识的。她三岁的时候，父亲甄逸去世，她哭得异常伤心，周围的人都感到十分惊讶。觉得这孩子小小年纪就如此懂事，对她十分看重。

甄宓刚出生不久，每到晚上的时候，家人总仿佛看到有人在往她身上披一件玉衣。后来稍稍长大，一个名叫刘良的相士到甄家给他们看相，刘良指着甄宓对众人说：“这个小女孩贵不可言。”

因此从小到大，兄弟姐妹及其他玩伴，都不敢戏弄她。

甄宓八岁的时候，有一次院子外面来了个跑江湖的杂技团，她的姐姐们都上阁楼观看，只有她没去。姐姐们就奇怪地问她，甄宓说：“这是我们女子应该观看的吗？”

甄宓九岁的时候，很爱读书，不爱女红。她经常看书，有时候还拿哥哥的笔墨纸砚写字，她的哥哥就打趣她说：“你是女孩子，应该去学女红，怎么来写起字来了。难道你想当女博士吗？”

甄宓就回答道：“我听说古时候有很多贤惠女子，她们都很善于学习前人的经验，我不看书，怎么借鉴古人？”

听到她这样说,她的哥哥无奈地笑了。

汉末的时候,灾荒连年,老百姓纷纷卖掉自己家里值钱的东西用来买粮食糊口,家徒四壁没东西可卖的人就去当了盗贼。当时甄宓才十几岁,她家里储存着大量的粮食,她的母亲就下令把这些粮食高价卖出去,得到了很多金银宝贝。甄宓看到母亲这样做,就对母亲说:"乱世聚财,可不是什么好事。现在天下大乱,到处都是盗贼,我们家囤积财宝,就会被那些盗贼盯上。再说,一个人本来没有罪,但是因为拥有宝物就会被定为有罪,这不就是因财丧身吗? 现在很多百姓都处于饥饿之中,我们不如打开谷仓,救济四方乡邻,这样既免于他们变成盗贼,也使我们免于祸患,这才是德行。"

全家人听了都觉得很有道理。就按照她所说的把家里的粮食都分发给乡亲们。乡亲们纷纷感念她家的恩德。

甄宓十四岁时,二哥甄俨去世,她二嫂一边忍着悲痛,一边做家务事,同时还要照顾孩子,非常辛酸。但是甄宓的母亲对几个儿媳妇却非常严厉,一点儿都不怜惜。甄宓就悄悄对母亲说:"二哥不幸早死,二嫂年纪轻轻就守寡,自己一人照顾孩子,很辛苦。您应该像爱护女儿一样爱护她。"

甄宓的母亲听了,愧疚地流下了眼泪,从此以后对儿媳妇们温和了许多。

由此可见,甄宓在童年及少年时,就是一个很有见识和德行的姑娘,她如此小的年纪就能影响家庭的重大决策,说明一个人的德行和见识,对于自己、对周围人的影响力有多大。而且她的贤淑名声很快就传了出去,被袁绍知道了。袁绍就把甄宓聘给自己的次子袁熙做侧室。后来袁熙出任幽州刺史,甄宓就留在冀州侍奉自己的婆婆刘夫人。

一朝选在君王侧

汉末天下大乱,群雄并起,出现了许多割据政权。在经过一段时间的兼并之后,北方的主要割据势力只剩下曹操和袁绍。袁绍出自名门,家里四世三公,相当显赫,因此在最开始,他的势力最大。但在官渡之战中,曹操以少胜多,打败了袁绍,袁家就开始没落。

建安九年(204 年)，冀州邺城被曹军攻破。曹军涌入城中，大肆抢掠。曹操的世子曹丕第一个冲进袁府。到了袁府大堂里，看见一个老夫人带着一个小妇人在椅子上坐着。这位老夫人就是袁绍的妻子刘夫人，小妇人就是甄宓。当时甄宓害怕，就披头散发地藏在刘夫人身后哭泣。

　　曹丕问刘夫人："你身后的是什么人？"

　　刘夫人说："是我儿媳妇，甄氏。"

　　曹丕走过去，将甄宓拉起来，分开她的头发，看到的是一张美艳绝人的脸。心一下子就被吸引住。他盯着甄宓，看了又看。

　　刘夫人毕竟是有阅历的人，看到这种情形，就对甄宓说："我们不用死了。"

　　果然，曹丕看完甄宓，就走出大堂，以手按剑，坐在堂前一动不动。然后又命令卫军在门口把守。之后有很多曹军冲进来，想要洗劫袁府，结果看到曹丕在这里守护，都乖乖地走了。

　　后来，曹操也来了，曹操见门口有人把守，就问谁在里面。站岗的说是世子。曹操走进去，看到了坐在堂前的曹丕和堂内的甄宓。

　　于是在回到许昌之后，曹操就把甄宓许配给了曹丕。

　　这事被当时的文坛领袖孔融听说后，写了一封信来讽刺曹操。信的内容很简单，先是对曹操的胜仗说了几句漂亮话，然后就说，当年武王伐纣之后，把妲己赏赐给周公做了小妾(武王伐纣，以妲己赐周公)。

　　曹操虽是个军事家，但不是一介武夫，他也是饱读诗书。令他感到惊讶的是，自己太孤陋寡闻，从来没听过这件事。于是就给孔融回信，向孔融请教这个典故出自哪本书，自己要好好学习。

　　孔融回信说，这是乱猜的。从你把袁熙的侧室许配给自己的儿子来推测，当时武王估计也是这么干的。

　　曹操看到回信后非常非常生气。

　　甄宓进了曹家之后，很受曹丕的宠爱。当时袁熙还没有死，甄宓这算是单方面离婚再结婚，虽然有被迫的成分，但毕竟有违礼数。不过大概当时还不是太注重这个，风气还挺开放。而曹丕也不嫌弃甄宓是有夫之妇,该怎样就怎样。

甄宓跟了曹丕之后,生下了一儿一女。儿子就是后来的魏明帝曹叡,女儿就是东乡公主,因而受到曹丕的宠爱。但她并没有擅宠骄横,也没有妒忌别人,她对那些受宠的,就劝勉她们更加上进,对那些不受宠的,就进行安慰开导。她还对曹丕说:"古时候黄帝后代子孙兴旺,就是因为妻妾比较多,所以夫君你也要多求淑媛,好多生点儿女。"曹丕听了,大为高兴。

曹丕不喜欢任氏,想要驱逐她。甄宓就问道:"任氏是名门望族出身,无论是德行还是美貌都比我强,为什么要赶她走?"

曹丕说:"她太任性急躁,一点儿也不温柔,不像是大门大户出来的女子,而且她心里怨恨我很久,所以要休了她。"

甄宓就哭着劝阻曹丕:"我现在受到你的宠爱,大家都知道。现在你休了任氏,人们肯定会说是我的缘故。以后公婆就会认为我自私,其他妻妾就会认为我妒忌专宠。希望请您不要休掉她。"

曹丕不听,还是休了任氏。

甄宓不仅处处维护曹丕的妻妾,对于自己的婆婆,也是相当孝顺。有一次曹操西征,卞夫人随行,途中卞夫人染病,就留在了孟津养病。当时曹丕留守邺城,甄宓听说卞夫人病了,就想去照顾她。曹丕不愿意让她去,骗甄宓说卞夫人的病好了。甄宓不相信,说:"夫人在家的时候,老毛病就常犯,怎么会那么快就好了? 你一定是在安慰我。"无奈之下,曹丕让卞夫人给甄宓写了亲笔信,说自己已好,甄宓这才安心。

后来卞夫人随着凯旋的部队回来,甄宓去迎接,看到卞夫人的时候悲喜交加。卞夫人都被她感动得流泪,说:"新媳妇是怕我这次的病像以前那样的发作吗? 不是的,这次只是小病,十几天就好了。你看,我现在不就好好的?"

周围的人都为甄宓的孝顺而感动不已。

建安二十五年(220年),魏王曹操去世,曹丕即任为新的魏王。第二年,曹丕就逼迫汉献帝退位,自立为帝,即魏文帝。汉献帝还不得不把自己的两个女儿献给曹丕做嫔妃。当初在争夺继承权的时候,曹操的几个儿子中,唯一能对曹丕构成威胁的就是曹植。曹植不仅文章写得好,对治理国家也颇有心得,很受曹操的看重。只不过他不是长子,而且不会拉拢关系,因此最终还是败选。

据说曹丕在称帝之后,对这位昔日的竞争对手、自己的亲弟弟还是忌惮不已,多次想把他杀死。有一次,在朝堂之上,曹丕命令曹植在七步之内写出一首诗来,诗的主题必言兄弟之情,但是全诗又不可有兄弟二字,曹植走了两步,就作出了这首流传千古的诗:

煮豆持作羹,漉菽以为汁。

萁在釜下燃,豆在釜中泣。

本自同根生,相煎何太急?

为了便于流传,这首诗被后人更改为:

煮豆燃豆萁,豆在釜中泣。

本自同根生,相煎何太急?

曹植听了这首诗,也触动了兄弟之情,再加上卞夫人的求情,便将曹植贬出京城,没有取他性命。

曹丕对自己的亲兄弟尚且如此,何况是女人?

他刚当上魏王的时候,就不再宠爱甄宓,而是把心思花到了另一个女人身上——郭女王。

话说这郭女王的名字取得实在是有意思、够霸气。可惜她不争气,虽然夜夜专宠,却不会生孩子。没有儿子,将来一旦甄宓的儿子即位,她就无人可依靠。

于是她就散布流言,说甄宓的儿子是跟袁熙生的,不是曹丕的儿子。流言传到曹丕那里,曹丕虽然不大相信,但也感觉十分不爽,再加上此时失宠的甄宓口出怨言,曹丕一气之下,就派使者赐死甄宓。

使者来到邺城,带来了曹丕的诏令。甄宓一看,眼泪就流了下来。在临死的一刹那,她忽然想起多年前,也是在邺城,年轻的曹丕为她分开脸上的头发,凝视着她,然后按着剑,坐在堂前,为她守护。没有嫌弃她是有夫之妇,眼神里没有一丝憎恶。

如今,他却要杀了她。

虽然此情难再，但何至于此。罢了，罢了。甄宓拿着三尺白绫，在梁上打了一个结，上吊而死。

下葬的时候，躺在棺材里的甄宓，长发覆面，嘴里塞满了谷糠。

甄宓惨死的消息传出之后，人们都唏嘘不已。后人感念她的德行和修养，不愿她就此死去，就给她编了一个美好的结局，说她死后化作洛河神女。而且还把曹植这位大才子拉扯上，说曹植一直都爱慕他的嫂子甄宓，只不过碍于礼数，无法表明心迹。但在他三十一岁那年，途经洛河时，他忽然才情大发，写下了精美绝伦的传世篇章《洛神赋》。文章以甄宓为洛河女神的原型，辞藻华丽，文采飞扬：

黄初三年，余朝京师，还济洛川。古人有言，斯水之神，名曰宓妃……其形也，翩若惊鸿，婉若游龙，荣曜秋菊，华茂春松。髣髴兮若轻云之蔽月，飘飖兮若流风之回雪。远而望之，皎若太阳升朝霞。迫而察之，灼若芙蕖出渌波。秾纤得衷，修短合度。肩若削成，腰如约素。延颈秀项，皓质呈露，芳泽无加，铅华弗御。云髻峨峨，修眉联娟，丹唇外朗，皓齿内鲜……

还有人说，《洛神赋》起初并不叫《洛神赋》，而叫《感甄赋》。甄宓的儿子魏明帝即位后，觉得母亲跟叔叔这段错综复杂的关系不宜宣扬天下，因此而改名为《洛神赋》。

但据后人考证，这些都非事实。

原因有如下几点：

第一，曹丕在纳甄宓的时候，曹丕十八岁，曹植十三岁，甄宓二十三岁。十三岁的曹植不大可能对大自己十岁的女人产生爱情。何况曹丕与曹植因为政治斗争，关系本来就很紧张。曹植若是真的喜欢甄宓，怎么可能把对甄宓的爱恋写成文章，然后再给曹丕看，这不符合人之常情。

第二，对嫂子产生邪念，自古以来就是"禽兽之恶行"。曹植就是放纵不法，耍名士脾气，也不敢开这样的玩笑。

第三，在唐代李善注解《昭明文选》前的四百年里，并没有叔嫂情这一说。李善在《昭明文选注》里面说魏文帝曹丕向曹植展示甄宓的枕头,并把枕头赐给了曹植,这完全是无稽之谈。一个人怎么可能随随便便把妻子的枕头给兄弟看,并且还送给他,就算是一个不知礼节的乡下人也不会这样干,更何况曹丕是个帝王。

第四,《感甄赋》这篇文章,并不叫《感甄赋》,而是《感鄄赋》。甄和鄄这两个字十分相像,以至于后人误抄。当时曹植正任鄄城王,感鄄事实上就是在感慨自己的处境。也极有可能是这篇文辞华丽的赋,是曹植在洛河边一时兴起,妙手偶得,并没有太多寓意。而后人总爱猜测前人写文章的用意,然后再加上自己的解说。

但无论如何,对于甄宓来说,这都不算是一件坏事。如果没有这个复杂的故事,那又有谁能知道,一个从小就见识非凡的女子,最后落个以发覆面口塞谷糠的凄凉结局。能在人们的口口相传中化为洛神,也算是上天对甄宓的一种补偿。

从金屋藏娇到长门买赋——陈阿娇

陈阿娇,汉武帝刘彻的第一任皇后,具体名字不详,祖籍安徽人。母亲是汉景帝刘启的姐姐,因为她与汉武帝是姑表妹弟关系,属于近亲结婚。

在古代,表兄妹、表姐弟结婚的例子很多。因为古代是宗族社会,盘根错节的亲上加亲无疑会让宗族关系更加稳固,而且由于古代女子有着种种出行限制,整天待在闺房里,很难与外界男子接触,也就失去了恋爱的机会和选择配偶的自由。经常走动的、偶尔能见上几面的,无非就是自家的姑表亲戚、姨表亲戚等。因此,这些亲戚表兄弟们,成了她们青春期里罕见的可以谈恋爱的对象,激发了她们的爱情萌芽。所以古代大部分的文艺作品里,男女主角都是表兄妹。如《红楼梦》里的贾宝玉和林黛玉就是姑表兄妹,而他和薛宝钗就是姨表兄妹。

但是陈阿娇与刘彻的结合,却不是因为阿娇没有机会接触到其他男子,因为这完全是个政治联姻。在她还是个孩童,尚不知爱情为何物的时候,就被许配给另外一个孩童刘彻。那一天,学龄前儿童刘彻的一句话,决定了陈阿娇的一生。

若得阿娇做妇,当作金屋贮之!

"金屋藏娇"背后的政治风云

汉景帝刘启时期,由于薄皇后无子,就立了自己宠爱的栗姬所生的儿子刘荣为太子。当时,景帝的姐姐刘嫖是长公主。在汉朝,长公主必须经过皇帝的册封。只有皇帝的姐妹和女儿才有资格被封为长公主。长公主的位分比皇后都要高,后宫的所有嫔妃见到长公主都必须行礼。

到了东汉，为了区分开来，就把皇帝的女儿称为公主，姐妹称为长公主，姑母称为大长公主。长公主是很有权力的，她们可以任意升降除了太后和皇后以外的所有嫔妃的等级，因而在后宫非常有威慑力。

但是，长公主这么厉害的人物，居然也有人不买她的账。长公主刘嫖有一个女儿，就是陈阿娇，想要跟太子结亲。这个想法被汉武帝的生母王夫人知道了。王夫人就找到栗姬，对栗姬说："长公主之前经常给皇帝进献美女，后来这些美女都受到了皇帝的宠爱，可见长公主很有眼光，你可以跟她商量一下儿女的婚事。"

栗姬是个非常善妒的女人。据史料记载，有一次，景帝对她说："我死了之后，你要好好对待其他的姬妾所生的儿子。"结果栗姬大怒，不但不答应，还骂景帝是"老狗"。景帝虽然没有当场发火，但从此对栗姬心存芥蒂，对她更加冷淡了。

因此，当她听到长公主经常给皇帝进献美女时，就大为光火，并且把自己的失宠跟这事联系在一起。她认为，正是长公主的这种行为导致自己失宠，"想跟我家太子成亲，让你女儿做未来的皇后？没门！"因此，当长公主向她提亲的时候，她断然拒绝了。

由此可见，栗姬是个见识浅薄的女人，对于宫廷大事没有丝毫远见。长公主作为皇帝的姐姐，极有权势，如果能跟她结亲，对于自己儿子的太子地位，无疑是多了一重保障。她不知道，其实当了太子不代表将来能够当皇帝，因为太子也是可以被换掉的。

果然，长公主被拒绝之后很是生气。而这正是王夫人所要的结果，她赶紧主动向长公主示好，给长公主送厚礼。长公主就打算把女儿嫁给王夫人的儿子，然后两人联合起来，夺取栗姬儿子的太子之位。

为了报复栗姬，也为了让自己的女儿将来成为皇后，长公主开始频频出入后宫，在汉景帝面前找机会说栗姬的坏话。她对景帝说，栗姬跟其他姬妾在一起的时候，常常让自己的侍从往那些姬妾背后吐口水，用邪门歪道诅咒她们。景帝听了，心里好生厌烦，对栗姬更加厌恶。

有一天，长公主进宫，看见刘彻在一边儿玩耍。那时候刘彻才几岁，已被封为胶东王。长公主就把刘彻抱在腿上，问道："孩子，你想娶媳妇不?"

刘彻说:"想。"

长公主就把宫里的宫女等上百人全都召集起来,站在面前,让刘彻选。刘彻都不要。

然后长公主就指着自己的女儿说:"你看阿娇好不好啊。"

刘彻笑着说:"好。要是娶了阿娇,我就给她造一座金房子给她住。"

长公主当时大为高兴,就苦苦哀求汉景帝,汉景帝就答应了这一门婚事。

婚事既成,长公主和王夫人成了亲家,于是两人就开始谋划怎么夺太子之位。

刘彻的母亲王夫人,为人颇有心计。之前她仅靠一句话,就成功地使长公主跟栗姬成了仇人,因此,她很快就想出了另一条可行的计策。当时薄皇后因无子被废,皇后之位空了出来,但是景帝并没有立皇后的意思。她派人暗中催促朝廷大臣,奏请立栗姬为皇后。于是在一次朝会上,大行官给皇帝上书,说"子以母贵,母以子贵",应该立太子的母亲栗姬为皇后。大臣的提议让汉景帝觉得是栗姬在暗中煽动,因此勃然大怒说:"这不是你们大臣该关心的事!"最后竟然把上奏的大臣处死,并且直接废掉了太子刘荣,改封为临江王。栗姬也彻底失去汉景帝的宠爱,此后再也没有见到汉景帝,在自己的宫中郁郁而死。

由此可见,妒忌心太重,是会要人命的。

太子被废之后,景帝就立王夫人为皇后,立刘彻为太子。王夫人和长公主终于达成了她们的目标。

长门买赋

景帝驾崩后,年仅十六岁的太子刘彻即位,是为汉武帝。武帝立太子妃陈阿娇为皇后,尊奉自己的母亲为太后。

王太后的父亲叫王仲,是个平民。母亲是臧氏,先嫁给王仲,生下王太后。王仲死后,臧氏又改嫁田氏。王太后在成为汉景帝的妃子之前,曾经嫁过人,并且还生了一个男孩。有一次,一个姓姚的相面大师看到了王氏，大惊失色道："此乃天下贵人，会生出天子的。"这话被田氏知道了，就把王氏给夺了回来，然后送入景帝刘启的太子宫中。后来王氏怀了孕，"梦日入怀"。景帝也梦见汉高祖刘邦给他托梦说，王美人生的孩子，可以取名为彘。刘彘七岁的时候，景帝说，彘就是彻的意思，因此改名为刘彻。

刘彻即位后，陈阿娇因为母亲帮助刘彻成为太子时立有大功，所以非常骄横。汉武帝也很宠爱她，可惜她一直没能生下孩子。

刘彻即位的第三年，三月初三上巳节，刘彻出宫春游，路过自己的姐姐平阳公主家。平阳公主看到弟弟至今还没有子嗣，很是关心，就献上一群美女，但是刘彻没有动心。在看歌舞的时候，刘彻被一个叫卫子夫的舞伎吸引了，然后在更衣的时候把卫子夫临幸了，之后带回皇宫。

卫子夫进宫后，很快淹没在后宫的莺莺燕燕中，汉武帝也忘记了这个舞伎。直到一年多以后，汉武帝亲自挑选一部分宫女放她们回家，卫子夫这才又见到了汉武帝。当时卫子夫受不了后宫的寂寞和钩心斗角，哭着请求武帝放她回家，结果她哭得梨花带雨的模样打动了武帝，当晚再次临幸了她。这一次，卫子夫幸运地怀了孕，于是被封为夫人，很受武帝的宠爱。

结果陈阿娇听说卫子夫深得宠幸，数次寻死觅活，找汉武帝闹。汉武帝年轻气盛，非常恼怒，对阿娇就不再宠爱了。但是，此时的武帝虽然是皇帝，大权却还在祖母窦太皇太后手中。武帝的母亲王太后就对武帝说："你才当上皇帝，就对阿娇不好，太皇太后已经很不高兴了。现在你又跟长公主闹别扭，肯定会得罪太皇太后。女人是很容易取悦的，对她们好点就行了，不要跟她们对着干。"汉武帝听了太后的话，就跟长公主和好了，对陈阿娇又宠爱了一些。

窦太皇太后驾崩之后，汉武帝亲政，对阿娇的态度便开始转变。再加上陈阿娇的母亲长公主，因为当初立太子有大功，多次向汉武帝索要财物。次数多了，汉武帝嫌烦了就不给，结果长公主就说了很多难听的话。武帝听到后大怒，准备废掉陈阿娇的皇后之位，并且说"如果大长公主收敛一些的话，我就保留陈阿娇的皇后之位"，大长公主这才安分下来。但是武帝对陈阿娇却再也提不起半点兴趣了。

失宠之后，陈阿娇不知收敛，愈发骄横。为了挽回皇帝的心，阿娇开始走旁门左道。她宫中有一个叫楚服的女巫。楚服声称自己有法术能让皇帝回心转意，她让陈阿娇昼夜祭祀鬼神，炼丹吃药。楚服就穿着男人的衣服，和阿娇一起睡在一张床上，像一对夫妻那样恩爱。结果消息传到了汉武帝的耳朵里，武帝震怒，命令御史大夫彻查此事。最后查出三百多人，全部正法，同时还废掉了陈阿娇的皇后身份，派人收走她的皇后玺绶，将她贬入长门宫。

不过，考虑到当初阿娇母女对他的拥立之功，武帝并没有降低阿娇的待遇。长门宫跟皇后的后宫在供养上没有什么区别，只是皇帝从来不去而已。

陈阿娇被贬入长门宫之后，心情愁闷，整天思念武帝。她听说司马相如是当朝大才子，擅长写赋，而且他写的赋最受武帝的喜爱，于是就派人给司马相如送去一百斤黄金，请他写一篇辞赋，以求能打动汉武帝。司马相如接过黄金，就写了篇名垂青史的《长门赋》。

《长门赋》这篇著名的骚体赋，最早出现在南朝梁萧统编著的《昭明文选》。按照广为流传的说法，这篇赋是大才子司马相如所作。但是由于序文里面出现了汉武帝的谥号，而按照史籍所载，司马相如死后三十一年，汉武帝才去世，司马相如是不可能知道汉武帝的谥号的。而且历史上的陈阿娇在被贬长门之后，并没有再次受到汉武帝的宠幸，因此这篇《长门赋》极有可能是后人伪造的。究竟谁是《长门赋》的作者，这事成了一个千古之谜。但是不管是谁，能够写出如此文采斐然的辞赋，他都是一名大才子。而且，他使得"千金买赋"和"长门"成了著名的历史典故，"长门"成为后来宫怨和士子们怀才不遇的代表。人们在抒发胸中块垒的时候，往往会把它用作代名词。

看到自己的皇后女儿被废，长公主非常不满。她跑去责备汉武帝的姐姐平阳公主说："如果没有我，皇帝就不可能继承大统，现在即位了，却抛弃了我的女儿，怎么能这么忘恩负义呢？怎么能够忘掉我的功劳呢？"

平阳公主说:"陈皇后是因为没有生子而被废黜的,不是因为别的。"

长公主当时便哑口无言。

在古代,对于一个王朝来说,最重要的就是继承人。能让江山永固,一代代传下去,就必须得有儿子。因此,作为母仪天下的皇后,如果不能生出儿子,那么被废是极有可能的。汉景帝的薄皇后就是因为无子而被废。而陈阿娇的确没有生下孩子。她大概是患有不孕不育症,一直未能怀孕。为这事,光是求医,就花了无数钱,结果还是没能怀孕。这是导致她被废黜的关键因素。

另外,由于她们母子俩的贪得无厌和居功自傲,惹得汉武帝对她们厌烦至极,也是陈皇后被废黜的重要原因。所谓巫蛊事件,只是一个借口而已。

陈阿娇被废,是汉武帝为了立卫子夫为后而把她废掉的。不是因为她年老色衰,也不因为她没有生儿育女,只是因为皇帝不再爱她而已。当然,她的性格和行为,以及她母亲的种种作为,都是让她失去宠爱的原因。

陈阿娇罢居长门宫之后的某一年某一日,悄然而逝。她的一生,给后人留下了两个典故,一个是"金屋藏娇",另一个是"长门买赋"。前一个典故,是在她还未受宠的时候发生的;后一个典故,是在她失宠的时候发生的。作为女人,她的婚姻始终被政治左右着,未曾自由。

一生飘零如浮萍——萧美娘

隋炀帝的皇后萧氏，一生共侍奉五位君王，堪称历史上最妖娆的皇后。因为史书没有记载她的名字，所以在《隋唐演义》中，作者直呼她为"萧美娘"。然而，人们都津津乐道于她的风流韵事，却很少有人想到，在这看似风流快活的背后，隐藏的是她令人心酸的过往。

无限伤心事，说与知音听。翻开史卷，我们会发现，萧美娘的一生，是漂泊的一生，是不得自由的一生，是被辗转卖来卖去的一生。

流落民间的公主

萧美娘出身皇家，父亲是南北朝时期南朝西梁孝明帝萧岿，母亲是张皇后，这注定了她的公主身份。但不幸的是，她是二月份出生的。按照当时江南的风俗，二月份出生的孩子命短，养不大，所以萧岿就不喜欢她，把她送给了六弟东平王萧岌抚养。不料，"福无双至，祸不单行"，不到一年的时间，萧岌夫妇又因病双双去世，萧公主再次无家可归。于是，她又被送到舅舅张轲家里，由舅舅抚养。

舅舅张轲家极为贫寒，夫妇俩也没有得到过妹妹张皇后的接济，常年在田地里劳动，日子过得紧巴巴的，仅能糊口。萧公主跟着舅舅舅妈，也少不得下地干农活，帮着操持家务。好在舅舅和舅妈对她很好，把她当成自己的亲生女儿看待，给了萧公主家的温暖。倘若住在皇宫里，深宫大院，高墙环立，不一定多久才能见到父母一面，更不要说父爱母爱了。因此萧公主的童年生活，过得虽困苦却很幸福。

转眼间，七八年过去了。这七八年里，萧公主住在舅舅家，过着平淡无奇的日子。而与此同时，她的皇室家族，却在发生着巨大的变化。

后梁的政权前身是梁武帝萧衍的南朝梁,梁武帝年轻的时候雄才大略,所建立的梁王朝一度可与北方的北魏、东魏相抗衡。晚年因为醉心于佛教,不理朝政,结果部下侯景发动叛乱,将其困在台城饿死。这一场叛乱,使得梁朝元气大伤。萧衍死后六年,梁朝就被陈霸先的陈朝取代。原来的梁朝,仅剩荆州一城。后梁政权的君主们,想要复国雪耻,但是自身实力不够,只好依附于北方的北周政权,变成了北周的一个附属小国。

581年,年幼的北周国主周静帝被迫将皇位禅让给外公杨坚,杨坚坐上宝座,建立了隋朝。杨坚称帝后,封长子杨勇为太子,杨广为晋王。他打算从关系一向都很好的梁国给自己的儿子晋王杨广选妃。萧岿很想跟隋朝联姻,听到消息之后,就找来算命先生合八字,结果身边的几个女儿都不适宜嫁给杨广。古人婚嫁的时候,非常讲究八字的匹配度。所谓"娶错一门亲,毁了三代人"。如果两人八字不合,就算人再好,都不能结为夫妻,以免影响整个家庭的运势。而作为隋朝基业的开创者,杨坚当然更讲究这个。他可不想让自己的江山毁在一门亲事上。萧岿看到几个女儿八字都不合,沮丧不已。忽然间想到,自己还有个亲生女儿,寄养在小舅子家里,就连忙找出她的八字,经算命先生合算之后,发现小女儿的八字跟杨广是最合的。于是萧岿就把萧美娘带回宫,随后被晋王杨广娶走,成为晋王妃。

这一年,萧公主才九岁。由于年纪太小,因此萧公主被接入宫后,并没有立即成婚。杨坚的皇后独孤氏对这位娇嫩的小媳妇非常喜欢,她给萧公主请了许多师傅,教她读书作画,萧公主天资聪颖,一点就通,很快就学得知书达理,多才多艺。几年下来,萧公主出落得明艳照人。这才与杨广正式成亲。

两人的婚后生活非常恩爱甜美。开皇三年,隋文帝梦见一位天神随天而降,说要投生到杨家。不久就传来晋王妃萧公主怀孕的消息。隋文帝大喜。第二年,晋王妃就生下了长子杨昭。

夺得太子之位

晋王杨广为人有智谋,且勇武有力,多次带兵征讨江南,为隋朝立下汗马之劳。但因为不是长子,所以没有被立为太子。对此,他一直耿耿于怀。杨广是一个野心家,他知道立太子历来都是长子,这是祖宗成法,很难改变。但不代表没有机会。他在下定决心夺得储位之后,便开始在朝廷内外发展自己的势力。萧公主知道杨广的野心,也来帮助他。在杨广拉拢江南士族和佛教高僧等宗教势力的时候,萧公主的南方背景就发挥了巨大的作用。杨广跟自己的心腹郭衍来往的时候,就以萧公主做幌子,对外声称是萧公主去给郭衍的夫人看病,私下里谋划夺储大计。

萧公主不仅会医术,而且会占卜,这两门学问都是无师自通的。她工于心计,每当独孤皇后派人去看望她和晋王的时候,她都会和前来的宫使同食共寝。宫使回去之后就会对独孤皇后说她的好话。这样,又加深了独孤皇后对她的好感。

正在杨广和萧氏紧锣密鼓地进行夺储计划之时,太子杨勇的疏忽又给了他们可乘之机。杨勇容貌俊美,个性率真,不懂阴谋权术。自被立为太子之后,就一直参与决断军国政事,但这方面的能力却没有得到提升。有一年的冬至,百官朝见杨勇,杨勇很高兴地接受了百官的朝见。隋文帝问礼官这是什么礼节,太常少卿辛亶说,东宫太子只能用"贺",不能用"朝见"。隋文帝听了,就觉得是太子违背了礼制,有野心,从此对他的宠爱日渐减少,并且对太子产生了戒备心理,在选侍卫的时候,把武艺高强的人都选在了自己的身边。

杨勇在政治上不懂避讳,在生活上也不知收敛。他好色,喜爱美女珍玩。他不喜欢自己的原配元氏,却极其宠爱自己的姬妾云昭训。云昭训给他生下三个儿子,受到的待遇跟元氏不相上下。这让一向注重礼法的独孤皇后非常生气。后来元氏被气出病来,没多久就死了。杨勇立马让云昭训继为太子妃。独孤皇后便怀疑是杨勇与云昭训合谋害死了元氏。她派人去责怪杨勇,并且暗中观察杨勇。杨广知道哥哥受到了父母的怀疑,就故意装出品行高洁的模样,整天和萧氏待在一起,不与其他姬妾厮混。每次独孤皇后回忆元氏的时候,杨广也在旁边痛心疾首,于是独孤皇后对杨广的德行大加赞赏,同时也产生了废掉杨勇改立杨广的想法。

杨勇知道后,心里非常害怕,整日惴惴不安。但他并没有冷静下来分析形势。隋文帝派杨素暗中观察他,杨素是杨广的心腹,就刻意激怒他,杨勇就说了很多抱怨父母的话。再加上杨广和萧氏不断地在隋文帝和独孤皇后面前进谗言,最终令隋文帝下定决心,废掉杨勇,改立杨广。

开皇二十年,隋文帝贬杨勇为庶人,封杨广为太子,萧氏自然而然成为太子妃。两人多年的阴谋终于得逞。

杨勇被废之后,屡次想要进宫面见隋文帝,都被杨广挡在了门外。直到隋文帝晚年卧病在床的时候,才察觉到杨广的真面目。因为当时杨广作为皇太子,和隋文帝的众多姬妾一起侍奉汤药,杨广看到父亲的宠妃宣华夫人有姿色,竟然动手动脚,上去调戏。宣华夫人告诉了隋文帝,隋文帝才知道冤枉了杨勇。他大骂杨广和独孤皇后,并且派人召杨勇进宫。但被杨广拦截。随后隋文帝就暴病而亡,杨广即位,是为隋炀帝。他即位的第一件事就是以隋文帝的名义赐死哥哥杨勇,并且把杨勇的后代都流放到济南。

母仪天下

杨广如愿以偿地当上了皇帝,刚当上皇帝,他就撕下自己的面具。他急不可耐地找到先皇的宠妃宣华夫人,然后临幸了她。宣华夫人貌美如花,杨广如痴如醉,流连忘返,忘了自己还有一个皇后。萧皇后虽然大度,但也忍不住跑到宣华夫人的寝宫里,将她大骂一通。然后动用皇后的权力,将宣华夫人迁到了偏僻的仙都宫,断绝了她与隋炀帝的来往。

萧皇后本来以为用这样的办法,可以让杨广回到自己身边,并且将重心转到朝政之上。但不料隋炀帝自从见不到宣华夫人之后,便怅然若失,整天一副失魂落魄的模样。动辄打骂身边的人,对萧皇后也是不理不睬,连话都不与她讲。萧皇后看到适得其反,只能使他们暂时分离,却不能长久地解决问题,不如因势利导,成全他们。于是就诚恳地对杨广说:"我是看到陛下深陷男女私情忘却国事才把宣华夫人迁离的，不料陛下对她如此眷恋，反而误会我是妒妇。既然这样，就再把她召回来吧。"隋炀帝听了大喜，赶紧把宣华夫人召回。但是不久之后，宣华夫人却郁郁而死。隋炀帝悲痛欲绝，好像没了魂儿似的。萧皇后见他这样，就劝道："天下美女比宣华夫人好看的多的是，为什么不选更好的呢？"隋炀帝听到美女，立马振作起来，一口气在西苑修了景名苑、迎晖苑等十六院，然后在全天下征集美女，从召到的美女中选出十六个最漂亮的，封作四品夫人，分别住进这十六个院里。另外挑选三百二十名美女学习歌舞弹唱。整日沉醉于歌舞之中。

萧皇后看他又过了头，就再次劝道："母后驾崩之前，曾与我谈及治家之道，要节俭戒色。现在皇上大兴土木，好色无边，恐怕危及江山社稷啊"。隋炀帝听了，哈哈一笑说，"皇后太迂腐了。母亲的话也太过固执。人生苦短，要及时行乐才是。"萧皇后劝不动，就写了《述志赋》以明志。

杨广为了能看遍江南美女秀色，就下令凿通京杭大运河，这项浩大的工程用了几百万民工的血汗换来，历时数年而成。运河开通之后，隋炀帝带着萧皇后以及后宫佳丽、随从等两万多人，乘坐大船，浩浩荡荡地下江南去了。运河船队绵延二百多里，一望无际。骑兵沿岸护驾，旗帜蔽空。龙船上摇橹的都是年轻美貌的少女，婀娜多姿，柳腰款款，让隋炀帝大呼"秀色可餐"。随行宫女们梳妆洗下来的脂粉流入河中，香气经久不散，一直能持续几个月。

这样盛大的旅游娱乐活动，隋炀帝一共举行了三次。每次都给沿岸百姓带来了无尽的灾难。因为他们要给皇上的船队供应吃穿，这无疑是一笔额外的赋税。沿岸的官员还会趁机搜刮民财，以各种名目巧取豪夺。本来修筑运河已经耗费了大量的物力、财力，而皇上还如此铺张浪费，不知体恤民心，这不可避免地引起了民怨，给隋朝灭亡埋下了定时炸弹。萧皇后多次劝谏无效，只好任由隋炀帝胡来。因为像隋炀帝这样野心勃勃的人，为达目的不惜采取一切手段，当年为了当太子，韬光养晦了十几年，这样的人，一旦想干什么，是很难拦得住的。

隋炀帝自以为大隋天下固若金汤，帝王基业万年不变，因此一边横征暴敛、好大喜功、征伐高句丽，一边洋洋自得地对萧皇后说："好头颈，谁当斫之？"意思是，我就这样残暴，谁能奈我何？

616年，隋炀帝第三次带着嫔妃百官下江南。当时，隋朝的大地上已经是狼烟四起，四处都有暴动起义，隋炀帝却充耳不闻。他长期流连烟花之地，醉生梦死。大臣们看到局势混乱，纷纷有造反之心。有宫女对萧皇后说，听说外面的人都想造反。萧皇后说，你去禀报陛下。宫女就去告诉了隋炀帝。隋炀帝大怒说："这等国事，不是你们奴才该说的话！"然后就下令把宫女斩了。

后来又有宫女对萧皇后说，侍卫们三三两两地凑在一起，都想谋反。萧皇后说："天下已经到了这个地步，无法挽回了，何必再跟皇上说呢？由他去吧。"于是此后再也没有人提过这事。

618年，江都政变。宇文化及带兵冲进皇宫，用一根腰带活活勒死了隋炀帝。五十岁的隋炀帝，变成了一具尸体，冷冰地躺在地上。萧皇后亲自给他收尸，拿几块床板拼凑了一副薄薄的棺材。看着昔日的枕边人落得这个下场，萧皇后泪如雨下，然而却也没有多少悲哀了。她知道，这是他咎由自取，是注定的下场。正如一首著名的《箜篌引》所写，有一位丈夫，执意过河，结果掉进河里淹死了。妻子哀悼他：公无渡河，公竟渡河。渡河而死，其奈公何？

辗转四方的生涯如雨打萍

得势的宇文化及，大摇大摆地闯进皇宫，占据了后宫。他无心顾及萧皇后的心情，就霸占了她。没了皇帝，萧皇后不再是皇后，而是沦为女俘，先前的尊贵、排场，全都烟消云散了。小心翼翼地侍奉新的主子，成了她的生活常态。宇文化及从萧皇后的身上，产生了帝王的幻觉。他觉得，世上最仪态万方、最尊贵的女人如今是他的了。那么，他不就是最有权势的男人吗？被欲望蒙蔽之后，宇文化及带着萧皇后跑到魏县，做起了土皇帝。

就在宇文化及关起大门做春秋大梦的时候，中原的农民起义领袖窦建德杀上门来。宇文化及抵挡不住，被窦建德杀死，于是萧皇后再一次沦为俘虏。萧皇后本觉得义不再辱，打算自尽，但是没想到窦建德对她毕恭毕敬，进城后先去拜谒她，行君臣大礼。于是就活了下来。不过，这表面上的尊敬，只不过是窦建德的手段罢了。他要扛着"忠于大隋"的大旗，去讨伐其他的叛军。挟天子以令诸侯，只不过是政治上的老把戏。

在窦建德那里住了三个月，萧皇后就被突厥可汗接走了。原来，在二十年前，隋文帝杨坚把义成公主嫁给了突厥的启明可汗。后来，老可汗死了，按照胡人的风俗，义成公主又嫁给了处罗可汗。义成公主看到隋朝已经灭亡，自己的嫂子在窦建德那里豢养着，生怕她吃苦，就让可汗把嫂子接了过来。姑嫂二人同事一夫。处罗可汗死后，两人又一同嫁给了颉利可汗。

身处大漠的萧皇后，茫然四顾，塞外长风，黄沙漫天，阻断归途。从内心里，她渐渐地断绝了回到中原的念头。她想，有生之年，几乎没有可能再回到故土了。

谁知，在六十花甲之年，中原新政权大唐击败了突厥，俘虏了颉利可汗，于是萧皇后得以回到中原。说起来，萧皇后还是唐太宗的长辈。杨广是唐太宗的亲表叔，唐太宗还娶了杨广的女儿大杨妃，所以萧皇后既是李世民的丈母娘，又是他的表婶子。而且唐太宗的智囊萧瑀，又是萧皇后的亲弟弟，因此，李世民用盛大的仪式迎接了萧皇后的归来。由于当时刚刚结束战乱，国力还不是很雄壮，因此连太宗都觉得这场面太铺张了。

唐太宗问萧皇后道："您觉得现在的排场跟隋宫相比，如何呢？"

萧皇后的思绪瞬间回到了二十多年前，那时候，宫殿的廊檐下，挂着上百颗硕大的夜明珠；殿前的篝火，烧的是珍贵的檀香木……若论铺张排场，刚刚定鼎天下的大唐，怎能与隋朝相比呢？但是萧皇后知道不能这样说。自己一介俘虏，有何资格去挑剔呢？

于是她不动声色地说道："陛下乃开创之君，怎可与亡国之君相比呢。"

李世民听了，开怀大笑。此后便将萧皇后奉养起来。

李世民对萧皇后的重视态度，让无数的坊间文人浮想联翩。民间开始传出两人的桃色绯闻，人们都说，萧皇后美艳无比，虽然年过花甲，却风韵犹存,李世民肯定跟她好上了。但这其实只是好事者的猜想。当时的李世民,刚过而立之年,身边美女如云,怎么会跟一个老婆子勾搭成双?顶多只是听过她年轻时的艳名,倾慕过萧皇后年轻时候的风姿罢了。但是那已经是前尘往事了。"恨不相逢未嫁时",才是李世民的真正感受。

在长安城里,萧皇后深居简出,孤独地生活了十八年之后怆然而逝。在她的晚年那一个个孤苦的日子里,她不止一次地想起和杨广在一起的日子。那个暴君,虽然对别人残暴,但是对她,一向是有敬意和爱意的。她把所有的黄金岁月和青春时光都给了他,帮他夺得太子之位,劝他治理国家,又眼看着他一步步走向不归路。无论是艰难还是幸福,她都和他一起度过。但她经常记起的,是杨广还未夺得太子位、还没有称帝时的模样。那时候的他,风华正茂,白衣怒马,风度翩翩。

她有时候在想,如果当年没有帮这个男人夺取天下,他们是不是就会永远幸福地活下去?他就不会有后来的狂妄,国就不会灭,而她也不会被人推来推去?

为了这个男人,她不经意间改变了历史,从而改变了自己的命运,也改变了无数人的命运。

贞观二十二年,萧氏去世。唐太宗下诏恢复她的皇后名号,派三品大员护送灵柩至江都,与隋炀帝合葬。一生飘零如浮萍的萧皇后,至此终于尘埃落定。